"工程与法"系列丛书

U0730292

业主自建房法务实操

——工程专业律师教您盖楼不踩坑

王志强　主编

中国建筑工业出版社

本书编委会

主编：王志强

编委（按写作顺序排序）：

钟燕平　葛　玲　马宏嘉　康云霞　胡玉芳

王秀娟　陶慧泉　陈思远　张　涛

前　言

　　在企业发展的征程中，拿地自建厂房、研发用房、写字楼等，往往是一项具有深远战略意义的重大决策。它不仅承载着企业扩大生产、提升办公效率的期望，更是企业实力与形象的直观展现。然而，这条建设之路布满荆棘，从土地获取到最终交付使用，每一个环节都潜藏着法律风险与管理难题，稍有不慎，便可能给企业带来巨大损失。

　　作为长期深耕于工程法律领域的专业团队，我们在服务众多企业客户的过程中，目睹了太多因缺乏专业知识和经验，在自建项目中陷入困境的案例。有的企业因土地性质认定错误，导致建房计划受阻，多年心血付诸东流；有的企业在施工过程中，因合同管理不善，遭遇施工单位的高额索赔，成本大幅超支；还有的企业在竣工验收和办证环节，因手续不全或违规操作，无法顺利取得产权证书，影响企业的正常运营。这些惨痛的教训让我们深感痛心，也促使我们下定决心编写这本《业主自建房法务实操——工程专业律师教您盖楼不踩坑》。

　　本书旨在为企业提供一套全面、系统、实用的自建房操作指南。我们结合丰富的实践经验和大量真实案例，从前期准备、建设模式确定、供应商选择、造价管控、工期管控、工程质量管控，到验收交付、项目保修以及异常情况处理等各个方面，进行了详细的阐述和分析。每一个章节都聚焦于企业在自建过程中可能遇到的关键问题，不仅深入解读相关法律法规和政策规定，还提供了具体的应对策略和操作建议，帮助企业有效规避风险，确保项目顺利推进。

在编写过程中，我们始终秉持着专业、严谨、实用的原则。对于每一个法律条款的解读，都力求准确无误；对于每一个案例的分析，都注重从中提炼出具有普适性的经验教训；对于每一个操作建议，都充分考虑企业的实际需求和可操作性。我们希望这本书不仅仅是一本理论性的读物，更是企业在自建房屋过程中的得力助手，能让业主们在面对复杂的建设问题时，心中有底，决策有据。

我们衷心希望本书能够为广大企业提供有益的参考和帮助，助力企业在自建房屋的道路上少走弯路，顺利实现发展目标。同时，我们也期待能与各位读者共同交流和探讨，不断完善本书的内容，为推动企业自建项目的规范化、合法化发展贡献一份力量。

盈科建设工程法律专业委员会

作者简介

钟燕平律师，北京盈科（长沙）律师事务所执业律师，建设工程和房地产法律事务部主任，二级建造师，专注于建设工程和房地产领域法律服务10余年。湖南省青年律师领军人才。

葛玲律师，北京市盈科（苏州）律师事务所执业律师，建筑工程房地产业务部主任，专注建设工程房地产法律事务13年。

马宏嘉律师，北京市盈科（唐山）律师事务所执业律师，二级建造师、高级项目管理师从事建工行业全过程管理16年。

康云霞律师，北京市盈科（深圳）律师事务所执业律师，房产法律事务部秘书长，长期从事工程房地产法律服务，提供从项目招标投标、施工、索赔、结算等全流程法律服务。

胡玉芳律师，北京市盈科（深圳）律师事务所执业律师，工程法律事务部主任，广东省律协房地产法律专业委员会副主任，专注工程房地产法律事务20余年，被2023ENR/建筑时报评为"最值得推荐的80位中国工程法律专业律师"。

王秀娟律师，北京市盈科（深圳）律师事务所执业律师，地产法律事务部副主任，专注工程房地产法律事务10余年，代理多家建设单位及施工单位，提供从项目收并购、项目招标投标、施工、索赔、结算等全流程法律服务。

陶慧泉律师，北京盈科（武汉）律师事务所执业律师、党委书记、负责人，盈科中国区董事会副主任、华中区域管委会主任、武汉分所建设工程法律事务部主任；全国律协民事专业委员会委员，第七届武汉市律师协会副会长；武汉仲裁委员会仲裁员，专注建设工程法律业务 20 余年。

陈思远律师，北京盈科（沈阳）律师事务所执业律师、全国建设工程专业委员会副主任，专注工程房地产法律事务 13 年，辽宁省法学会建筑法学研究会副会长，辽宁省优秀律师、沈阳市优秀律师，是辽宁省首批建筑房地产法律专业律师。

张涛律师，北京市盈科（珠海）律师事务所执业律师，盈科全国建设工程专业委员会秘书长，专注工程房地产法律事务 30 年。

王志强律师，北京市盈科（深圳）律师事务所执业律师、管委会副主任，盈科律师事务所中国区董事会副主任，盈科全国建设工程专业委员会主任，专注工程房地产法律事务 20 余年，被 2023ENR/ 建筑时报评为"最值得推荐的 80 位中国工程法律专业律师"，是钱伯斯 2025 "广东 – 商事"上榜律师。

目　　录

第三部分 项目收尾及异常情况处置

第四部分 实用文本

第一部分

前期准备

本章内容

政府出让

第三方转让

受让集体经营性建设用地

报批报建流程

第一章　土地获取及建设手续

盖楼的第一步，就是先要有地。如何合法又合规地获取土地，需要注意的点可不少。

土地资源珍贵，相关法律法规既细致又严格。从土地性质认定、审批流程，再到产权交易，每一步都有法可依、有规可循。一旦忽视这些规则，哪怕是无心之失，都可能让建房计划受阻，甚至陷入法律纠纷，让多年心血付诸东流。

在我国，土地分为农用地、建设用地和未利用地。本书着重探讨建设用地，建设用地是指建造建筑物、构筑物的土地，包括城乡住宅和公共设施用地、工矿用地、交通水利设施用地、旅游用地、军事设施用地等。可以用来建房子的只能是建设用地，如果占用农用地尤其是耕地来建房，可能是要承担刑事责任的。

我国土地属于国家所有或集体所有。这意味着，个人和企业都不可能取得土地的所有权，只能取得一定年限的土地使用权，可能是三十年、五十年不等。

企业获取建设用地使用权的方式通常有：出让、划拨、转让、租赁、作价出资或者入股等，其中出让和转让是主要的方式，划拨一般针对特定的主体和用途。

在本章中，我们将结合实践经验及实务中高频纠纷，简要阐述通过合法方式取得建设用地过程中可能面临的法律风险及预防措施。

一、政府出让

国有建设用地出让程序由政府部门主导，包含土地供应计划编制、土地征收与整理、出让方案制定、编制出让文件、发布出让公告、招标/拍卖/挂牌、确定竞得人、签署出让合同等环节。在政府发布出让公告后，企业就可以参与拍地了。

1. 名词太多？读懂各项土地指标术语

在拿地的过程中，您肯定会遇到类似于"容积率"等各种指标术语，那这些术语大概是什么意思呢，我们先为您简要介绍一下。

土地用途：土地用途是指根据城市规划或土地管理要求，对土地赋予的特定使用功能，包括居住用地（R）、商业服务业用地（B）、工业用地（M）等。不同用途的土地开发限制、使用年限和交易规则均不同。企业去拿地自建大楼或者厂房，一般涉及的是工业用地，包括：一类工业用地（M1），环境影响极小，无污染或轻微污染，适合高科技研发、精密制造、创意产业等；二类工业用地（M2），环境影响较小，存在一定污染，需要配套环保设施，适合传统制造业、食品加工业；三类工业用地（M3），适合高污染、高能耗产业，需严格管控，通常远离城区，布局在工业园边缘。

另外还有一些特殊的工业用地类型，比如：物流仓储用地（W），其中普通物流仓储（仓库、配送中心）为W1，危险品仓储（需单独审批）为W2；新型产业用地（M0）在深圳、广州等部分城市进行试点，允许研发＋无污染生产＋配套商业。

建筑容积率：城市规划中用来衡量建筑密度的关键指标，简单来说就是地块上建筑物的总建筑面积与地块面积的比值。容积率＝总建筑面积／地块面积，假设某地块面积为10000m²，规划要求容积率 ≤ 5.0，则总建筑面积最多为：10000×5.0=50000m²。如果开发商建一栋20层的楼，每层建筑面积2500m²，则总建筑面积刚好50000m²，符合容积率要求。如果想建更多楼层或更大面积，就必须降低每层的面积，否则会超出容积率限制。

建筑覆盖率：建筑覆盖率也称建筑密度，是指建筑物基底面积（即建筑物首层占地面积）与地块总面积的比率，用来衡量地块被建筑物实际占用的比例。它能直观反映地块的"空旷程度"或"拥挤程度"。假设一块地的面积为10000m²，规划要求建筑覆盖率 ≤ 60%：则建筑物基底面积最多为：10000×60%=6000m²。

绿化率：绿化率是指地块内绿化用地总面积与地块总面积的比率，用来衡量一个项目的绿化水平。绿化率＝绿化用地总面积／地块总面积 ×100%。

建筑退红线要求：建筑退红线要求简称"退线"，是指建筑物在建设时，必须从地块边界（即红线）向内退缩一定距离，不能紧贴红线建造。这一规定是为了保证公共空间、通风采光、消防安全以及城市景观的协调性。其中，道路红线指的是城市道路用地的边界线，用地红线指的是土地使用权的边界线，建筑控制线指的是建筑物退缩后实际可建造的边界线（即红线内退的距离）。假设某地块的用地红线范围为 $100m \times 50m$（长方形，其中 $100m$ 为两侧临主干道长度），当地规划要求后退道路红线至少 $10m$（临主干道）、后退相邻地块红线至少 $5m$（侧向与背面），则这块土地的实际可建范围需从四周向内退缩，可建区域缩小为 $80m \times 40m$，基底面积从 $5000m^2$ 减至 $3200m^2$。

2. 参与竞拍前，一定做好尽调

如果国有建设用地的出让人均严格按照法定流程进行土地出让，竞买人通过公开竞价的方式获取土地使用权，则在此阶段一般不容易出现争议和风险，但土地使用权交易流程的复杂性决定了这种大宗交易出现法律风险是难以避免的。

【避坑】前置土地拆迁过程中，遗留拆迁争议

> 企业拿地后正常开工建设，没多久，突然一群周边居民聚众阻碍施工，导致项目不得不停工。究其原因，有的是政府前期给的拆迁补偿不到位，有的是被拆迁房屋的其他权属人员跳出来说拆迁房屋属于他，要对他进行补偿。
>
> 这种情况其实并不少见，部分地方政府为了将建设用地尽快出让，在前期土地调查、征收拆迁等工作中并未完全按照土地征收及规划法律法规严格执行，导致在后续建设中，因权属纠纷、拆迁争议而不得不停工，从而耽误工期，甚至无法继续建设，造成投资损失。在此情形下，因地方保护或力量悬殊等原因，业主的维权之路举步维艰。
>
> 这种问题非常隐蔽，如果企业到外地投资，特别是到欠发达地区投资，可以做更全面的尽调，包括采取去被征收土地的村集体走访等方式来了解情况，最大限度规避风险。

在决定参与竞拍土地前，对目标地块开展尽调工作是必不可少的。一般从如下方面进行：

（1）土地现状调查

这一项调查主要包括两方面：一是土地的位置、四至范围及面积等信息；二是土地实际占用情况、是否有地上附着物或建筑物等内容。其中，土地的位置、四至范

围和面积可以通过查询土地的地籍资料获取，第二项可以通过现场查勘的方式来进行调查。在实践中，部分土地因历史原因存在四至范围不清晰，与相邻土地存在重合或边界不清晰的情况，通常还与相邻土地的权利人存在纠纷。若在出让前不了解这些情况，可能会导致出让合同签订后，被相邻的土地权利人起诉，进而阻碍业主后续的施工和使用行为，最终业主被迫踏上维权的道路。

（2）规划条件调查

此项调查的主要内容为土地的规划用途、容积率、建筑密度、绿化率等具体的规划条件，并结合未来的建筑设计方案及使用情况判断是否继续参与招标、拍卖、挂牌程序。

（3）地质与环境调查

了解土壤类型、气候环境、地质结构、地震风险以及土地是否受到污染等，这些内容通常需要委托专业的机构，需要通过专业的方式才能获得准确的结论，这一项调查对于特殊行业尤为关键。

若拟建设的厂房需要安装大型的机械设备，那么就需要对土地的地质结构进行调查，若土地环境不能确保大型机械设备的运行，就需要考虑是否可通过强夯或加固的方式，若均不能达到强度要求，则可能导致购置土地以后无法正常使用。

若拟建设的厂房或办公楼对环境的要求比较严格，则应了解当地的气候环境和周边的环境污染情况、土地是否被污染，否则，建设单位在未来使用该建筑物时需要花费巨大的代价来解决环境的问题；若拟建设的厂房从事的生产工作将给周边的环境造成污染，则应当提前与当地的环保部门进行沟通，了解土地所在地区的环境保护政策和要求，查询企业所从事的生产工作是否属于当地环保部门排除的产业类型，若不了解清楚，则可能导致未来的生产经营因环保问题而停滞。

（4）基础设施调查

基础设施调查主要评估土地周边市政基础设施的配置情况，涵盖供水、排水、电力、道路交通、通信设施等。此项调查直接影响建设阶段的建设成本投入，以及后续使用建筑物的成本。例如：需核查土地周边是否配置有变电站及相应的供电管网，如果变电站距离太远，则需要申请新建变电站；若没有电缆的管廊，则还需要铺设管廊。如果拟建设的厂房或办公楼需要运输设备或产品，对于周边的交通有较高要求的，则要确认土地周边是否规划了相应的公路，否则将对未来的使用造成很大的不便。

（5）历史遗留问题调查

此项调查主要是追溯土地的来源，特别需要关注的是若属于新增建设用地，则应了解征收、拆迁和安置工作是否完成且无争议，建议结合实地走访等方式开展。在我们服务的开发企业中，曾出现项目开发接近尾声，仍有"钉子户"违法抗争的行为，严重影响项目的使用与运营，开发企业穷尽了法律手段仍无法完成此户的拆迁工作，最终不得不付出了巨大的额外经济代价才将该房屋拆除。还有一些土地情况更为复杂，在征收拆迁的时候，与当地的村委会签署了一些合作协议，后因村民认为协议内容侵害了其合法权利，因而组织村民对项目建设进行阻工，导致项目建设被迫停滞。

3. 警惕"协议出让"

根据我国现有的法律规定，国有土地使用权出让以招标、拍卖、挂牌等竞争性方式为原则，工业、商业、旅游、娱乐和商品住宅等经营性用地的出让则应当采取招标、拍卖或者挂牌的方式，协议出让则是例外，需符合法律规定的特定要求。如果遇到有人说某个地块可以直接协议出让，那可得留个心眼儿。

建议严格按照如下条件进行识别，判断该宗土地是否符合协议出让的条件。

（1）范围的限制

法律规定，只有在以下情况下，才可以直接协议出让，这部分听起来十分拗口，可以聘请律师进行调查分析，具体情况如下：供应商业、旅游、娱乐和商品住宅等各类经营性用地以外用途的土地，其供地计划公布后同一宗地只有一个意向用地者的；原划拨、承租土地使用权人申请办理协议出让，经依法批准，可以采取协议方式，但《国有土地划拨决定书》《国有土地租赁合同》、法律法规、行政规定等明确应当收回土地使用权重新公开出让的除外；划拨土地使用权转让申请办理协议出让，经依法批准，可以采取协议方式，但《国有土地划拨决定书》、法律法规、行政规定等明确应当收回土地使用权重新公开出让的除外。此外，为了开展城市更新工作，部分地区发布了地方性法规，允许在城市更新项目中对国有土地采取协议出让的方式，如：广州、成都、北京、深圳、西安、福州等地。

（2）签订意向书

协议转让的程序中，意向买受人与出让人就出让地的交易条件达成一致后，不能直接签订出让合同，只能签署《国有土地使用权出让意向书》。

（3）公示程序

《国有土地使用权出让意向书》签订后，市、县国土资源管理部门将意向出让地块的位置、用途、面积、出让年限、土地使用条件、意向用地者、拟出让价格等内容在当地土地有形市场等指定场所以及中国土地市场网进行公示，并注明意见反馈途径和方式。公示时间不得少于 5 日。

（4）签订合同，公布出让结果

在公示期内，如果有异议且经查实协议出让确实违法的，则终止协议出让程序。若无异议，则由出让人与买受人根据《国有土地使用权出让意向书》签署正式的《国有土地使用权出让合同》。

4. 签订出让合同，重要条款要注意

通过"招拍挂"或者协议出让的形式拿下土地使用权后，就要与出让部门签署《国有土地使用权出让合同》，这个合同基本上是无法修改的，但是其中的限制条款，一定要注意，否则一不小心，后面大大小小的罚单就来了。

（1）规划条件要写准

在《国有土地使用权出让合同》中一定要完整、准确地填写规划条件，比如容积率、绿化率、建筑覆盖率等，并且该条件应当与国土资源主管部门存档的该宗土地的规划条件一致，避免合同无效土地被收回的法律风险。

（2）注意是否有修建配套设施的条款

修建配套设施也分为项目服务的配套设施或为周边服务的配套设施。如电力设施一般为项目建设及使用所需的配套设施，业主应提前做好勘查工作，并与电力部门进行充分沟通，厘清各自的建设职责与范围。若涉及周边道路建设，可与当地政府或工业园区管委会沟通周边道路建设的成本弥补问题。

（3）注意开工时间与竣工时间

《国有土地使用权出让合同》通常会明确规定开工日期、竣工日期，并约定具体的违约金标准。这不仅涉及支付违约金的问题，还存在被认定为闲置土地而被政府收回的风险。

超过合同规定的动工开发日期满一年未动工的，或者已动工开发但开发建设用地面积占应动工开发建设用地总面积不足三分之一，或者已投资额占总投资额不足百分之二十五，且中止开发建设满一年，都有可能会被认定为闲置土地。

【**避坑**】未按合同约定时间开工，被认定为闲置土地，收回土地

参考一份公开可查询的行政处罚通知（表1-1）：

某行政处罚通知   表1-1

主体名称	盘锦××实业有限公司
统一社会信用代码	××××××××××
法定代表人	×××
企业类型	其他有限责任公司
成立日期	2011-03-24
住所	辽宁省盘锦市××区××街道××村
行政处罚决定书文号	盘自然资决兴〔2023〕1号
处罚类别	其他－收回国有建设用地使用权
处罚决定日期	2023-05-23
处罚内容	收回国有建设用地使用权
罚款金额（万元）	
没收违法所得、没收非法财物的金额（万元）	
暂扣或吊销证照名称及编号	
违法行为类型	闲置土地处置
违法事实	企业自身原因造成的土地闲置，闲置时间两年以上
处罚依据	闲置土地处置办法
处罚机关	盘锦市自然资源局
处罚机关统一社会信用代码	××××××××
数据来源	盘锦市自然资源局×××分局
数据来源单位统一社会信用代码	××××××××

　　未动工开发满一年的，土地管理部门可以下达《征缴土地闲置费决定书》，按照土地出让或者划拨价款的百分之二十征缴土地闲置费，土地闲置费不得列入生产成本。未动工开发满两年的，土地管理部门有权下达《收回国有建设用地使用权决定书》，无偿收回国有建设用地使用权。可见，被认定为土地闲置的法律后果是相当严重的，在取得土地使用权后，应采取一切可能的措施，避免土地被认定为闲置土地。

【避坑】未按照合同约定时间竣工，企业支付逾期竣工违约金。

某市自然资源局起诉多家企业，要求企业按照《国有建设用地使用权出让合同》的约定，以土地出让价款总额 0.3‰ / 天的标准支付土地逾期竣工违约金，涉案金额从几百万元到几千万元不等。我们代理其中一家企业应诉，针对该企业，土地管理部门主张违约金 2300 余万元，经过我们的全面举证及据理力争，指出土地管理部门存在逾期交付土地等情形，最终法院判决企业支付逾期竣工违约金 880 余万元。

---

5. 承诺的优惠政策要落实到纸面

各个地区的工业园区为招商引资，通常会提供一些优惠政策给落户园区的企业，如：政府的财政资金补贴、一定期限内的税收优惠政策等。但需要注意的是，这些优惠政策与土地出让是独立的法律关系，通常不载入国有土地使用权出让合同中。即使签约后优惠政策无法落实，企业仍然负有支付土地出让金的义务。

因此，为了避免上述风险，在参与出让程序前，可采取如下措施充分落实各项优惠政策：

第一，提前与园区管委会签署相关招商引资协议的，可将园区应提供的优惠政策写入协议，若将来无法落实，可根据约定向管委会主张损失赔偿；

第二，若涉及税收类的优惠政策，应当由园区提供地方税务部门或政府的相关文件，否则，优惠政策存在难以落实的风险；

第三，若为政府补贴类优惠政策，则应当由园区提供政府的相关文件，以及资金来源的可靠性。

在实践中，一些新成立的经济开发区会成立开发区管理委员会，为了给当地招商引资，可能需要对外"批地"，并以开发区管委会作为出让方对外直接签署《土地使用权出让合同》。但在我国行政机构序列中，并没有开发区管理委员会这样一个机构。只是伴随全国各地出现的"开发区热"导致开发区管理委员会的特殊存在，有些开发区管理委员会甚至作为政府的派出机构行使行政职权。但是根据现行的法律规定，土地使用权的出让必须由政府土地主管部门来行使职权。《最高人民法院关于审理涉及国有土地使用权合同纠纷案件适用法律问题的解释》第二条就明确规定开发区管理委员会作为出让方与受让方订立的土地使用权出让合同，应当认定无效。对此，在尽调过程中要注意识别相应的风险，同时对于开发区管理委员会做出的其他哪怕是书面的承诺（例如土地出让金返还、税收优惠、高新产业补贴）等都需要审慎对待。

6.关注《产业监管协议》中各项指标

企业拿地建大楼、厂房等，工业园区或者相关政府主管部门会与企业配套签订《产业监管协议》，协议对于准入产业类别、投资额、纳税额、产值贡献、股权变更限制、转让限制、出租限制等会有具体要求，未达要求的，可能面临终止有关政策优惠、缴纳违约金、收回土地使用权等后果。对于这些指标，拿地之前一定要详细评估。

截取深圳龙岗某个新兴产业用地的《产业监管协议》部分条文以供参考：

二、产业监管内容

......

（四）参照《深圳市产业结构调整优化和产业导向目录（2016年修订）》和深圳市龙岗区相关文件的有关标准，结合龙岗区对产业用地项目的实际要求，乙方承诺的履行情况具体包括：

1.上述宗地的项目总投资额达到【　】亿元（大写：【　】）以上，其中乙方负责的总投资额不少于【　】亿元（大写：【　】）。

2.项目固定资产投资强度（单位建筑面积上的固定资产额包括园区建设工程成本、设备和地价款等）不低于7000元/m²（大写：人民币柒仟元整），其中建设工程成本不低于人民币3500元/m²（大写：人民币叁仟伍佰元整）。

3.项目竣工时间：于签订《土地供应合同》后3年内竣工。

4.项目投产时间：在该宗地的建设项目竣工验收合格并取得建设部门出具的《竣工验收备案收文回执》后6个月内，不得晚于取得《竣工验收备案收文回执》后1年。

5.收入法增加值规模：乙方在竞得用地之日下一个会计年度起，至出让年限届满前一年止，甲方以5年为周期或认为确有必要时，对乙方的收入法增加值进行核查。其中，乙方在竞得用地后年均纳入龙岗区统计核算的产值（或营业收入）不低于10亿元（大写：人民币壹拾亿元整）、收入法增加值不低于1.35亿元（大写：人民币壹亿叁仟伍佰万元整）。同时，乙方在竞得用地后的每5个会计年度，在龙岗统计核算的产值（或营业收入）累计不低于50亿元（大写：人民币伍拾亿元整），收入法增加值累计不低于 6.75 亿元（大写：人民币陆亿柒仟伍佰万元整）。

6. 税收规模：乙方在竞得用地之日当年起，至出让年限届满前一年止，以 5 年为周期，甲方对乙方的纳税额进行核查。其中：乙方在竞得用地后年均在龙岗区缴纳的税额不低于 2600 万元（大写：人民币贰仟陆佰万元整）。同时，乙方在竞得用地后的每 5 个会计年度，在龙岗区缴纳的税额累计不低于 1.3 亿元（大写：人民币壹亿叁仟万元整）。

……

7. 勿轻信，切勿未拿地就先建设

为了提前锁定心仪的地块，降低交易前的成本，一些投资企业会通过与地方政府的招商部门、工业园区签署《投资合作意向书》《招商引资协议》等法律文件，再通过合法的出让程序获取土地使用权。这些文件通常会涉及投资人购置园区土地的问题，有些条款甚至锁定了投资人拟购置的地块位置、面积、地价等内容。

但需要注意的是，工业园区通常由管委会作为管理机构，但管委会并非国有土地的出让单位，其只有招商和园区管理的权利。企业获得工业园区的土地使用权，应当按照正常的出让流程与当地县级以上自然资源主管部门签订《国有建设用地出让合同》、办理建设用地规划许可、建设工程规划许可和建设工程施工许可，方可实施建设行为。

而现实中，许多业主刚与工业园区签署了招商协议书，就迫不及待地投入资金开展前期建设，殊不知潜在的风险即将降临。

首先，园区管委会不可能出具允许建设单位进行施工的书面文件，即使出具了相关文件，园区管委会也无权批准此类施工的行为。一旦这类违法施工行为遭到举报，建设行政主管部门有权责令停工，并对建设单位进行处罚。

其次，在未取得《施工许可证》的情况下就开工，企业既无法办理工伤保险手续，也无法规范采取安全施工的措施。若在施工过程中出现了安全事故，则企业有可能承担主要的经济赔偿责任甚至刑事责任。

最后，即便依托工业园区的招商引资政策，建设单位在园区管委会的协助下大概率可以通过合法程序办理土地出让手续，取得国有土地使用权，但该土地的出让是否在该地区的年度供地计划内，是否符合规划要求还存在一定的不确定性。很多工业园区，会先划定一个区域，边招商边做土地征收、整理，并没有达到"熟地"出让的条

件，并且土地出让原则上要采用招标、拍卖和挂牌的公开程序，理论上存在竞争对手，无法确保业主可以顺利中标。若企业未能顺利取得土地使用权，则前期的投资有可能全部落空。对于工业园区来说，其未作出明确意思表示的情况下，不可能承担建设单位施工前期投入的损失；对于其他中标的土地竞得人而言，业主前期的施工行为对其后续使用土地并不一定产生价值，反而其有权要求建设单位恢复原状。如果面临此类情况，业主将遭受巨额经济损失。

因此我们建议，在合法取得土地使用权及建设工程规划审批手续之前，尽可能避免提前建设的行为。若因各种原因需提前建设，建议提前与园区管委会达成书面协议，由园区管委会委托施工单位进行前期土地整理的工作，且建设的范围仅限于前期的土地整理。

二、第三方转让

1. 土地使用权可直接转让的条件

除了通过出让取得土地使用权以外，转让也是比较常用的方式。但国有建设用地的转让与出让有着较大的区别，企业在受让土地时应首先掌握国有建设用地转让的条件。

国有建设用地使用权的转让并非权利人可以任意为之，法律和出让合同均对此进行了约束。《中华人民共和国城市房地产管理法》第三十九条规定，以出让方式取得土地使用权的，转让房地产时，应当符合下列条件：①按照出让合同约定已经支付全部土地使用权出让金，并取得土地使用权证书；②按照出让合同约定进行投资开发，属于房屋建设工程的，完成开发投资总额的百分之二十五以上，属于成片开发土地的，形成工业用地或者其他建设用地条件。转让房地产时房屋已经建成的，还应当持有房屋所有权证书。企业拟受让国有建设用地的，应当首先核查是否符合上述条件，不符合上述条件的土地是不允许对外转让的。

如果拟受让的土地曾经是划拨用地，除需符合上述出让土地使用权转让的条件外，还应当符合一系列条件，并且由转让方补缴土地出让金、签署出让合同，将划拨用地变为出让地以后才能进行交易。

针对一些位于高新技术园区的土地，部分地区有特殊的规定，以深圳为例，《深圳经济特区高新技术产业园区条例》明确规定禁止转让高新区内以协议方式出让的土地及其建筑物。因破产、清算、自愿或者强制迁出高新区等情形的，由市政府土地行政管理部门收回土地使用权。即便是高新技术企业通过拍卖、投标等方式原始取得的土地使用权或房地产的，再转让都受到严格的限制。因此，除一般法律规定外，要注意研究当地的特殊政策，核查原土地出让合同中对于土地再转让有无特殊性质要求。

2. 受让土地前，排查各项风险

（1）查明税费缴纳情况

转让人已支付土地出让金是土地使用权可以对外转让的法定条件。如转让人欠缴税费或出让金，将导致受让人无法正常办理权属转移登记。

因此，购置土地前企业应对税费缴纳的情况予以查明，也可在转让合同中设定欠付的税费由转让方承担的条款，但前提是转让方在未来有承担该项费用的能力。

（2）预防土地闲置风险

因为土地使用权的交易属于大宗交易，交易的周期可能较长，在交易过程中转让方不会再对土地进行投资和建设。若土地原本就面临闲置的风险，很可能在交易过程中，或者交易刚结束就被认定为土地闲置，受让企业将遭受巨大的经济损失。

（3）查明土地是否被查封

土地是否被司法查封，可通过不动产登记部门查询。若存在司法查封，需进一步了解涉案金额，评估交易对价是否可以覆盖涉案金额。在此应注意，此处的涉案金额不仅包括判决书（裁定书、调解书）上所涉及的裁判金额，若进入执行程序还包括执行费、评估费、拍卖费等衍生费用。

除了已经采取查封措施的案件，还应当关注已经启动诉讼程序，但还没采取查封土地使用权措施的案件，此类案件可能在交易期间导致土地被查封。为规避此类风险，首先必须采取市场公允的价格进行交易；其次可以约定先将交易款项支付至共管账户，待过户手续办妥后再将款项支付给转让方等。

（4）评估土地使用权转让各方应承担的税费

土地使用权转让涉及的税费种类较多，在协商确定交易价格前应当提前估算交易税费的金额，并明确承担的主体，避免争议。一般而言，在土地使用权转让的交易中，转让方应承担的税费主要有：土地增值税、城市维护建设税和教育费附加、企业所得税、印花税；受让方应承担的税费主要有：城镇土地使用税、印花税、契税。具体的税率和计算规则以交易当地税务部门核算的金额为准。

除上述注意事项外，还应该查询土地是否有规划调整或者拆迁的可能性等，此处不再一一赘述。土地使用权转让的交易对于企业来说属于大宗的交易，若买受人在进行交易前依据上述要点进行慎重调查，则可最大限度地避免土地转让交易中的法律风险，合理决策，维护自身权益。

三、受让集体经营性建设用地

1. 集体经营性建设用地入市条件

根据新的《中华人民共和国土地管理法》，部分地区允许集体经营性建设用地入市，以出让、租赁等方式交给集体组织以外的主体使用。这在一定程度上缓解了城镇国有建设用地紧张的问题，也能活跃农村集体经济。

但是集体经营性建设用地对外出让、出租有特殊的要求，在此我们简要总结以下几个方面：

（1）规划条件符合土地利用总体规划、城乡规划。

（2）规划用途为工业和商业等经营性用地，但此处法律用了"等"的表述，故应理解为不仅仅为工业和商业，《中华人民共和国民法典》将经营性用地概括为"工业、商业、旅游、娱乐和商品住宅"。故只要符合规划用途的要求，集体经营性建设用地通过出让、出租等方式作为工业、商业、旅游、娱乐和商品住宅用地使用均不违反法律的规定。

（3）土地必须是经依法登记的集体经营性建设用地，一方面确保权属清晰，另一方面也能接受监督，避免该制度被滥用。

（4）集体依法决策，即必须经本集体经济组织成员的村民会议三分之二以上成员或者三分之二以上村民代表的同意。

2. 充分研读土地所在地相关政策

与国有建设用地有偿使用制度相比，集体经营性建设用地有偿使用制度是在 2019 年新的《中华人民共和国土地管理法》实施后才创设的，除《中华人民共和国土地管理法》及《中华人民共和国土地管理法实施条例》外，没有专门的法律法规文件对其进行统一规制。虽然国家层面出台了相当多的政策性文件，但并非针对集体经营性建设用地从制度到适用上进行规制。此外，全国各地政府均出台了有关集体经营性建设用地入市的政策性文件，综合比较后发现，不同地区在适用条件、程序等方面存在不小的差异。

拟购置集体经营性建设用地的企业，除了确认土地满足《中华人民共和国土地管理法》规定的条件外，更应当深入研究土地所在地政府对此发布的政策性文件，全面掌握集体经营性建设用地出让、出租的条件，以及相关流程、决策主体、决策程序、监督单位等，避免因不了解规则而导致出让、出租程序出现风险。

3. 注意履行民主程序

上述《中华人民共和国土地管理法》规定的集体经营性建设用地有偿使用的条件中，前三个条件均可通过规划部门和土地资源主管部门查询确认。最需要重视的是第四个条件：一方面，这是集体土地的特殊规定；另一方面，这也是最难调查真实性的内容。土地的出让、出租行为容易因村集体决策的瑕疵而被认为无效。

通常每个集体经济组织对于集体的决策有内部的规则，若内部规则规定对此事项由村民代表会议决策，则可通过查阅村民代表大会的会议纪要确认；若此事项是由村民大会集体决策，则为确保真实性，需要通过调查和走访的方式确认此事项确实已通过村民大会的表决。

四、报批报建流程

1. 何谓"五证"？

签署土地使用权出让合同后，就要申领各种证件准备开工建设了。要盖一栋大楼，各种审批程序较为复杂，一般专业的房地产开发公司都设有专门的报建部门。如果准备盖楼，有必要对整个程序有所了解。

建设项目核心"五证"具体指的是以下证件：

（1）国有土地使用证

该证书在土地出让金已经缴清、完成土地交付手续后，由规划和自然资源相关部门核发，确认已经合法取得建设用地使用权。证书类似于自家的房本，载明权利人、共有情况、坐落、不动产单元号、权利类型、权利性质、用途、面积、使用期限、权利其他状况等。

（2）建设用地规划许可证

该证书在提交规划设计方案后，由规划和自然资源相关部门核发，载明建设用地项目设计应当满足的要求，比如建筑容积率、建筑覆盖率、建筑间距、建筑高度或层数、建筑面积、退红线要求、市政设施要求等。

（3）建设工程规划许可证

该证书在施工图通过规划审查后，由规划和自然资源相关部门核发，载明用地单位、项目名称、土地使用权出让合同书编号、设计单位、各项用地指标、建筑功能及分配面积、户数、停车位信息、配套实施信息等。

（4）建筑工程施工许可证

该证书在确定施工单位后，由住建部门核发，是允许项目正式开工建设的法定文件。一般载明建设规模、合同价格、设计单位、施工单位、监理单位、合同开工日期、合同竣工日期等信息。

（5）商品房预售许可证

正常的商品房开发项目，在项目建设进度达到一定的标准后，就可以申请办理商品房预售。对于企业拿地自建办公大楼或者厂房，用地指标中可能也会允许在企业自持一定比例后，通过出租或者出售的方式处置部分房产，因此在符合土地合同、产业监管协议等情况下，一旦房屋达到预售节点，就可以申请办理预售许可证了。

2. 厂房建设还应注意特别手续

如果建设用于生产的厂房或者研发用房，相较于普通民用建筑，厂房在审批流程、技术规范和监管要求上存在显著差异，需特别注意以下特殊手续和关键管控点：

（1）环境影响评价手续

我国的环境影响评价是根据污染程度实施分类管理，重污染行业要编制环境影响评价报告书并经审批，轻污染行业编制环境影响评价报告表并经审批，无污染行业线上备案环境影响评价登记表即可。建筑工程必须取得环境影响评价批复后方可开工，否则面临项目叫停加罚款的风险。另外还需注意，环保设施必须与主体工程同时设计、同时施工、同时投产。

（2）安全预评价手续

涉及危险化学品的仓储使用，或者冶金、锂电池生产等高温高压、粉尘爆炸风险行业，需要编制安全预评价报告，在通过第三方机构评估后，报应急管理部门或安监部门评审备案。

（3）更严格的消防设计审查

不同的行业，甚至同一产品生产的不同环节，对于建筑耐火等级要求都是不一样的，因此在消防设计时，要聘请专业团队结合企业的详细需求来开展设计以及报批工作。

（4）容易被忽视的隐性手续

压力管道、工业气瓶的使用，需要申请特种设备使用登记证，耗电项目（如数据中心）需向供电公司申请负荷审批等。

本章内容
项目管理组织模式的选择
项目发包模式的选择及要点
施工分包模式的选择及要点

第二章　建设模式确定

在历经繁琐的土地获取及建设手续办理，当您手握土地使用权证书及一摞摞手续文件后，或许会长出一口气，认为心中的大石头落地了。

然而，获得土地使用权及完备建设手续，仅仅是自行建设厂房或写字楼的第一步。毕竟盖楼不像垒积木，买来材料设备，叫上一群工人就能开始施工。

在动工前，摆在业主面前的一个问题就是怎么建？谁来建？是作为业主的您自己组建一个项目管理班子来开发建设呢，还是委托给第三方机构全权管理？设计、采购、施工是全部发包给一个总包单位，还是分别发包给不同单位来做？施工部分，是全部总承包给一个单位，抑或幕墙、机电、装修等分别给不同单位？

这些问题的核心是要先了解自己的实际情况，在现有资源的基础上，选择适合的建设模式。

一、项目管理组织模式的选择

一个项目的建设能否有效达到预期目标，与项目管理组织模式选择息息相关。

1. 企业自主管理模式

选择这种方式，您必须组建管理团队，配齐涵盖工程、技术、成本等领域的项目管理人员，同步建立规范的管理制度和管理工作流程，明确各岗位任务分工和管理职能，由团队负责项目开发建设事宜，定期向您汇报。

这种模式的优点是可以充分按照自己的建设意图进行项目管理，决策自主性强，可以迅速决断、及时调整，也可以自由选择咨询、设计、监理、施工单位。

但是这种模式也有一些潜在的风险，您也许是其他行业的翘楚，但对工程项目管理可能经验欠缺，也可能缺乏专业的队伍，易因决策失误导致返工、设计变更，进而拉高成本。如果项目规模大、技术复杂、工期长等，您需要配备大量管理人员，这也考验您的人力资源管理能力。

如果您已经具备专业项目管理团队，或拥有可靠的专业人才储备，抑或项目本身技术难度不大、规模小、工期短，则可以选择自行建设。此外，若项目涉及保密、国家安全、独家专利技术等，为保密需要，也可以选择这种模式。

一旦确定采用自主管理模式，那接下来就需要着手组建项目管理班子。作为自建项目的核心执行主体，管理班子的专业素养与协作能力，将直接决定项目全周期的推进成效。

（1）明确项目目标与需求

在组建项目管理班子之前，首先要明确项目目标与需求。这包括确定厂房或办公楼的建设规模、功能需求、时间进度、预算等关键要素。明确的项目目标能够帮助团队成员理解他们的工作意义和价值，从而激发工作热情和动力。

（2）确定项目管理团队的组织结构

项目管理团队的组织结构应明确、合理。通常由项目经理作为核心，并另外设置设计、采购、施工、质量等部门，以实现项目的有序推进。这些部门应涵盖项目管理的各个方面，包括但不限于工程技术、成本控制、工期管理、质量监督等。

（3）招募合适的团队成员

根据项目的性质和需求，寻找具备相关经验和技能的候选人。可以通过内部选拔、外部招聘、推荐等方式进行招募。组建团队时应考虑性别、年龄、背景、专业领域等多样性因素，以构建一个多元化的团队。同时，团队成员需要具备以下技能和素质：

专业技能：团队成员应具备与项目管理相关的专业技能，如工程技术、财务管理、采购管理等。

沟通能力：良好的沟通能力对于项目管理至关重要。团队成员应能够清晰地传达信息、倾听他人的观点并有效地化解误解。

团队协作能力：团队成员应具备团队协作精神，能够与他人合作完成任务。

领导能力：对于项目经理等关键岗位，应具备战略规划与团队激励能力。

（4）明确角色与职责

在项目管理班子中，应明确每个成员的角色与职责。常见的角色包括项目经理、技术负责人、质量保证人员、资源协调员等。每个角色的职责应当明确和具体，以避免职责不清、责任推诿等问题。

例如：

项目经理：负责项目总体规划和决策，全面负责项目部生产、经营、质量、安全等一系列管理工作。建议选聘有同类项目负责人经历、擅长沟通协调、人品正直的人员。

成本负责人：负责项目的预结算、进度价款、变更价款等核算。

技术负责人：负责项目技术方案的设计和实施，解决技术问题。

质量保证人员：负责项目的质量控制和验收工作。

资源协调员：负责资源的调配和管理，确保项目资源的充足和有效利用。

法律相关人员：设置专职法务人员负责整体把控法律风险，制定各类合同，及时预警，避免违约，及时向各方主张合法权利。项目也可以聘请律师作为专项顾问，律师在项目管理班子组建中扮演着"风险守门人"和"流程设计师"的双重角色。通过专业介入，既能降低项目因法律问题导致的直接损失（如罚款、诉讼），又能提升团队整体决策效率和抗风险能力。对于复杂项目，律师从前期就深度介入项目管理，这是实现"事半功倍"成效的重要保障。

（5）建立有效的沟通机制

良好的沟通机制能够促进信息的传递和共享，增强团队的协作和协调能力。在项目管理班子中，应确立明确的沟通渠道，包括定期的团队会议、即时通信工具、电子邮件等。同时，应建立定期的反馈机制，让团队成员能够了解自己的工作表现和改进方向。

（6）提供培训与支持

为确保项目管理班子具备完成任务所需的技能和资源，必须提供必要的培训和支持，包括项目管理培训、技术培训、沟通技巧培训等。通过培训，团队成员能够掌握最新的技术和方法，提高工作效率和质量。同时，项目管理班子还应为团队成员提供必要的资源支持，如硬件设备、软件工具等。

（7）制定项目管理流程和制度

制定明确的项目管理流程和制度，以此确保项目的顺利进行，包括项目立项、设计、采购、施工、验收等各个阶段的管理流程和制度。通过制定流程和制度，可以规范团队成员的行为，提高工作效率和质量。

（8）建立激励机制和绩效评估体系

激励机制和绩效评估体系能够激发团队成员的积极性和创造力。项目管理班子应根据团队成员的工作表现制定相应的激励措施，如奖金、晋升、荣誉奖励等。同时，定期对团队成员进行绩效评估，评估内容包括工作质量、工作效率、团队协作等方面。通过绩效评估，团队成员能够了解自己的工作表现和改进方向。

发包人自建厂房时组建项目管理班子需要明确项目目标与需求、确定组织结构、招募合适团队成员、明确角色与职责、建立沟通机制、提供培训与支持、制定项目管理流程和制度，以及建立激励机制和绩效评估体系等多个方面。只有在每个环节都做得细致和到位，才能组建出一个高效的项目管理班子，进而确保项目成功实施。

【避坑】项目管理班子的表见代理风险

项目管理班子在项目建设期间代表企业，承担现场管理职责，负责与承包方及其他参建单位对接，处理工程相关事宜。包括召开与工程有关的会议，以及在工作联系单、设计变更、洽商签证、会议纪要等文件上签字或签署意见。

一旦出现合同争议或诉讼，项目管理班子的履职行为及签署文件都有可能作为证据，对业主产生有利或不利的影响。甚至存在承包单位在事后找已经离职的项目管理人员补签文件的情况，使得业主陷入被动地位。

为避免上述不利情形，建议：

（1）合同中对发包人代表的授权范围作出限制性约定。在施工合同中，通常会约定一位发包人代表，这位代表将代表企业对项目进行管理，下达指示等。您可以在授权范围内明确：若发包人代表签字的变更、签证引发（或可能引发）工程价款增加超过一定数额或比例，则需盖公司公章确认，或至少发包人两名代表（或发包人代表及发包人指定另一职务／职位更高人员）共同签署方为有效。如果派驻现场的是一整个工程管理团队，还应对团队中每位工程师或每一类专业工程师逐项确定其具体授权范围。

（2）明确发包人代表签字无效的事项范围。对于涉及施工合同中已约定的计价条款，如人工费、材料费、机械费是否调整、如何调整，以及工程款支付等条款，系发承包双方经多轮磋商确定的合同基石。除非获得发包人法定代表人的特别授权，否则发包人代表在涉及此类条款变更的工作联系单、备忘录或会议纪要等文件上签署意见，应明确约定对发包人没有约束力。

（3）发包人代表变更时应及时终止授权。发包人现场代表或驻现场团队中工程师出现工作调动、离职等情况的，应即刻书面通知承包人及其他参建单位，同步解除其授权权限；针对其签署涉及工程费用变化的洽商签证等文件，及时与监理、承包人等主体进行全面核查与清理，并明确核对清理之后承包人再提供有该发包人代表签字的其他洽商签证不予认可。以此防范个别发包人代表离职前突击补签，甚至签署虚假文件，给您造成损失。

2. 委托咨询公司进行管理

也可以委托项目管理咨询公司（即"项目管理承包商"），由其代表企业对工程项目进行集成化管理，包括进行工程的整体规划、项目定义、工程招标、选择施工单位等，并对设计、采购、施工、试运行进行全面管理，项目管理咨询公司一般不直接参与项目的设计、采购、施工和试运行等阶段的具体工作。

这种模式的优点：能充分利用承包商在项目管理领域的专业能力，统一协调并管理项目的设计与施工环节，从而有效减少潜在的矛盾冲突。这种模式也有助于节约建设项目投资成本，通过对项目设计的优化实现成本最小化。同时可以减少自身配置的管理人员数量，精简管理机构，避免后续人员安置问题。

这种模式的缺点：您在工程项目中的参与度相对较低，对工程变更的决策权限有限，并且在协调各方工作时可能面临较大的挑战。如果委托的咨询公司达不到预期，会影响项目目标实现；您自身对项目的控制力相对减弱，如果项目管理咨询公司能力不足或执行懈怠，则容易发生管理争端，影响项目进程。另外，您需要支付给项目管理咨询公司一定的管理费用，管理成本较高，且项目管理咨询公司的成本控制动力肯定弱于作为投资主体的您个人。

如果您自身没有专业团队，也没有熟悉可靠的专业人才储备，且项目存在工艺复杂、建设难度高或工期冗长等特点，建议选用这种模式。

若管理成本非首要考量因素，或者后续您有更多的项目开发计划，也可选择"自主组建＋外部咨询"的协同模式，既配置自有技术与管理团队，又引入咨询公司参与，在做好本次项目管理的同时，培养自己的项目开发建设团队，为后续更多项目的开发建设储备力量。

二、项目发包模式的选择及要点

1. 传统施工总承包模式

一个工程项目的建设，涉及勘察、设计、施工、采购、监理等多个环节。一般来说，企业需分别委托服务单位或者施工单位，按照"设计－招标－建造"的顺序推进，一个阶段结束后另一个阶段才能开始。采用这种模式时，业主与设计单位签订设计合同，设计单位负责提供项目的设计和施工文件。随后在设计单位的协助下，通过竞争性招标将工程交给报价和质量都满足要求的投标人（总承包商）来完成。进入施工阶段，监理人员通常担任重要的监督角色，并且是业主与承包商的沟通桥梁。上述模式为我国建设工程领域长期主流模式，总包单位只负责施工部分，也称施工总承包模式。

这种模式的优点：施工总承包模式历经全球大量工程实践的迭代优化，其管理思想、组织模式、方法和技术都比较成熟，参与项目的业主、设计单位、工程师、承包商各方在合同的约定下拥有各自的权利，履行各自的义务。业主可以自由选择设计人和监理人对项目的实施过程进行监督。

这种模式的缺点：此模式以"设计－招标－建造"的线性流程为技术基础，因建设周期长而导致投资成本容易不受控制。由于总包单位无法参与设计工作，导致设计与施工之间可能存在诸多衔接不畅之处，频繁的设计变更易导致索赔频发而增加项目成本。

2. EPC 模式（工程总承包模式）

如果将设计、采购、施工等环节统一发包给一个单位或者联合体负责，这种模式称为工程总承包模式，英文简称 EPC，也俗称交钥匙模式。即只要把前期需求提好，交给 EPC 总承包商后，最终只需要去转动钥匙接收完工工程即可。

这种模式的优点：责任划分明确，总承包商对项目工程的质量、安全、工期、造价全面负责，可以有效解决设计与施工的衔接问题，减少中间环节。业主只需要与总承包商签订合同，极大地简化了合同关系。此外，业主对于其他承包单位、分包单位监管责任相对弱化，不仅降低了自己的项目风险，减轻了管理负担，同时也便于整体协调和布局，总承包商"一条龙服务"，有利于保证工程质量和进度。

这种模式的缺点：企业作为发包人对工程项目的实施过程参与程度较低，很难对工程进行全方位控制。这种模式对总承包人要求极高，能满足要求的总承包人数量有限，由于总承包人承担了整个工程项目的风险和责任，一旦总承包人的风险管理能力不足，可能会导致项目失败。而且由于 EPC 合同通常采用固定总价合同形式，总承包商责任大、风险高，他们会考虑管理投入成本、利润和风险等因素，这就使得 EPC 合同的工程造价水平相对偏高。

此外，工程总承包模式除了 EPC 模式外，还有 DB 模式、EP 模式、LSTK 模式等，本书不再一一赘述。实践中工程总承包模式更多适用于政府投资的项目或者规模比较大的投资项目，比如基础设施、大规模小区、石油、石化、电站等。

通过上述介绍，相信您对项目发包模式应该有一定的概念了。作为非房地产开发企业，自己建办公大楼或者厂房的机会可能相对不多，如果更希望房子按照自己的构想来建设，并且想对建设过程有更多的掌控权，我们建议您还是选择传统的施工总承包模式。如果您确实时间精力有限，只想到期拿钥匙开门，有相对信任且靠谱的工程总承包企业资源，也可以选择"把鸡蛋放在一个篮子里"，选择 EPC 模式。

三、施工分包模式的选择及要点

本书第二章提及的施工总承包模式下，施工总承包单位对所有的施工负责，我国《中华人民共和国建筑法》等相关法律也提倡对建筑工程实行总承包模式，并且在合同有约定的情况下，总承包单位可以将承包工程中的部分工程，比如幕墙、精装等，发包给具有相应资质条件的分包单位。

但是实践中，针对施工项目的发包，实际存在很多形式，本节我们为您介绍一下。

1. 总包自主分包

这种模式就是上文说的总包单位负责所有工程范围内的施工任务，包括地基基础、土建、幕墙、精装、机电、电梯、泛光、园林等全部项目，如果总包单位需要将一些项目分包给其他专业单位，将由其直接选定，直接签订分包合同，直接付款，对质量、工期等统一负责。

这种模式的优点：总包单位方可灵活选择熟悉、合作默契的分包商，提高管理效率，并可通过分包降低自身成本（如选择低价优质分包商），同时赚取管理利润。业主仅需对接总包方，分包问题由总包方全权处理，减少业主直接风险，降低协调复杂度。

这种模式的缺点：若总包方选择的分包商能力不足，极有可能影响整体工程质量或进度，且业主难以直接干预。总包方也可能为利润进一步转包，导致实际施工队伍资质不符或管理混乱（需警惕违法分包）。

应对要点：如果您选择这种分包方式，我们建议，第一，务必在合同中明确可以分包的项目，禁止将主体结构分包，避免违法分包；第二，可以在总包合同中要求总包方提交分包商名单及资质备案，同时保留对分包商的否决权；第三，为避免总包方拖欠分包单位工程款而导致停工，可以要求总包方定期提供分包款项支付证明，确保工程款流转透明合规。

2. 平行分包

除将土建工程发包给总包单位外，业主还可以将分包工程划分为独立标段，分别与不同施工单位签订合同，工程款由业主直接支付，各施工单位之间无隶属关系，均直接向业主汇报并接受其管理，与上述严格的施工总承包模式形成鲜明对比。

这种模式的优点：业主可以通过分标段竞争性招标，筛选出性价比最高的、更专业的分包单位，避免总包方的利润叠加，进而提升专业工程的质量。同时业主可以随时更换表现不佳的分包单位，避免总包模式下"牵一发而动全身"的不利局面。

这种模式的缺点：业主需单独招标多个标段，增加招标、合同签订及审计工作量。该模式要求业主具备强大的项目管理能力，协调各分包商的界面划分、施工进度配合、交叉作业等诸多复杂问题，否则易导致混乱。此外，当出现质量、安全、工期问题时，易因分包商互相推诿而难以追责。不仅如此，业主还需直接承担分包商违约、工期延误等风险，缺乏总包方在中间起到的"缓冲"作用。

【避坑】界面划分不清，导致各方扯皮

> 某施工项目，对总包和内、外装单位的界面划分不够细致，如楼地面装饰面层由内装单位施工，但基层、找平层部分也在总包的合同范围内，导致总包和内装单位有重叠的部分；因外装单位幕墙预埋件的施工图纸滞后，导致总包施工的预埋件位置不准，产生与外装单位的纠纷。

应对要点：如果您决定采用这种方式进行分包，我们提出以下应对建议，第一，明确各个分包工程的合同界面，比如工作范围、移交标准，避免各方之间推诿，这要求您的技术人员要有非常丰富的项目一线经验；第二，组建强有力的管理团队或者聘请专业水平过硬的监理单位，充分发挥其在项目管理中的协调作用；第三，通过定期召开监理例会或者专项会议制度，解决交叉施工问题。

示例合同条款：

> 承包人承诺在总承包工程与专业分包工程拼缝、连接或收口处由承包人负责落实拼缝、收口等工作，承包人不得以施工界面划分为由拒绝承担相应的施工工作。否则，发包人有权自行或委托第三方施工，因此发生的费用及延误的工期由承包人承担，并且每发生一次违约行为，承包人应向发包人支付【 】万元的违约金。

此外，还有一个特别重要的程序性问题需要指出。此前，许多地方土建总包、各个分包项目可以分别办理施工许可证，然而，当下行政主管部门对于施工总承包制度的贯彻执行越来越严格，更多的地方规定一个项目只能办理一个施工许可证，且所有的分包内容必须纳入总包的分包许可证下。在此背景下，如果业主再采用这种平行发包的形式，务必事先与总包单位商定配合原则、配合费用等，否则在涉及后续办证之时才发现这个问题，很可能出现总包单位趁机"狮子大开口"的情况。

3. 甲指分包

甲指分包（甲方指定分包）是指由业主指定某一专业工程的分包商，但分包合同仍由总包与指定分包商签订，在此模式下，总包对指定分包商承担管理责任，并收取一定比例的管理费，工程款的流向是由业主支付给总包后，总包再支付给分包商。这种模式介于甲方平行分包和总包自主分包之间，业主能够通过指定分包商来介入部分工程的控制权。

这种模式的优点：业主能够掌握关键分包的选择权，确保质量达到要求或满足品牌方面的需求，同时业主将现场协调责任转移给了总包方。业主可引入行业顶尖分包商，来弥补总包方技术短板。总包方对指定分包商的施工质量仍负连带责任，但因其由业主指定，部分风险转移至业主（如选型不当导致的返工）。相比平行分包，总包方统一管理能减少界面冲突（如工序衔接、场地分配等）。

这种模式的缺点：当出现质量问题时，易发生业主、总包、指定分包三方扯皮（如材料不合格的问题，很难分清是业主指定问题还是总包管理问题）。由于总包对指定分包商无选择权，可能出现消极管理的现象（如配合费争议、拖延验收等）。合同复杂性高，需在总包合同中明确指定分包的范围、责任界面及费用分担，否则容易引发合同纠纷。

【避坑】甲指分包合同实质内容由业主确定的情况下，业主对分包工程工期延误存在过错，应承担工期延误的责任。

> 以某建设项目为例，业主指定了幕墙分包单位，幕墙分包单位与总包单位签署了分包合同，但分包合同由业主与分包单位协商制定，总包单位仅按要求签署，后因为分包单位的原因影响了总包单位的工期，业主想要追究总包单位的违约责任，最终法院以"业主不仅指定分包人，还就分包工程内容、合同价款、工期、质量等明确了具体要求，可见分包合同实质性内容由业主决定"为由，判决业主应对工期延误承担部分责任。

应对要点：如果选用这种方式，建议，第一，在合同中明确指定分包商的工作范围及与总包的界面划分（如预埋件由总包负责还是指定分包商负责）；第二，约定总包管理费的计取方式（如按合同价比例或固定费用）、总包配合的具体内容，且要求总包单位对分包单位的工期、质量、安全承担连带责任，尽量全面严谨；第三，减少"甲指"的痕迹，相关的请款、付款、管理等，形式上均要通过总包单位来进行。

归纳总结以上二种模式的特征，见表2-1。

分包模式"四维"对比　　　　　　表2-1

维度	总包自主分包	平行分包	甲指分包
分包商选择权	总包决定	甲方直接选择并签约	甲方指定，总包签约
管理责任	总包全责	甲方直接管理	总包管理，甲方监督
甲方控制力	弱（依赖总包）	强（全面控制）	中（控制关键分包）
成本透明度	低（总包加价可能）	高（甲方直签）	中（指定分包价透明）

可以看出，没有绝对好的模式或者坏的模式，只有更适合的模式，应该结合企业的实际情况，选择最优的方案。如果您有信心、有能力协调管控好多个施工单位，平行发包不失为一种选择；如果想清闲一点，不想处理太多扯皮琐事，则由总包单位"一肩挑"可能更适合。如果您某个信赖的好朋友是某项专业分包商，或者有其他不得不用的理由，则部分项目也可考虑采用"甲指分包"的方式。

第三章　选好各类供应商

企业自建厂房、办公楼项目具有建设周期长、参建单位多、参与人员多、工序多且复杂、项目管理繁杂等特点。因此，在业主选择自建厂房、办公楼项目的全过程中，选择供应商是第一步，同时也是最关键的一步，与项目最匹配的勘察、设计、监理和施工单位能够确保项目顺利推进、保障工程施工质量，还能控制建设成本与工期。

勘察、设计、监理和施工单位的专业素养、行业经验、工作态度和沟通协作水平直接影响项目的进度、成本、质量和安全管理成效。同时，完善的项目规划和合同条款对于勘察、设计工作至关重要，它能够有效规避因前期工作的漏洞而导致施工阶段高额索赔的风险，从而确保项目整体投资成本目标的实现。

本章节旨在为业主提供一套全面、系统的选择指南，确保项目各环节工作顺利推进，达成预期建设目标。

一、勘察、设计、监理单位

对于建设工程项目而言，前期勘察、设计与监理工作均为核心环节，对项目成败起着关键作用。优秀的勘察单位能够提供精准、全面、具体的勘察数据，为项目的顺利进行奠定坚实的基础。建设工程设计则是整个建设项目的灵魂，一份完善的工程设计能够奠定项目基础、控制项目成本、保障项目质量、指导项目施工、优化项目运营效率。而监理单位作为建设工程项目质量、安全、进度、造价等方面的"把关人"，选对了，能为项目保驾护航；选错了，那就是给自己挖坑。

鉴于选聘勘察、设计、监理单位的要点具有一定的共性，本节我们就简要梳理。

1. 看资质

我国建筑行业普遍实行资质管理制度，各类单位应当在其资质等级许可范围内承揽业务。因此选聘供应商的第一步，就是要确保其具有与项目需求相匹配的资质，且资质在有效期内，杜绝超资质承揽风险。

（1）勘察资质

从图 3-1 可知，工程勘察综合资质为行业最高等级，有此资质的单位，不管什么类型的建设工程项目勘察都能承接，没有专业和规模的限制。如若我们建的厂房、办公楼规模大、施工工艺复杂，涉及多个专业，选这种综合资质的勘察单位准没错。这种单位专业技术力量雄厚，项目勘察经验丰富，设备配置齐全，勘察过程中的难题能够游刃有余地一站式解决。

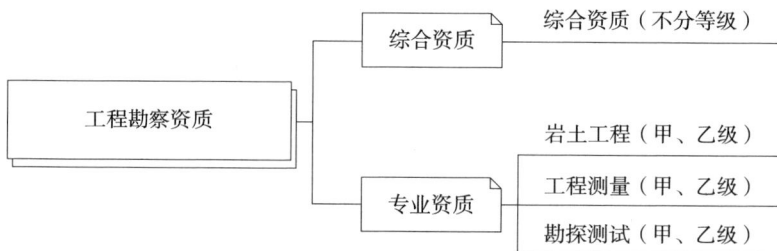

图 3-1　工程勘察资质种类图

至于工程勘察专业资质类别又该怎么选呢？这要根据项目的特征来决定。如果项目所在地的地质条件特别复杂，那就得着重看看岩土工程专业资质。其中具有甲级资质的单位，可承接所有规模、地质条件的工程勘察业务。

（2）设计资质

在设计资质方面，工程设计综合资质甲级是最高等级，持有该项资质的单位，可承接建筑、市政、机械、化工等 21 个行业的工程设计业务。如果您要建个综合性的企业园区，里面厂房有各种各样的生产工艺需求，办公楼功能布局又复杂，还得把配套的市政设施都一体化设计好，这时候应当选择设计综合资质甲级的单位，让整个园区规划得科学又合理，避免各环节之间出现冲突与衔接漏洞。

企业自建厂房、办公楼这类工业建筑项目，需要重点关注建筑行业（建筑工程）设计资质。该资质分甲级、乙级，甲级资质的单位，可承担行业内各类大型复杂项目，业务范围基本无限制；乙级资质的单位，更适合承接中、小型项目。有对应设计资质等级，又有丰富工业建筑设计经验的单位，才能多维度全面考虑，为我们企业量身定制出完美的设计方案。

（3）监理资质

工业厂房、办公楼的建设项目，一般应选择具有综合资质或者相应专业甲级资质的单位。工程监理综合资质是"全能型"资质，几乎可承接所有类型的工程；要是没有综合资质，至少需要有房屋建筑工程专业监理资质。

2. 看人员及业绩

项目执行所有的事情，最终都要回归到人员上来，对实际负责、执行的相关人员的能力、业绩的考察，都是至关重要的。

（1）勘察专业人员

【避坑】

> 曾有客户在深圳宝安区开发建设一个综合体项目，因聘请的勘察单位测量人员操作失误，导致标高错误，现场标高出现了 20~45cm 的误差。后续的设计单位在设计过程中，也没有发现标高错误的问题，导致项目场地与市政道路存在 60~100cm 的高差。这一失误影响了部分基坑支护形式，路面也要抬高，园林设计也要变更，工程造价发生较大增幅。更严重的是，首层商业裙房及广场与市政路面要用台阶才能相连，限制了人流量，影响了项目的后续运营，而这种损失是无法测算的。

注册岩土工程师是勘察单位的顶梁柱。岩土工程师的数量能直观反映勘察单位的规模；而岩土工程师的经验能体现勘察单位的综合技术水平。

如何判断岩土工程师是否经验丰富？首先应看岩土工程师个人履历，优先挑选曾主持或者参与过同类型或类似厂房、办公楼建设项目的岩土工程师，若其在您项目工地周边有过勘察经验则更佳。经验丰富的岩土工程师熟悉厂房地基处理、边坡稳定性分析这些关键技术环节，碰到复杂地质状况，还能给出靠谱可行的处理办法。

除了岩土专业，水文地质、工程测量这些专业的人员也需齐备。要是在地下水复杂的地方建厂，水文地质工程师提供准确的水位、水质信息，才能给基础防水设计、施工降水方案打好基础；工程测量人员把地形测绘精确、坐标定位准确，厂房、办公楼布局才能精准，只有各专业技术人员共同努力、协同作业，才能交出一份优异的勘察报告，为项目的顺利推进奠定基础。

（2）设计专业人员

设计单位的顶梁柱是注册建筑师与结构工程师。注册建筑师主导空间规划、功能分区。经验丰富的建筑师，会更清楚厂房怎么设计物流通道才能便捷、办公空间如何布局才能让人舒服；而结构工程师是保障我们建设工程项目安全的"守护神"。面对大跨度厂房、高层办公楼这些结构上有挑战的项目，他们能根据地质勘察的数据，优化设计方案。例如采用新型的钢结构体系，打造厂房无柱大空间，方便设备摆放和生产操作；要是在抗震设防地区，还要精准选型，既保证建筑安全，又能有效控制造价，避免产生不必要的成本。

此外，对各专业技术人员的能力考察也不能忽视，电气、给水排水、暖通这些专业的设计师也需要相互间默契配合。以现代化厂房为例，其对电力供应稳定性要求极高，通风换气得顺畅，温湿度需要控制得当，不然生产设备容易出现故障，产品质量也会受影响；办公楼的建造，智能照明需要节能环保，空调系统要让人舒服且节能。各专业要围绕建设项目的整体目标开展集成化设计，才能避免出现管线"打架"、功能冲突等问题。

（3）监理专业人员

总监理工程师作为监理团队的核心人物，必须持有国家注册监理工程师证书，专业对口且经验丰富，最好参与过类似建设项目监理工作。可查看其过往负责项目的竣工验收报告，便于了解其专业技术能力。除了专业技术能力，总监理工程师更需要具备良好的组织协调能力和决策能力，需要擅长协调建设单位、施工单位和设计单位之间的关系，在工程出现质量问题或者争议时，能够凭借自己的专业知识做出合理的判断和决策。

专业监理工程师在建设项目施工过程中负责具体专业施工项目的把控工作。专业监理工程师需要熟悉施工图纸，善于发现施工问题，在现场巡查时及时纠错，为建设项目的顺利进行保驾护航。因此对于参与项目的专业监理，也要尽量全方位考察。

同时，还需要考察勘察、设计、监理等单位的过往项目业绩，重点关注近5年同等规模及以上的厂房、办公楼的相关业绩，也可以向其服务过的业主单位进行咨询，从侧面了解其专业度、配合度等。

3. 看技术与设备

（1）勘察单位技术装备

业主可以向勘察单位索要勘察设备清单，以了解设备型号、采购时间等信息。其中，数字化静力触探仪、高精度地震仪是不可或缺的。数字化设备能实时采集、传输数据，减少人工误差，显著提升勘察效率和精度；高精度地震仪在地震多发的地方，能精细探测地层结构、判断场地土壤类别，给抗震设计提供关键依据。

勘察单位实验室检测能力也是重要考察项目。勘察单位内部实验室要配备齐全的土工试验、岩石力学试验设备，并且通过相关认证。从土壤常规物理力学指标测试，到岩石材料的力学性质分析，及时、准确的试验数据，能有助于精确判断地基承载、变形参数。当然，外部送检也是可行的，但是依靠外部送检容易因为周转环节而耽误工期，数据偏差风险也会增大。

（2）设计单位技术考察

在竞争激烈的市场环境下，除考察技术方案外，具有创新设计理念的设计单位能够为厂房、办公楼带来更多的价值。例如，在空间利用上采用灵活多变的设计方式，以适应企业未来的变化；或者在厂房外观设计上，能够结合企业文化和周边环境，打造具有特色的建筑形象。

同时，考察设计单位在节能环保方面的设计功底也至关重要：在节能方面采用高效的隔热材料和智能照明控制系统；在厂房自动化方面，能够预留接口或者设计自动化物流系统的空间；在数字化设计工具技术应用上，采用 BIM 三维协同设计，实现从规划、设计、施工到运维的全生命周期信息共享，便于企业能提前模拟建筑性能，精准管控进度造价。

设计质量直接关乎厂房的质量和使用效果，建议在方案评审时考察设计单位内部的质量控制措施，例如，是否有严格的图纸审核制度，包括自审、互审和会审等环节。了解设计规范和标准的执行情况，是否定期对设计人员进行培训，以确保其掌握最新的设计规范和技术要求。此外，在评审设计方案时，还需注重方案的创新性、节能环保理念的应用以及对周边环境的融合。在设计理念和创新能力上，判断是否能够在满足功能需求的基础上，为项目赋予独特的价值。

4. 看价格

报价是企业选择供应单位时不可忽视的因素之一。不同单位的报价会有所不同，一般根据建设项目的规模、复杂程度、服务内容等因素来定价。需要对多家单位的报价进行比较，但不能仅仅以价格高低来做选择。过低的价格可能意味着服务质量或者人员配置无法得到保障，而过高的价格也要考虑其合理性。建议可以参考行业平均收费水平、单位的资质和业绩等因素来评估监理报价是否合理。

二、施工总包单位、分包单位

施工单位作为建设工程项目得以实现的关键执行者，其综合实力、专业能力、诚信履约能力等直接决定工程的质量、安全、进度、成本以及法律风险。审慎选择施工单位，并提前洞悉施工过程中的潜在陷阱与法律隐患，是保障项目顺利推进、维护自身合法权益的必由之路。为了项目顺利落地，以下几个方面可以作为企业选择施工单位的考查方向。

1. 施工单位资质审查

如上文所述，我国对从事建设工程施工的单位，严格实行资质管理制度。建筑业企业资质分为施工总承包、专业承包和施工劳务三个序列。

取得施工总承包资质的企业可以对承接的施工总承包工程内各专业工程全部自行施工，也能将专业工程依法分包给有专业承包资质的企业。建筑工程施工总承包资质分为特级、一级、二级、三级，各级资质可以承包的工程范围如表 3-1 所示。

各级资质可以承包的工程范围   表 3-1

建筑施工总承包资质等级	可承担单项合同额	建筑高度限制	其他限制
特级	不限	不限	—
一级	3000 万元以上	（1）高度 200m 以下的工业、民用建筑工程 （2）高度 240m 以下的构筑物工程	—

续表

建筑施工总承包资质等级	可承担单项合同额	建筑高度限制	其他限制
二级	3000 万元以下	（1）高度 100m 以下的工业、民用建筑工程 （2）高度 120m 以下的构筑物工程	（1）建筑面积 4 万 m² 以下的单体工业、民用建筑工程； （2）单跨跨度 39m 以下的建筑工程
三级	3000 万元以下	（1）高度 50m 以下的工业、民用建筑工程 （2）高度 70m 以下的构筑物工程	（1）建筑面积 1.2 万 m² 以下的单体工业、民用建筑工程； （2）单跨跨度 27m 以下的建筑工程

因此，在选择施工总承包单位时，要结合项目的造价金额、高度、建筑面积等，选择相应资质等级的单位。

除了施工总承包单位外，如第二章所述，如果您计划将部分专业工程单独分包或者指定分包，需重点关注专业承包资质。不同等级资质可以承包的工程体量是有差异的。以建筑幕墙专业承包资质为例，分为一级资质、二级资质，其中一级资质可以承担各类型的建筑幕墙工程的施工，二级资质可承担单体建筑工程幕墙面积 8000m² 以下的建筑幕墙工程的施工。一般来说，建议优先选用一级资质的单位。

此外，还要核实施工单位资质证书的有效期，务必确保在建设项目施工周期内资质处于合法有效状态。一旦资质过期，施工单位将丧失合法承接工程的资格，在此期间签订的施工合同效力存疑，后续如果需要对施工单位提出索赔会存在一定风险。

同时，需要仔细审查资质年检记录，年检合格表明施工单位在经营管理、人员配备、技术水平等方面持续符合资质要求，若存在年检不合格的整改情况，需深入了解整改事项及完成情况——例如，因安全生产条件不达标被要求整改，需重点检查当前安全生产保障措施是否到位，以防类似隐患危及本项目施工安全。

2. 施工管理水平考察

建议在编制招标文件（或者邀请报价文件）时明确人员的最低配置标准（包括岗位、人数、资质要求、同类项目经验要求）等。

项目经理作为项目施工的直接领导者，其资历与经验直接影响项目成败。优秀的项目经理不仅能够精准解读施工图纸，合理安排施工进度计划，有效协调各工种、各部门之间的关系，还能在面对施工难题时，迅速制定解决方案，确保施工顺利推进。项目经理具备一级注册建造师执业资格是基础要求，在此之上，核查其厂房、办公楼项目履历，尤其是同行业类似项目经验尤为关键。如何验证其提供的业绩是否真实，一方面，可以核实其业绩是否录入全国建筑市场监管公共服务平台；另一方面，可以要求提供前业主单位的联系人及电话，进行交叉验证。

项目技术负责人肩负着把控施工技术方向、解决技术难题的重任，需具有深厚的建筑专业知识，熟悉各类施工工艺、技术规范，特别是针对厂房、办公楼的特殊需求，应具备中级以上职称，且专业与工程类型相匹配。经验丰富的技术负责人在施工过程中，能够及时发现并纠正技术偏差，为项目提供可靠的技术支持，保障工程质量与进度。因此建议同步考察技术负责人近年来的同类项目经验。

其他关键岗位如安全员、施工员等，均需要持有对应的岗位证书。

同时，还可以要求项目经理、技术负责人参与现场答辩，考察他们对施工组织设计的理解，应对工期延误、质量问题的具体措施，以及与业主、监理的协作思路等，综合评估其管理能力。

值得注意的是，在实践中，许多投标报价方案中施工单位展示的项目人员与后续实际到场的并不一致，因此我们建议，在选定施工单位之前，要核查拟派人员近6个月或者更久的时间在投标单位的社保缴纳记录证明，避免挂靠或临时拼凑团队，并在合同中明确要求投标报价人员与实际负责或者派驻项目人员一致，且不能随意更换，否则施工单位应承担严格的违约责任。

示例合同条款：

23.1 项目经理

23.1.1 下列条件下，发包人有权要求承包人更换项目经理，由此增加的费用和（或）延误的工期由承包人承担。

（1）项目擅离现场或因其他原因（刑事责任、身体原因等）未能在施工现场长达【30】天。

（2）项目经理擅离现场累计发生【5】次的。

（3）项目现场发生安全事故、进城务工人员闹事等任一情况的。

（4）任一节点工期延误长达【30】天的。

（5）发包人及监理人认为项目经理能力不足以胜任的。

23.1.2 项目经理未经批准，擅自离开施工现场的，承包人每次向发包人支付违约金人民币【1】万元/（人·次）。

23.1.3 承包人擅自更换项目经理的，承包人应向发包人支付违约金【30】万元/次。

23.1.4 承包人无正当理由拒绝更换项目经理的违约责任：【30】万元/次。

23.2 承包人人员

23.2.1 承包人无正当理由拒绝撤换主要施工管理人员（包括技术专员、安全专员、质量主任、生产经理等）的违约责任：承包人应向发包人支付违约金【2】万元/（人·次）。

23.2.2 承包人主要施工管理人员离开施工现场的批准要求：经监理工程师和发包人同意。

23.2.3 承包人擅自更换主要施工管理人员的违约责任：承包人应向发包人支付违约金【3000】元/（人·次）；承包人的主要施工管理人员同时兼任承包人其他工程项目的任何职务的，承包人应向发包人支付违约金【2】万元/（人·次）。

23.2.4 承包人主要施工管理人员擅自离开施工现场的违约责任：【2】万元/（人·次），违约金累计计算。

3. 施工单位业绩、信誉审查

可以要求施工单位提交近5年厂房、办公楼施工项目资料，重点比对项目规模是否与本企业拟建项目相同，以及所涉及的复杂技术环节，借鉴施工单位成熟的施工方案，规避本企业项目的施工风险。

实地考察施工单位的在建项目或者已完工项目现场，是直观评估施工单位综合能力的关键途径。走访在建项目现场，可查看现场平面布置图是否合理，施工组织是否全面，安全、文明施工是否落实，材料堆放是否整齐，员工宿舍是否干净整洁等；而考察已完工项目，则需着重检测工程质量，例如地基基础有无沉降，主体结构有无裂缝、倾斜，梁、板、柱有无明显裂缝，防水工程有无开裂、漏水，门窗安装是否牢固，密封性是否完好等。

回访业主单位能够深入了解施工单位在施工过程中的履约情况。从工程质量角度，重点了解是否严格把控原材料质量，所交付的厂房、办公楼结构稳固、装饰装修精细，无明显质量缺陷，顺利通过竣工验收；工期控制方面，需确认施工单位能否克服施工难题，合理调配资源，确保项目按时交付，未出现工期延误影响企业投产运营；在工程造价管控上，关注其是否有效控制成本，避免不必要的超支，同时不能以牺牲质量来换取低价优势。若施工单位的过往项目频繁出现质量问题、工期失控或造价失控等情况，意味其履约能力存在较大风险，需谨慎抉择。

向同行企业、行业协会、上下游合作伙伴咨询，核查施工单位信誉，了解其是否诚信执业、公正履约。有无恶意拖欠进城务工人员工资引发群体事件，此类行为不仅反映企业资金管理不善，更折射出企业社会责任的缺失；警惕施工单位低价中标、竣工结算高价索赔等恶意承担工程项目的操作，以及在施工过程中，有无频繁转包、违法分包工程，导致施工管理混乱，质量难以保障等恶劣行为。

查验施工单位过往竣工的项目是否斩获过建筑奖项，如中国建筑工程鲁班奖、国家优质工程奖，或省级优质工程奖项等，此类奖项是对施工单位专业水准、施工质量的有力证明。

4. 施工单位方案及报价审查

建议要求各报价单位针对项目的特点、难点等出具专项方案，评审其方案是否全面、准确。

在施工单位的比选过程中，价格肯定是业主选择施工单位时要考虑的重要因素，但千万不能只看价格高低。要结合施工单位的性质、资质等级、施工组织设计、技术方案等综合评估报价，同时也要根据合同类型以及工程价款结算方式综合判断报价的高低。这部分在第四章会详述，此处暂不赘述。

5. 央企、国企、私企、施工队怎么选？

曾有客户项目即将建设，但是业主对于施工单位的选择一直举棋不定，他有三个备选：

备选 A：一家央企，方案做得很漂亮，报价也还行，沟通过程能感觉到很专业。

备选 B：一家当地的私企，承接过不少大型建设项目，报价不高。

备选 C：认识多年的包工头，为企业项目前期拿地规划过，热情帮助，说价格好谈，多年前有一些工程建设经验，可以自己找个有资质的企业挂靠。

当他前来咨询时，我们当然无法直接告诉他怎么选择，只是分析了这三个选项的特点，给他一些参考。

（1）央企、国企施工单位

央企作为国家经济的重要支柱，在资金储备、技术研发、人才团队、设备配置等方面具有无与伦比的优势，能够高效承接各类大型、复杂的工程项目，为厂房、办公楼的建设提供全方位的保障。在追求经济效益的同时，能兼顾社会效益和环境效益，严格遵守国家法律法规和行业标准，确保工程质量和安全，也能迅速调配各类资源，解决施工过程中遇到的各种问题。但是，央企内部组织结构复杂，管理成本相对较高，且央企索赔能力一般较强，有些企业在投标报价阶段会进行整体索赔策划，寻找合同和清单的漏洞，采用不平衡报价等方式以合理总价或者低价拿下项目，后续则在施工过程中抓住机会进行索赔。

地方国企与央企存在相似之处，通常综合实力较强，对于工程质量等的把控较为严格，在履约过程中一般会严格遵守合同约定，但索赔能力相较央企稍显逊色。

（2）私企施工单位

私企的运营成本相对较低，管理结构相对简单，为了在市场竞争中获取更多的业务，往往会提供更具竞争力的报价，这对于严格控制项目建设成本的企业具有较大的吸引力。其决策机制相对灵活，能够快速响应市场变化和业主需求。面对工程变更、现场调整等问题，能够迅速做出决策并采取行动，有效提高施工效率。但私企也可能存在一些问题，例如，部分私企可能存在资金不足的问题，在施工过程中，如果遇到资金周转困难，可能会影响工程进度，甚至导致工程停滞。私企的规模和发展水平差异较大，一些小型私企可能缺乏专业的技术人才和完善的管理体系，在工程质量和安全管理方面存在一定的风险。

值得警惕的是，市面上有很多私企其实是专门的挂靠平台，也有部分私企在自营项目的同时也接受挂靠。这就导致很多以私企名义来参与投标报价的施工单位，但实际出资和管理的并不是这个施工单位本身，而是包工头。

（3）个人包工头

包工头通常直接组织施工人员进行施工，省去了中间的管理环节和部分费用，报价往往比正规施工单位低很多，对于资金有限的企业来说，具有很大的吸引力。包工头直接负责施工现场的管理，与业主的沟通相对直接、便捷，能够及时反馈施工过程中的问题，并迅速采取措施解决。但是大部分包工头不具备相应的建筑施工资质，其施工人员的专业技能和素质也参差不齐，难以保证工程质量和安全，容易出现质量问题和安全事故。此外，包工头通常以个人或小团队的形式承接工程，资金实力有限，缺乏有效的风险防范和应对机制。一旦在施工过程中遇到原材料价格大幅上涨、工程变更导致成本增加等突发情况，可能无法承担相应的损失，轻则停工延误工期，重则导致项目烂尾，且施工质量也没有强有力的保障。

因此，在选择施工单位时，业主应综合考虑项目的规模、预算、质量要求、工期等因素，结合不同类型施工单位的利弊，做出合理的决策。就我们的经验而言，地方国企是一个不错的选择，其兼具价格实惠、质量控制等优势。但无论选择何种类型的施工单位，都要严格按照法律法规的要求，签订完善的施工合同，明确双方的权利义务和违约责任，并在施工过程中加强监督管理，确保工程顺利进行。

三、电梯、空调等重要材料设备供应商选择

企业自建厂房、办公楼项目，我们企业作为建设单位，一般是通过包工包料的方式将工程对外发包给施工单位，由施工单位负责建筑材料的采购，当然也有部分项目会有"甲供材"，比如钢筋、商品混凝土等使用量较多的材料，或者大型生产设备、办公楼的电梯、中央空调等。

1. 关于材料采购，以钢筋为例

（1）考察供货商的资质

首要任务是查看供应商是否持有合法有效的营业执照，确保其经营范围涵盖钢筋生产、销售等相关业务。

也可向同行业其他建设单位、建筑施工企业打听该供应商的口碑，了解其在过往项目中的履约情况，是否能按时交货、产品价格是否稳定、产品质量是否合格可靠等。

（2）考查钢筋的质量

可以到供货商场地实地检查，包括钢筋的外观、码放、锈蚀情况等，对钢筋进行抽检，主要检查钢筋的直径是否符合国标产品要求。

要求供货商提供由具备资质的第三方检测机构出具的近期钢筋质量检查报告，详细审查物理性能、化学成分等各项指标的检测结果。重点关注屈服强度、抗拉强度、伸长率、冷弯性能等关键指标是否符合国家标准。

（3）比价

同步向多家钢筋供货商发出询价函，要求明确报价包含的内容，如产品价格、运

输费用、装卸费、是否含税等。建议获取 3~5 家供应商的报价进行横向对比，找出价格区间，分析报价合理性。但需注意，不能仅以低价作为选择标准，要综合考虑质量与服务因素。

与供货商建立长期合作关系。一方面，长期合作能促使供应商提供更优惠的价格，保障供应稳定性；另一方面，从运输成本等角度考虑，选择距离施工现场较近的供应商，可降低运输费用；合理利用"账期"，减少企业的资金压力。

（4）售后问题

企业需与供货商沟通出现质量问题的处理流程，一旦出现质量不合格产品，供应商应承诺无条件退换货，并及时安排技术人员协助排查问题根源，提出解决方案，确保工程不受影响。

每一检验批次的钢筋，送货时必须随车附带产品质量合格证和质量检测报告。

针对项目工地剩余的钢筋，与供货商在签订合同时沟通好回收处理方案，从而减少资金损失。

2. 关于设备采购，以电梯为例

（1）商品品牌与口碑

全面且深入的品牌调研必不可少，可以通过互联网搜索、查阅专业建筑杂志、咨询同行等方式，初步了解电梯品牌，像三菱、奥的斯、通力、日立、迅达等国际大品牌在全球范围内运营多年，技术研发能力强，产品质量相对稳定可靠。同时可以实地体验不同品牌电梯的试乘感觉，并进行记录汇总。

真实用户的使用体验和反馈同样重要，可以走访周边已投入使用电梯的建筑，与物业管理人员、业主进行交流，询问电梯运行的稳定性、故障率、维修响应速度以及乘坐舒适度等问题。

（2）审查产品质量与技术

电梯是一个复杂的机电一体化设备，其核心部件的质量直接决定了整体性能与运行安全。对于曳引机，要考察其动力输出的稳定性、噪声水平以及散热性能。优质的曳引机能够确保电梯平稳、高效运行，且使用寿命长。控制系统堪称电梯的"大脑"，需关注其智能化程度，如是否具备先进的故障诊断、自动救援功能，能否适应不同楼层高度、不同人流量的运行需求。安全部件更是重中之重，如限速器、安全钳、缓冲器等，必须符合国家安全标准。可以要求供货商提供相应的质量认证文件和检测报告，确保在紧急情况下能够迅速、有效地发挥作用，保障乘客生命安全。

技术发展层面，关注品牌供货商是否紧跟时代步伐，引入了诸如物联网技术，实现电梯的远程监控与智能运维，提前预警故障隐患；节能技术，降低电梯运行能耗，符合当下绿色建筑的发展要求；人性化设计，如轿厢内的空气净化系统、多媒体交互界面等，提升乘客的乘坐体验。选择具有前瞻性技术研发能力的供货商，既能满足当下项目需求，又能为未来的升级改造预留空间。

（3）安装与维保服务

电梯安装是一项专业性极强的工作，安装质量的好坏直接影响电梯后续的运行效果。要考察供货商的安装团队资质，核验其是否持有国家规定的特种设备安装许可证，安装人员是否经过专业培训，是否具备丰富的实践经验。

维保服务，电梯的使用寿命通常长达数十年，在这漫长的过程中，定期维护保养至关重要。优质的维保服务能够及时发现并排除故障隐患，延长电梯寿命，保障运行安全。供货商的维保服务内容包括日常巡检频次、维护项目、保养周期等，维保人员的响应时间一般为在接到故障报修后 2 小时内赶到现场，以及是否有持续培训机制提升维保人员的技术水平。此外，最重要的，还要了解供货商是否有充足的备品备件库存，确保在维修时能够及时更换损坏部件，避免电梯长时间停运。

（4）比价

向多家电梯供货商发出招标邀请或询价函，要求他们提供详细的报价方案。报价应涵盖电梯设备本身价格、安装调试费用、运输费用、培训费用以及一定期限（通常为 1~2 年）的免费维保费用等与电梯采购、使用相关的费用。建设单位对收到的报价进行横向比较，分析各供货商价格构成的差异，找出价格区间，避免盲目追求低价而忽视质量与服务。

但价格并非唯一决定因素，性价比才是关键。在对比报价时，结合前面提到的品牌、质量、安装维保等因素，综合评估每个供货商的性价比。例如，某品牌电梯虽然设备价格略高，但它拥有卓越的质量、先进的技术、优质的安装与维保服务，从长期使用成本和安全性考虑，可能反而是更优的选择；而一些低价电梯，可能在后续运行中频繁出现故障，维修成本高，且使用寿命短，看似初期节省了成本，实则得不偿失。

材料种类不同、设备型号不同，选择供货商时的考查方向和侧重点就不同。总而言之，唯有将供货商资质、产品质量、售后服务和价格进行综合分析评价，才能选择出最优质的供货商。

第二部分

工程建设

第四章　造价管控

对业主来说，自建厂房或写字楼最关心的莫过于造价。

即便对于成熟的房地产企业来说，造价控制都不是一件轻松的事。预算两个亿建设的楼房，在施工完成后，结算书显示造价三个亿，这种情况并不罕见。对于没有经验的工程小白来说，需要规避的风险太多了。

对于造价的管控，首先在合同签署阶段，要把计价模式选好，把支付进度控制好；其次，在施工阶段，要严格把控签证变更；最后，做好结算工作。

一、计价模式选择

某企业计划建一栋自用的写字楼，老板决定用固定总价的方式，即与施工单位约定一个包干价，老板认为这样风险可控。

但是固定总价真的风险可控吗？施工合同和一般的合同相比，最大的不同就是合同履行期长，短则一年，长则四五年，在漫长的合同履行过程中，常常发生各种变化，比如设计变更、政策变化等，所以即便用了固定总价的方式，最终结算金额也常常超出预期。

一个项目采用固定总价的方式，通常要求项目工期较短且图纸固定；但若项目工期长达三年左右，且公司也不能确保施工过程中不会发生设计变更，建议还是用工程量清单的方式，比较灵活机动。

该公司最终聘请了专业的造价咨询公司，编制了工程量清单，并根据该清单向多家施工单位询价，最后确定了一家施工单位。目前该项目已顺利完工，公司对造价控制非常满意。

目前实践中主要会使用到的计价方法有：

1. 工程量清单计价

简称清单计价，指的是按照《建设工程工程量清单计价标准》的规定，在各相应专业工程计量标准规定的工程量清单项目设置和工程量计算规则基础上，针对具体工程的施工图和施工组织设计，计算出各个清单项目的工程量，依据规定的方法计算出综合单价，并汇总各清单单价得出工程总价。

简单来说，工程量清单计价就是根据施工图，将整体工程分成一个个小项，施工单位对每一个小项进行报价，最后汇总成一个工程总价。

工程量清单计价的特征和优势：

（1）工程量清单采用综合单价形式，综合单价中包括了工程直接费、间接费、管理费、风险费、利润等，一目了然。工程量清单中标后的单价一经合同确认，在竣工结算时不能调整，即量变价不变。

（2）工程量清单报价要求投标单位根据市场行情和自身实力报价。在报价中能反映出投标单位对市场的了解程度以及综合能力，从而能在招标投标工作中体现公平竞争的原则，便于发包人选择最优秀的承包商。

（3）工程量清单报价有利于加强工程合同的管理，明确发、承包双方的责任。计量由发包人或招标方确定，工程量的误差由发包人承担，工程报价的风险则由投标方承担，有利于平衡双方的权利义务关系。

目前，政府项目都要求采用工程量清单计价方式进行招标投标，我们也认为该方法是确定造价比较科学的方法，推荐大家优先考虑工程量清单计价方法。

工程量清单呈现形式如表4-1所示。

2. 定额计价

定额计价是指按照建设行政主管部门发布的工程量计算规则，同时参照建设行政主管部门发布的人工工日单价、机械台班单价以及材料、设备价格信息，直接计算出直接工程费，再按规定的计算方法计算间接费、利润、税金，汇总确定建筑安装工程造价的计价方法。

分部分项工程量清单与计价表

表 4-1

项目名称：

序号	项目编码	项目名称	项目特征描述	计量单位	工程量	金额（元）		备注
						综合单价	合价	
			墙柱面装饰工程					
1	011201B002002	墙、柱面钉（挂）钢（铁）网	1. 钢（铁）网品种、材质：墙面镀锌金属网 2. 钢（铁）网规格、厚度：φ1.5x20x20	m²	2293.91	10.87	24934.80	
2	011201B002001	墙、柱面钉（挂）钢（铁）网	1. 钢（铁）网品种、材质：不同材料交界处镀锌金属网 2. 钢（铁）网规格、厚度：φ1.5x20x20	m²	37159.06	13.64	506849.58	
3	011201001001	N-2A 墙面一般抹灰	1. 墙体类型：加气混凝土砌块墙 2. 底层厚度、砂浆配合比：刷专用界面剂一遍，8mm 厚 DPM5 水泥石灰膏砂浆打底扫毛 3. 面层厚度、砂浆配合比：5mm 厚 DPM5 水泥石灰膏砂浆抹平	m²	109227.22	21.17	2312340.25	
4	011202001001	N-2A 柱、梁面一般抹灰	1. 墙体类型：加气混凝土砌块墙 2. 底层厚度、砂浆配合比：刷专用界面剂一遍，8mm 厚 DPM5 水泥石灰膏砂浆打底扫毛 3. 面层厚度、砂浆配合比：5mm 厚 DPM5 水泥石灰膏砂浆抹平	m²	6450.63	45.60	294148.73	
5	011201001002	N-5 墙面一般抹灰	1. 墙体类型：加气混凝土砌块墙 2. 底层厚度、砂浆配合比：15mm 厚 DPM15 水泥砂浆找平	m²	9832.91	24.20	237956.42	

续表

序号	项目编码	项目名称	项目特征描述	计量单位	工程量	金额(元)		备注
						综合单价	合价	
6	011207001001	N7 内保温外墙面	1. 隔离层材料种类、规格：30mm厚玻化微珠无机保温砂浆 2. 基层材料种类、规格：5mm厚抗裂砂浆（内置玻纤网格布） 3. 面层材料品种、规格、颜色：20mm厚DPM5水泥石灰砂浆	m²	1689.79	69.97	118234.61	
7	011204003001	N-4A 块料墙面	1. 底层抹灰：20mm厚DWSM15聚合物水泥防水砂浆 2. 面层：内墙瓷砖二次装修设计	m²	6756.18	50.07	338281.93	
8	011207001002	N-6A 墙面装饰板	1. 底层抹灰：12mm厚DPM15水泥砂浆、6mm厚DPM20水泥砂浆 2. 面饰层（配套胶粘剂粘贴）：矿棉装饰吸声板（600×600×18）	m²	1624.79	86.91	141210.50	
9	011208001001	N-6A 柱面装饰板	1. 底层抹灰：12mm厚DPM15水泥砂浆、6mm厚DPM20水泥砂浆 2. 面饰层（配套胶粘剂粘贴）：矿棉装饰吸声板（600×600×18）	m²	98.06	103.34	10133.52	
10	011204003002	W-4 外墙面贴皮砖	1. 基层处理：外墙面清理干净，刷专用界面剂一遍 2. 底层抹灰：15mm厚DPM15水泥砂浆（掺聚合物抗裂合成纤维），分两次抹灰 3. 面层抹灰：10mm厚DWSM15聚合物水泥防水砂浆 4. 面层瓷砖：5mm厚聚合物水泥砂浆或专用胶水粘镶贴8mm厚外墙砖，专用填缝剂填缝	m²	2308.43	171.00	394741.53	

定额计价方法计算出来的工程造价实际上是社会平均价。随着建筑行业的飞速发展，定额往往滞后于市场发展的变化。实践中，一般采用定额下浮的形式，发包人根据定额计价计算出一个造价金额，承包人根据发包人要求对合同总价或者部分价款在投标报价时报一个下浮率即可，即俗称的"定额下浮"。

定额计价的合同条款是什么样的？我们来看具体内容：

本合同结算以乙方实际完成的工作量为准，按照《广东省建筑工程综合定额（2010）》下浮 8%。

虽然工程量清单计价已经推行多年，但定额计价还是有一定的市场。定额计价的优点是简单方便，且在施工图还没确定的情况下，也可以采用定额计价的方法。但缺点也恰恰是因为其约定简单，定额文件又多有变化且常有定额文件不能覆盖的情况，在结算过程中容易产生争议。

所以在不能采用工程量清单计价方法的情况下，定额计价也是一种可行的方法。

3. 固定单价

常见固定单价合同是固定清单综合单价，即上述所说的工程量清单计价，此处不再赘述。还有一种是固定平方米单价合同，即双方简单地约定一平方米的造价。

使用固定平方米单价的前提是：

（1）固定单价对应的施工范围内不发生工程变更等造成承包人工作内容大幅增减的因素。如果施工过程中，因工程变更等对承包人在承包范围内的工作内容产生较大影响的，将会导致固定平方米单价不再具有适用基础。

（2）合同履行过程中不会出现超出合同约定风险范围的风险事件。

固定平方米单价的适用类型是简易建筑，需要特别注意约定清楚哪些项目需要计算费用，哪些已经包含在固定平方米单价中，不然在未约定清晰的情况下，非常容易产生纠纷。

4. 固定总价

固定总价也称为总价包干，俗称"一口价""包死价""闭口合同"等，即发、承包双方约定以合同描述施工范围、施工图纸、预算书等确认工程造价。价款一经约定，除发包人增减工程量和设计变更外，一律不调整，相关风险均由承包人承担。

固定总价有三种常见的模式：

一是施工图总价，以施工图作为投标报价的基础，施工图涵盖了施工单位需要完成的所有实体项目，只要图纸没有发生变化，合同总价均不予调整。

二是清单总价，承包人主要根据清单的项目特征进行报价，施工过程中如果清单项发生变化或者实际要求的施工与清单不符才会调整合同总价。

三是混合模型造价，发包人将图纸和清单都给到投标人，由投标人复核清单内容与图纸是否一致再确定总价。

实践中，考虑到施工周期的长短、市场变化等情况，部分固定总价合同也会约定特殊情况下合同价款的调整，比如主材（钢筋、混凝土等）价格波动超出5%（或者其他比例）外的调价方式等，以体现公平，也有利于推动合同履行。

固定总价合同适用于以下情况：工程量小、工期短，施工过程中环境因素变化小，工程条件稳定并合理；工程设计详细，图纸完整、清楚，工程任务和范围明确；工程结构和技术简单，风险小；投标期相对宽裕，承包商有充足的时间详细考察现场、复核工程量，分析招标文件，拟订施工计划。

固定总价合同签订的前提是工程承包范围的确定，即施工图纸明确。实践中，经常会有发包人对于设计、做法"朝令夕改"，或者存在边设计、边施工的情况，这种就导致"包死价"实际无法固定。因此，如果设计方案、施工图纸已经非常明确、深入，后期基本不会有改动的，可以选择固定总价模式，要求承包人在清单、图纸范围内总价包干。

但如果短时间内无法完全确认设计图，又迫于土地使用权转让合同中关于开工日期的限制、实际生产经营的需要等，可以采用模拟工程量清单先行招标，由潜在承包人依据模拟工程量先行进行清单报价，确定清单单价。同时在施工合同中约定，待图纸成熟后，发、承包双方核算工程量，结合清单单价，计算出一个总价，合同计价模式就转为固定总价模式，即俗称的"清单转固"。

在此建议：

（1）除非是工期短、金额小的工程，否则不建议选择固定总价模式。如果一定要选择此种模式，也要在图纸完善且业主确定不会"善变"的情况下，才选择固定总价模式。

（2）合同中注意要对固定总价涵盖的风险范围予以明确，风险范围以外的部分，应约定合理的价格调整、计算规则，避免施工过程中陷入僵局，耽误工程推进。

（3）明确固定总价合同中因合同解除、承包人中途退场等情形下已完工程量的结算规则。实践中一般有三种结算方式：①按照实际施工部分的工程量占全部施工完毕的工程量的比例，再结合合同总价确定金额；②按照已完工程的价款占合同约定价款的比例，或已完工程量占总工程量比例计算（该计算方法被多地法院作为指导意见发布）；③按定额计算工程款后比照包干价下浮一定比例结算。

（4）在模拟清单编制的时候，尽可能增加一列"计量类别"，也就是分为"暂估计量"或"精确计量"，对于精确计量的子项，在转固或结算阶段，只要不发生设计变更，这些部分就不用重复算量了。

5.成本加酬金

成本加酬金合同也称为成本补偿合同，工程施工的最终合同价格按照工程的实际成本再加上一定的酬金进行计算。在合同签订时，工程实际成本往往不能确定，只能确定酬金的取值比例或者计算原则。

成本加酬金的计价模式并不常见，因为这种计价方式发包人不仅无法控制总价，管理造成的浪费最后也由发包人买单，而且承包人不会重视管理带来的效益，不符合市场化竞争的规律。成本加酬金一般适用于抢险救灾等紧急工程、新型工程或施工难度大等相对市场化竞争弱或者无法通过市场化选定承包人的工程，其他一般工程不宜使用成本加酬金计价，因此也不建议选择。

二、工程造价管控措施

通过上文可知，前期勘察准确度、设计质量、设计深度等，对于工程造价后期的变化有重大影响。除此之外，施工过程中设计变更、"人、材、机"价格的变化、不可抗力风险等，都会引起工程造价的增加。因此，除谨慎选择计价模式之外，建议从如下方面开展造价管控工作。

1.明确"调差"制度

合同中对于是否可以调差、哪些材料可以调差（仅主材还是包含部分重要辅材）、调差期间（合同约定工期还是实际施工工期）、调差公式（算术平均值还是加权平均值），应当进行明确约定。

参考合同条款：

除【例如：钢筋、混凝土】外，其他材料价格不予调整。合同约定工期内市场价格波动超过 5% 时，其超过部分的材料价给予调整（表 4-2）。价格调整在完工结算时一并调整。

价格调整表

表 4-2

序号	材料名称	单位	约定的价格变化幅度	备注
1			5%	变化幅度±5% 以内（含 5%）不予调整
2			5%	变化幅度±5% 以内（含 5%）不予调整
3			5%	变化幅度±5% 以内（含 5%）不予调整

价差计算办法

按以下办法调整价格：

1）当材料价格上涨，且 $(P_t - P_0)/P_0 \times 100\% > 5\%$ 时，

$$C_增 = Q_i \times P_X \times [(P_t - P_0)/P_0 \times 100\% - 5\%]$$

2）当材料价格下跌，且 $(P_0 - P_t)/P_0 \times 100\% > 5\%$ 时，

$$C_减 = Q_i \times P_X \times [(P_0 - P_t)/P_0 \times 100\% - 5\%]$$

式中：$C_增$——调增工程造价；

$C_减$——调减工程造价；

Q_i——经发包人核定的结算工程量；

P_X——承包人在报价文件中就某材料的修正后的单价（最终确定的报价）；

P_0——【　】年第【　】期《【　】建设工程价格信息》的某材料价格；

P_t——调差区间《【　】建设工程价格信息》发布的上述材料价格的算术平均值。

Q_i 计算的规定如下：

商品混凝土的调整范围仅限于工程量计价表中以"m³"为单位的项目，以"项"为单位的项目不包括在可调整范围内。

钢筋调整范围仅限于工程量计价表中以"kg"或"t"为单位的项目，而以"项"为单位的项目以及包含在其他措施项目中的钢筋不在调整范围［如砌体拉结筋、措施筋（如垫铁、马镫筋及其他措施筋）等］。

P_t 计算的规定如下：

（1）工程开工至主体结构封顶阶段

分别按地下室、地上主体结构两个时间段分开计算信息价的算术平均值，调整【 】的材料价差。

（2）主体封顶至竣工验收阶段

a.【 】按主体结构封顶至竣工验收时间段计算信息价的算术平均值调整材料价差；

b.【 】按实际施工期信息价的算术平均值（针对二次结构及混凝土装饰面层使用的【 】，以砌筑开始至工程完工），调整材料价差。

（3）各段的施工期间以甲方和监理签认的该段时间为准（注，因乙方原因引起的工期延误与合同工期不符，不予调整）。

材料价差仅计取增值税（目前为9%）的税金，其他规费、利润不再计算。

调差计算的总额 $C = (C_{增} + C_{减}) \times 109\%$，计入工程结算总价。

上述条款内所述之价格调差的计算方法仅为计算本工程可调价格建材调差之基准，不能代表建筑工程建材价格的实际市场波动及总体行情。

在施工过程中，应紧密关注材料价格的趋势，如材料价格发生大幅下降，及时向承包人主张材料价格调减；价格大幅上涨时，注意做好承包人的调差要求应对。

同时也需要注意，材料价格浮动可能只是短时间的，施工未完成的情况下，承包人不能仅以短时间的材料价格波动就主张调差。

2. 科学设置付款节点及付款比例

根据施工的不同阶段，可分为预付款、进度款、完工款、竣工验收款、结算款、保修款等。

（1）预付款。在合同签订后、开工之前的某个时间点，由发包人支付给承包人，以便承包人在进场施工前购置施工所需的建筑材料、租赁施工设备、组织劳务等，付款比例一般在合同价的10%左右，具体由双方商定。为了防止出现承包人拿到预付款后挪作他用、携款潜逃或宣告破产等危害预付款资金安全的情形，发包人可要求承包人提供与预付款等额的担保。

（2）进度款。一般有两种方式：按月进度付款、按形象进度付款。按月进度付款，即每月 25 日（或者其他日期）由承包人申报当期工程量，经监理、发包人审核后支付。按形象进度付款指的是，将工程的关键节点列出，承包人每完成一个关键节点后支付相应的款项，比如土建工程的基础、结构、屋面、装修、收尾、竣工等，安装工程的设备清洗、就位、安装、试车调整和交工等，也可进一步细分，比如施工到多少层底板完成等。实践中，进度款的支付比例一般控制在 75% 左右，即根据合同约定的计量计价方式计算出该节点的工程造价，在此基础上按照 75% 的比例支付。

参考合同条款：

（1）所有主体地下室 ±0 完成后（地下 2 层以内），根据乙方申报甲方确认申请有效后 45 个日历天内，甲方凭乙方发票付给乙方当期已完成工程量 75% 的工程进度款。

（2）主体工程每完成 10 层后，根据乙方申报甲方确认申请有效后 45 个日历天内，甲方凭乙方发票付给乙方当期已完成工程量的 75% 的工程进度款（不足 10 层累计至下一次）。

（3）所有主体工程封顶后，根据乙方申报甲方确认申请有效后 45 个日历天内，甲方凭乙方发票付给乙方当期已完成工程量 75% 的工程进度款。

（4）全部主体砌体工程完成后，根据乙方申报甲方确认申请有效后 45 个日历天内，甲方凭乙方发票付给乙方当期已完成工程量 75% 的工程进度款。

（5）全部主体内外墙抹灰完成后，根据乙方申报，甲方确认申请有效后 45 个日历天内甲方凭乙方发票支付给乙方当期已完成工程量 75% 的工程进度款（完工工程量不少于 3000 万元）。

（6）所有楼栋主体外墙装饰完成并落架后，根据乙方申报甲方确认申请有效后 45 个日历天内，甲方凭乙方发票支付给乙方当期已完成工程量 75% 的工程进度款。

（7）本合同所有工程内容全部完成并初步验收合格后，根据乙方申报甲方确认申请有效后 45 个日历天内，甲方凭乙方发票付给乙方已完成工程量的 80%（此时须开至已完工程总价 100% 的增值税专用发票）。

（8）合同款项须扣除当期甲方已代为支付的甲定乙供材料款、甲方代乙方支付的水电费。水电费不开具发票，甲方向乙方开具收款收据。

（9）合同款项须扣除当期乙方应支付甲方的违约金。甲方向乙方开具违约金收款收据。乙方仍须按当期未扣除违约金的合同款项金额开具合法发票给甲方。

（10）对于已完成施工、办理完正式签证手续的工程变更签证单，累计金额每达到50万元时可以计入当期工程产值，按照工程进度款付款比例支付一次。剩余比例的工程签证款，待结算完成后统一支付。

（3）完工款、竣工验收款。在工程竣工验收后，会支付一笔款项，一般不超过合同价的85%。有的会在工程完工但未竣工验收之前也支付一笔款项。

（4）结算款。在工程结算办理后，支付至结算款的一定比例，目前比较常见的是支付至95%或97%。

（5）保修款。根据《建设工程质量保证金管理办法》第七条，国家规定的质保金比例不得高于工程价款结算总额的3%，但具体的质保金比例实际可以在合同中约定，常见的为5%。

特别提示的是，每年岁末年终，各个项目工地最担心的事情就是发生进城务工人员讨薪事件。此类事件一旦发生，将严重损害建设单位的企业形象。

因此在付款节点的规划上，建议在年底前安排一次集中支付，避免过早付款，承包人将进度款挪作他用，也防止承包人以工人工资为由向发包人主张不应在此时支付的其他款项。

3. 做好"甲供材"管理

"甲供材"是指在施工过程中，由发包人采购并按照约定和工程进度计划的安排向承包人供应的材料。对于发包人而言，可以节约材料采购成本和减少支付给承包人的材料备料款，同时可以更好地控制主要材料的进货来源，保证工程质量。但实际操作中容易遇到如下问题：

费用争议问题："甲供材"除了涉及材料费用的扣除外，施工现场实际还会产生搬运费、仓储费、保管费等费用，承包人可能进行费用索赔。

材料管控难题：清单材料预算量可能和实际用量存在较大差异。在发包人管控能力较差的情况下，容易产生承包人多领、冒领的情况。

质量责任界定不清：采取"甲供材"的方式在工程完工后，当工程某部位出现质量问题时，很难判断是材料本身的问题还是施工原因造成的，而承包人往往会首先提出是材料的质量问题，双方陷入扯皮的僵局。

为了规避"甲供材"相关问题导致权益受损，建议：

①对于"甲供材"是否计取保管费、场地内运输费等约定明确，最好约定甲供材不计取保管费等，包括合同约定工期以内以及以外的部分。如果约定发包人需要额外支付保管费等费用，相应的计费标准、规则注意要约定明确。

②依据"甲供材"数量以及损耗比例计算"甲供材"的使用量，约定使用量与承包人实际领用量之间的差额应由承包人予以退还或在工程结算价款中予以扣除。

③在工程预算清单量与施工图计量中择一确定，并按照行业惯例计算相应的损耗量，据此与承包人实际领用量进行对比，并在工程价款结算时予以扣减。若承包人损耗量控制较好，材料有结余，可以约定奖励条款。

④在合同中对"甲供材"超领部分的单价进行明确约定，避免后期争议。

⑤承包人提报材料计划时，在供应周期上，发包人应周全地考虑如节假日、运输路线、供应商的生产能力等因素。在供应批次上，要合理谨慎调整，避免发生损耗增加风险。在规格上，提前与供应商复核规格型号，尤其是对于规格型号多、零部件多的材料（如钢筋、电缆、配电箱等），确认有无满足不了的规格，避免因规格不达标导致供货不及时，进而被承包人索赔工期和费用的风险。

⑥合理确定和控制损耗量，对于需要现场加工的"甲供材"，防范分栋、分标段、分次提货而产生单次损耗累加大于总体损耗的风险。

⑦做好"甲供材"管理台账，对超供情况做到及时预警和反映。若因承包人保管不当、施工浪费等原因造成超供，合同条款上应约定可以追回并附带惩罚措施。而当发包人自身原因造成超供，应及时了解原因并采取控制措施。

三、签证索赔的管控

实践中，有很多施工单位，先低价签约进场施工，后抓住一切合理的、不合理的机会进行签证索赔，使得工程造价最终远超发包人预期。因此作为发包人来说，签证索赔的管控尤为重要。

索赔是指承包人在合同履行过程中，对于非自身过错造成的损失，向发包人提出的经济补偿／工期顺延的要求。

工程签证是指工程承发包双方在施工过程中，按合同约定或者施工惯例对支付各种费用、顺延工期、造价调整、损失赔偿等所达成的双方意思表示一致的补充协议。索赔成功的最终结果形式就是签证，但签证不仅仅包括索赔。

1. 常见工程签证索赔事项

具体见表4-3。

常见工程签证索赔事项　　　　　　　　　　　　　　　　　　　　　　表4-3

序号	签证索赔事项	费用索赔	工期索赔
1	发包人没有按照合同规定的要求交付设计资料、图纸等，或者提供资料错误	√	√
2	甲供材、甲供设备不合格、延迟提供	√	√
3	发包人未按照期限、标准交付施工场地	√	√
4	工程地质条件与合同约定（或者勘探报告）不一致，出现异常	√	√
5	发包人指令错误，导致拆改、重复工作	√	√
6	发包人的指令、设计变更等导致承包人施工顺序、施工部署发生变化	√	√
7	设计错误	√	√
8	项目特征描述与实际施工要求不符导致的调整	√	√
9	工程量清单缺项漏项导致承包人要求调整	√	√
10	发包人增加部分施工项目，承包人要求增加措施费	√	√
11	发包人删减部分施工项目，承包人要求补偿损失或者预期利润		√
12	因停水、停电、恶劣天气、政府通知、政策原因导致的停工	√	√
13	发包人指令停工，承包人要求补偿停工损失	√	√
14	发包人延迟核准工程量、延迟支付工程款，承包人要求支付利息	√	√
15	物价变化，人工、材料、机械价格上涨，承包人要求调价	√	
16	发包人要求赶工，承包人要求支付赶工措施费及其他费用	√	
17	发包人发包的其他工程，由施工单位原因导致的工期延误	√	√
18	其他非承包人原因导致的工期顺延或费用损失		

从以上列举的项目可以看出，签证索赔的关键在于变化。在双方严格履行合同，各种客观情况不发生变化的情况下，工程造价会按照双方原商定的价格来执行，一旦某些客观条件发生变化，则会引发施工单位的索赔。所以，要减少签证索赔就要减少变化。

　　需要注意的是，合同文件的矛盾也容易产生索赔，我们之前在给某机场服务时接触到一个索赔案例：

　　【避坑】合同文件矛盾引发施工单位索赔

　　　　某机场建设航站楼，航站楼的设计采用了一种特种玻璃，该特种玻璃可以根据光照强度调节室内光线，以实现节能减碳的工程目标。

　　　　施工单位进场后不久就提出了索赔，索赔的原因是就该特种玻璃的表述在几个文件中都不相同，比如在合同清单中，该玻璃被表述成"8Low-E+12A+8+1.52PVB+8 双银 Low-E 中空夹胶钢化电致调色玻璃"，而在招标技术说明中，该玻璃又被表述为"TP8+0.89SGP+3.2 电致变色层 +12A+TP8+1.52PVB+TP8 超白钢化夹胶中空玻璃"。施工单位坚称这两种玻璃为不同的玻璃，且价格差异巨大，要求补偿差额。

　　　　事后业主请设计单位等多方论证这两种表述都指向同一种玻璃，才解决此纠纷。

　　也曾有案例因为合同文件内容矛盾，业主为此支付了几千万元的索赔款：

　　【避坑】合同文件矛盾引发施工单位索赔

　　　　某建设项目的土石方工程，业主单位采用了工程量清单招标，在工程量清单的项目特征描述中写明"土石方运距：综合考虑"。施工单位据此报价，就该项目所报价格为 85.08 元/m^3，在施工单位投标书所附的《综合单价分析表》中说明其运距按照 30km 测算。

　　　　在施工过程中，该项目的土石方运距远超 30km，实际约为 80km。

　　　　如果仅根据上述文件，施工单位要索赔运距增加并不容易，毕竟工程量清单写明施工单位需要综合考虑土石方的运距。对业主单位不利的是，在双方签订的施工合同中，双方另有条款约定"土方运距的确认，由承包人人员及监理工程师和项目部测量工程师及项目部相关人员共同跟车至倒土地点共同确认并形成土方运距相关文件，各方签字盖章确认后作为土方结算的相关依据。"

　　　　该条款明显和工程量清单中的"土石方运距：综合考虑"是矛盾的，最终法院根据合同条款及其他情况，对施工单位的索赔诉求给予了支持。

因此，除了减少项目过程中的变化外，做好合同条款的设计同样至关重要。在合同起草与审核过程中，一定要安排法务人员、商务人员、技术人员等多轮研讨、交叉核验，反复打磨合同，避免前后矛盾，给施工单位可乘之机。

2.建立签证索赔制度，明确索赔程序

实践中，有可能出现承包人在施工过程中随意报送签证，在结算时拿出一批未经发包人确认的签证令造价大幅增加的情况。这是施工单位的常规操作，但给发包人的施工管理和造价控制工作带来严峻挑战。因此建议：

（1）发包人内部应建立签证索赔制度，明确责任人，建立考核机制。

（2）在可能会引发签证索赔的各个环节，尽量明确责任承担，比如明确只能延长工期，不能索赔费用。

（3）在合同条款中明确签证报送的程序、资料要求、时间要求、虚报责任等，可以将签证制度作为合同附件。

参考合同条款：

签证单报送及审核

1.签证单应按发包人要求报送，签证单应附上签证工程联系单、设计变更书面指令、工程量预算书、计算底稿、签证工程施工照片（照片必须经监理总监、项目管理单位现场负责人及发包人现场代表的共同签字确认）等资料，资料不齐全的，第一次在签证单中扣除违约金【 】元，第二次资料不齐全的翻倍扣减，以此类推，并且在审核的签证单金额中直接扣除。

2.签证应按照工程实际变更内容准确报送签证造价，签证报送造价不得超过核定签证造价的【 】%，超过的，则按超过【 】%的部分的双倍支付违约金，违约金金额直接在签证或者结算中扣除。

3.对签证少报、漏报或隐瞒不报的，处以少报、漏报或隐瞒不报部分双倍的违约金，违约金金额直接计入签证或结算中。

4.涉及变更及现场签证的所有文件，均由发包人审批完成加盖发包人公章，如不符合本条要求的，则视作无效签证，不能作为结算依据，承包人不得以发包人代表签字/监理人确认为由主张签证变更款项。

5. 承包人应在工程指令、设计变更内容完成并且经验收合格后 7 个工作日内将签证上报监理及发包人，逾期报送的视为承包人让利，发包人不予支付签证变更价款。

6. 变更签证所涉工程款按如下第【 】种方式支付：

（1）经各方确认后的签证费用可以列入当期进度款，按相应比例支付。

（2）在工程竣工结算时统一审核列入结算造价后按合同约定比例支付。

7. 对于隐蔽工程和事后无法计算工程量的变更、指令，承包人必须在覆盖或拆除前，会同监理、发包人现场工程师共同完成工程量的确认。签证单中必须附隐蔽前的照片，隐蔽照片的拍摄承包人需及时联系告知发包人，由发包人组织监理、工程部、成本部等相关部门共同复核实施，隐蔽工程的签证及图片资料需经监理、发包人工程部、成本管理部门等相关部门授权代表共同签字确认，否则该部分签证工作内容发包人不予认可，发包人对此项工程产生的费用不予承担。

8. 变更或指令涉及可重复利用的材料时，承包人应在拆除前与发包人商谈确定材料重复利用的内容及其折算金额，否则视为承包人 100% 的回收利用，该项材料不予计费。

3. 常见的工程索赔事项及应对

（1）不平衡报价

不平衡报价是承包人在一开始报价时刻意埋下的"坑"，从承包人角度，这是一个非常考验专业经验的技术活儿。不平衡报价指的是在总报价不变的前提下，承包人将某些分项工程的单价，报得高于常规价，将另一些分项工程的单价报得低于常规价，确保总报价的竞争力的情况下，意图在后期通过单价的调整获得较好的经济效益，对于发包人的影响就是，后期工程造价可能严重超出预期。

不平衡报价主要的情形包括：①预估以后可能会增加工程量的报价高，可能会减少工程量的报价低；②图纸不明确或者存在错误，经综合评估认为，后期会修改的报价高，后期会取消的报价低；③没有明确工程量只需填报单价的报价高；④对允许价格调整的项目，当利率低于物价上涨时，对后期施工的项目可以报价高，反之报价低；⑤先施工的项目单价报价高，后施工的项目报价低，以尽快回款。

为了规避承包人通过不平衡报价的方式损害您的权益，建议：

①细化招标文件，明确投标要求。尽可能使用详细完善的施工图招标，提高招标图纸的设计深度和质量，使招标文件中的工程量清单、技术规格等内容尽量准确，要求投标人完全按照招标文件的要求投标报价，对于工程量清单或技术规范等有异议的，应当通过澄清或在投标文件中列偏差表的方式提出。

②注意识别不平衡报价。非专业人士是无法判断的，建议邀请专业造价工程师分析投标人的报价或者与标底进行比对。商务评分中加入综合单价的偏离度评分，既审查总价，又要逐一审核单价，并重点关注工程量大的单价，对于存在明显不合理的投标单价，应当要求投标人进行澄清说明，无法说明价格合理性的，在评标时考虑相关因素并考虑废标，或要求投标人进行调整修正。

③合同中明确约定发包人对不平衡价格的调整权。约定不平衡项的工程量对招标工程量发生增减并超出一定比例时，发包人有权进行不平衡报价的审核，对于超出部分按一定原则重新组价进行计算。

④增列单方解约权情形。针对投标人极端不平衡报价高价内容可能大量增加的情况，约定发包人有权根据项目实际情况删减承包人施工范围内的原定工作或工程，删减工作或工程部分对应的价款直接在应支付给承包人的价款中扣除并不予其他补偿。甚至可以约定如果承包人不同意调整，发包人有权部分或全部解除合同。

⑤对于存在不平衡报价的潜在项目，应严格控制设计变更。同时在合同中严格划分变更责任分配，属于承包人方案和施工工序等原因造成的设计变更或工程量（造价）发生变化，由承包人承担责任。

（2）工程量清单漏项索赔

世界上没有完美的人，也没有完美的工程量清单。工程量清单漏项就是常见的清单问题，具体是图纸中存在某项可在工程量清单中单列、但没有在工程量清单中得到体现的工作内容。此类问题通常是因施工图纸的设计深度不够、编制人员能力或经验不足、故意模糊项目特征或遗漏一些非关键性的工程内容导致。施工过程或者结算过程中，承包人极有可能以清单中没有某项工作内容但以实际施工为由，进行索赔。建议：

①聘请优质造价咨询单位、造价工程师编制工程量清单，交叉审核，预留充分的编制时间。可以与受托的工程量清单编制单位约定其未履行尽职义务导致工程量清单缺漏项的法律责任，强化编制单位的法律责任。

②在投标报价时要求承包人复核工程量清单，有缺漏项应在一定期限内提出，发包人可据此向造价咨询单位索赔。

③在合同条款中明确约定清单缺漏项责任由承包人承担。需要注意的是，住房和城乡建设部于 2024 年 12 月 30 日发布《建设工程工程量清单计价标准》，并规定自 2025 年 9 月 1 日起实施。该计价标准明确：单价合同出现工程量清单缺陷，由发包人承担缺陷责任，调整造价；总价合同出现工程量清单缺陷，由承包人承担缺陷责任，不予调整造价。

示例条款：

> 附件工程量清单系承包人核实施工图纸后核对并确认的版本，工程量清单报价中如有缺项、漏项，视为承包人在报价时已在项目单价和合价中综合考虑，工程量清单缺项漏项的风险由承包人承担，合同价格不予调整，结算时清单项不得增补。

（3）图纸问题索赔

一般的施工合同中，提供图纸是发包人的义务，发包人应对图纸的真实性、完整性、准确性负责。但由于各种原因，发包人提供的图纸难免会出现错误，如果因改正这些错误而使费用增加或工期延长，承包人有权提出索赔。

因此，我们建议：

①聘请优质的设计单位进行设计，图纸经审图机构审查后，提供给承包人。

②在过程中做好图纸交接，写明图纸版号，后续变更要以最终交接的图纸为基础。

③合同条款中约定承包人在收到施工图纸后一定期限内（比如 15 天内）要进行图纸复核，针对设计问题向发包人提出，逾期未提出的视为图纸完善无错误，此后承包人不应再以图纸问题、设计问题向发包人提出索赔。

参考合同条款：

> 发包人应最迟于开工日期【　】天前向承包人提供【　】套施工图纸，并组织承包人、监理人和设计人进行图纸会审和设计交底，承包人应在收到发包人提供的图纸后的【　】日内对图纸进行复核，发现图纸存在差错、遗漏或缺陷的，承包人应在复核日期届满后的【　】日内通知监理人及发包人，如承包人未能核查出图纸错误的，相应的责任（包括产生的费用及工期延误的责任等）均由承包人承担。

（4）措施费索赔

措施费是指在建筑工程施工过程中，为了保障施工顺利进行，确保工程质量和安全，以及为施工创造良好条件而产生的非工程实体项目的费用，比如大型机械设备进出场及安拆费、混凝土模板及支架费、脚手架费、环境保护费、围挡费用等，目前大部分合同都会约定措施费包干。如存在施工增项、设计变更等，承包人主张额外工程款一般较为合理。实践中，承包人也会以此为由，另外主张施工措施费。而事实上，施工增项和设计变更，并不一定会导致施工措施的增加。

因此，建议：

①如果承包人未事先将拟实施的方案提交给发包人确认，则主张应视为工程变更不引起措施项目费的调整或承包人放弃调整措施项目费的权利。

②合同约定"措施费总价包干"。

参考合同条款：

本项目措施费总价包干，此费用已充分考虑各种可能出现的工程情况、风险因素。措施项目清单表中没有列明的费用，被视为已包括在其他相关费用内，除招标文件或合同另有约定外，任何情况不予调整。

措施费包干的范围包括但不限于：环境保护措施费、安全文明施工措施费（包括临时设施：现场办公及生活临设及其冬季供暖、临水临电、临时场地租赁、分阶段验收及开业、临建多次拆迁搭设、安全施工与文明施工费和环境保护等）、二次搬运费、冬雨期施工费、夜间施工措施费、大型机械设备进出场及安拆措施费、场地狭小施工降效费、封闭作业照明费、施工排水降水费（不含打井费用）、道路平整场地硬化费、脚手架措施费、垂直运输费、超高工程附加费、地下室增加费、高层建筑增加费、场内高压保护费、交叉作业安全措施费、施工影响场地周边、地上地下设施及建筑物的临时保护费、已完工成品半成品保护费、系统调试费、竣工验收存档资料编制费、各种检测费（包括但不限于混凝土、砂浆、砌体强度现场检测，钢筋保护层、楼板厚度检测，后置埋件的力学性能检测等）、履约担保手续费，以及保证工期赶工费和优质优价费用、合同工期内（含工期延长期间内）赶工引起的各种材料设备的损耗及增加（含周转材料等）、缩短工期费（包含缩短工期所采用的新技术新材料）、承包范围内图纸深化制作费用、停窝工损失费、施工场地清理及施工垃圾外运（含倾倒、堆放、处理等）、防风措施、特殊工程技术培训费、风险包干费及其他工程量清单中包含的项目。

以上各项措施费用是一项固定的费用，即包干使用。除另有约定外，将不因漏缺项、最终施工图与招标图的清单工程量差异、开工工期的推延、施工工期的延长、经历冬雨季次数的增加、施工组织设计、施工进度及承包人方案调整、设计变更、施工增项等因素而调整，在施工图完成后的工程量重新计量及工程竣工结算时均不做任何调整。

（5）施工场地索赔

承包人可能以施工场地与合同约定不符、不能满足施工等为由，拒不进场，或者主张额外清场费用等。

因此，招标文件（邀请报价文件）中载明承包人应自行踏勘现场，并接受现状，可以做踏勘笔录由承包人确认，并在合同条款中进行约定。

参考合同条款：

承包人在进场施工前已对施工现场进行勘察，对施工现场的现状条件进行了充分的认知，并充分了解工程所在地的气象条件、交通条件、风俗习惯以及其他与完成合同工作有关的资料。因承包人未能充分查勘、了解前述情况或未能充分估计前述情况所可能产生的后果的，承包人承担由此增加的费用和（或）延误的工期，承包人基于对现状因素的了解并接受风险的基础上承包本工程，不因工程现状向发包人提出工期及款项等索赔。

四、结算注意事项

工程结算通常是指承包人按照合同规定的内容全部完成所承包的工程，经验收质量合格，并符合合同要求之后，由承包人根据发包人要求以及合同约定，提交结算书以及指定的资料，交由发包人审核后，并最终确认工程价款。

1. 一般结算程序

结算时间：工程竣工验收合格后。《建设工程施工合同（示范文本）》中规定，结算时间为竣工验收合格后 28 天内，具体时间可以双方在合同中自由约定。

结算程序：承包人递交结算申请及结算资料→监理审核资料→承包人补充资料→监理递交发包人→发包人审核（一审、二审，可聘请咨询公司审核）→双方签署结算确认文件。各个环节的时间限制可以在施工合同中进行约定。

结算资料：竣工结算资料一般包括施工合同、工程竣工图纸及资料、双方确认的工程量、双方确认追加（减）的合同价格、双方确认的索赔和现场签证事项、罚款通知及价款、招标文件、投标文件、工程量清单报价单或施工图预算书等，可对提交形式（电子版、纸质版）、份数进行约定（表4-4）。

竣工结算资料清单一览表　　　　　　　　　　　　　　　　　表4-4

项目名称：			编号：
施工单位：			施工单位结算负责人及联系电话：
序号	资料内容	页次	说明
1	施工单位承诺书（承诺结算资料齐全，无其他遗漏增补工程）		施工单位负责人签字盖章
2	合同完工工程验收表		原件，建设单位、施工单位、监理单位负责人签字盖章
3	工程工期、质量评定表		原件，建设单位、施工单位、监理单位等负责人签字盖章
4	合同施工具体范围及具体内容的最终确认单		原件，建设单位、施工单位、监理单位负责人签字盖章
5	合同违约执行情况说明书（工期、质量等是否违约，怎么处理）		原件，建设单位、施工单位、监理单位负责人签字盖章
6	工程结算书		原件，施工单位负责人签字盖章，附电子文档
7	现场签证单及合同价款外的增减项目		原件或复印件，建设单位、施工单位、监理单位负责人签字盖章
8	工程量计算书		含电子文档，如用软件算量的一律按×××软件报送
9	甲供材料、设备领用清单		建设单位、施工单位、监理单位等负责人签字盖章
10	材料、设备的选用、定价文件		建设、设计、监理等单位负责人签字盖章
11	开工、竣工报告（如有）		建设、施工、设计、监理等单位负责人签字盖章

序号	资料内容	页次	说明
12	施工图及图纸会审记录		建设、施工、设计、监理等单位负责人签字盖章
13	设计变更通知单		设计单位、建设单位、监理单位等负责人签字盖章
14	合同、补充协议		原件或复印件，内容及附件完整无缺漏
15	施工组织设计		建设单位、施工单位、监理单位等负责人签字盖章
16	其他与工程结算相关的双方确认的协议、备忘录等		如为复印件，项目须确认与原件核对无误
17	竣工图纸（盖章竣工图2份）		含电子文件，建设单位、施工单位、监理单位负责人签字盖章
18	主要设备（材料）进场验收表（安装工程）		建设单位、监理单位相关负责人签字盖章
19	相关行政部门验收合格证复印件（燃气、电梯、消防、人防设备、发电机环境检测、直饮水水质检测等须地方行政部门验收的工程）		相关行政部门验收合格证复印件
20	施工用水用电代交费用情况		建设单位、施工单位相关负责人签字盖章
21	扣款清单		
22	其他根据相关部门要求需要提供的资料		

2. 结算注意事项

（1）注意避坑"以送审价为准"

《最高人民法院关于审理建设工程施工合同纠纷案件适用法律问题的解释（一）》第二十一条规定，当事人约定，发包人收到竣工结算文件后，在约定期限内不予答复，视为认可竣工结算文件的，按照约定处理。承包人请求按照竣工结算文件结算工程价款的，人民法院应予支持。如果合同有明确约定发包人收到竣工结算文件后，在约定的期限内逾期不答复的就视为认可竣工结算文件，那么后续承包人在条件成就的情况下，可以主张工程价款以其送审的金额为准，而承包人的送审金额往往存在较大"水分"。

因此，需要注意以下事项：

①仔细检查合同，坚决避免出现该等条款，全部制约发包人的"逾期不回复视为

默认"的类似条款均应注意删除。

有些施工单位知道存在这种条款业主单位肯定不会同意，就会采用一些迂回的方式进行约定，比如约定"工程结算按照《建设工程价款结算暂行办法》执行"，该办法第十六条规定"发包人收到竣工结算报告及完整的结算资料后，在本办法规定或合同约定期限内，对结算报告及资料没有提出意见，则视同认可"，也能达到"逾期不回复视为默认"的效果，所以，对该类约定也应删除。

②对于承包人提交的结算，如果不予认可，或需承包人补充资料等，要及时明确回复，切莫置之不理。

③做好内部文件管理，避免因人员流动、工作交接不畅等原因导致结算文件丢失、遗漏，从而拖延合理结算程序。

【避坑】咨询公司擅自将结算审核报告发送给施工单位

曾有一则案例，业主聘请的造价咨询公司对项目的整个施工过程进行跟踪审计，业主始终依据造价咨询公司的审计结论向施工单位支付过程进度款。在结算环节，造价咨询公司出具了一份结算审核报告，并将该报告直接发给了施工单位，施工单位主张以咨询公司的审计结果作为结算结果，但业主认为造价咨询公司的结算金额明显过高，不予认可。但最终法院认为，虽然咨询公司是业主单方委托的，但是业主在整个施工过程中对于咨询公司做出的进度款决算予以认可，因此咨询公司的结算审核结论可以作为工程总额依据。

（2）避免造价咨询公司权力过大

因本书中所涉及的发包人并非都是专业的房地产开发商，内部一般不配备专业、完备的成本管理团队，主要是聘请外部造价咨询机构制作审核预算，审核期中支付、签证金额、结算等。但实践中，造价咨询机构或者人员能力水平、执业素质参差不齐，发包人不宜过度依赖一家机构，否则承包人容易"乘虚而入"。因此，建议：

①条件允许的情况下，建议聘请两家造价咨询机构，一家负责全过程造价审核，一家进行复审，交叉印证。

②合同中明确约定对于金额的确定应以发包人加盖公章的文件为准，造价咨询单位的咨询结果仅供发包人参考，承包人不得以造价咨询单位的咨询结果主张权利。

③在施工过程中，避免出现由造价咨询机构直接认定相关造价结果的惯例，从而避免承包人以"平时都是咨询单位审定"为由主张结算。

（3）提防"高估冒算"

"高估冒算"是指进行工程结算时，承包人有意识地通过提高材料价格，多列、重列、重复计算工程量，套高预算定额、单价等手法，人为地提高工程预算造价的做法。对此，建议：

①对过程施工文件特别是涉及造价的文件进行有效管理，对承包人主张的结算项目、金额做到有据可查。

②结算人员应对合同条款、计价依据、计量依据等非常熟悉，识别承包人的"诡计"。

③合同条款中约定"高估冒算"的违约责任。

第五章　工期管控

施工行业有句老话——"没有一个项目能真正按时完成"，发包人在描绘项目蓝图时，对工期一定要有清晰的预期，因为工期关系到自建房的投入使用、资金的融资成本以及企业的未来发展规划。如果工期超出预期，对发包人造成的损失将难以估量。在工程建设中，建设工期同工程造价、工程质量被视为工程项目管理的三大核心目标。

为什么"没有一个项目能真正按时完成"？发包人到底该如何进行工期管控？

一、影响工期的因素

1. 发包人因素

（1）施工条件与资料提供不及时

根据建设工程施工合同范本，发包人肩负着为承包人提供施工现场、施工条件和基础资料的重要责任。在实际操作中，若未能在合同约定的时间内将施工现场完整移交，未将施工所需的水、电、通信线路等基础设施接至现场，或者提供的地质勘察、地下管线等基础资料存在错误、遗漏，都可能严重阻碍工程的顺利启动和推进。例如，在某项目中，发包人未能按时提供准确的地质勘察报告，导致承包人在基础施工时遭遇复杂地质状况，不得不暂停施工，重新进行地质勘探和施工方案调整，从而延误了大量工期，进而被施工单位索赔。

（2）资金支付问题

按时足额支付工程款项是确保施工得以顺利进行的关键环节。一旦发包人未按照合同约定支付预付款、进度款或竣工结算款，承包人可能会因资金短缺，无法及时采购施工所需的材料，支付工人工资，进而导致施工进度陷入停滞。例如，在一些项目中，由于发包人资金周转困难，未能按时支付进度款，使得承包人无法按时支付材料供应商货款，材料供应中断，施工不得不暂停，严重影响了工期。

（3）变更管理不当

发包人和监理人在项目实施过程中有提出变更的权利，但如果变更管理缺乏科学规划和有效控制，那么频繁进行变更且未提前做好充分的论证和准备，就会使承包人原本制定的施工计划被打乱。已完成的部分工程可能需要返工，这不仅耗费大量的人力、物力和时间，还会增加额外的施工成本，最终对工期造成严重影响。以我们处理一个诉讼案件中涉及的某大型建筑项目为例，在施工过程中，发包人频繁变更设计方案，导致部分已施工完成的结构需要拆除重建，使得工程进度大幅滞后。

2. 承包人因素

（1）施工组织与管理缺陷

承包人需要依据合同约定精心编制施工组织设计和进度计划。然而，若计划缺乏科学性和合理性，比如施工方案在实际操作中不可行，劳动力和材料供应计划与施工进度不匹配，或者在施工过程中组织协调能力不足，各工种之间无法有效配合等问题，都将导致施工效率低下，延误工期。例如在某项目中，承包人制定的劳动力供应计划不合理，在施工高峰期出现工人短缺的情况，使得部分施工任务无法按时完成，进而影响了整个工程的进度。

（2）工程质量问题

因承包人原因导致工程质量未能达到合同标准，是影响工期的重要因素之一。如承包人使用不合格的材料、施工工艺不符合规范要求等，极易导致工程质量出现问题，需要进行返工整改。这不仅浪费了大量的时间和资源，更会延误整个工程的交付时间。在某项目中，承包人在施工过程中为降低成本，使用了不符合质量要求的建筑材料，导致部分工程质量不合格，不得不返工，使得工期延误了数月之久。

（3）分包管理不善

承包人在分包工程时，如果选择的分包人资质不符合要求，或者对分包工程的监管不到位，都可能导致分包工程出现质量或进度问题，进而影响整体工程进度。例如，分包人施工人员数量不足、技术水平低下，无法按照合同约定的时间完成分包工程，就会影响后续工程的开展，导致整个项目工期延误。

3. 其他因素

（1）不可抗力

不可抗力涵盖了自然灾害（如地震、洪水、台风等）和社会性突发事件（如瘟疫、战争等）。这些不可抗力事件具有不可预见、不可避免且不能克服的特点，一旦发生，往往会对工程施工造成严重的破坏，导致施工被迫中断，从而延误工期。

（2）不利物质条件

承包人在施工现场遇到的不可预见的自然物质条件（如复杂的地质条件）、非自然的物质障碍（如地下不明障碍物）和污染物等，可能影响施工进度。承包人需要花费额外的时间和成本来处理这些问题，进而影响工期。在某市政工程施工中，承包人遇到了地下大量的废弃管道，由于这些废弃管道需要进行清理和处理，为此耗费了大量时间，导致工程进度滞后。

二、做好合同工期筹划

在工程项目建设中，工期的有效管控以及合法合规的操作是确保项目顺利推进、达成预期目标的核心要素。而合同作为约束双方行为的重要依据，科学的合同约定是实现工期管控和防范工期延误的关键保障。

1. 确定工期，设好节点

（1）确定总工期

总工期怎么来定？这需要经过充分的调研与科学的计算。随意设定的工期往往缺乏合理性，可能导致施工单位在实际施工过程中面临巨大的工期压力。而为了按时完成工程，施工单位可能会采取压缩施工时间、减少工序、降低施工标准等措施，这些操作无疑将极大影响工程质量。同时，不合理的工期还可能引发业主与建设单位之间的矛盾和纠纷，增加项目的管理难度和风险。

一般来说，总工期的确定，要考虑如下几个因素：

①工程规模与复杂程度。大型复杂的工程项目，如高层建筑、大型桥梁、隧道等，由于涉及的施工工序多、技术要求高，所需工期相对较长。例如，建设一栋 30 层的住

宅楼，其工期肯定要比建设一栋6层的住宅楼长得多，因为需要考虑基础施工、主体结构施工、设备安装、装修、检测、隐蔽工程验收等各个环节的时间。

②施工条件。包括施工现场的地质条件、水文条件、气候条件等。如果施工现场地质条件复杂，如存在溶洞、断层等，可能需要进行额外的地质处理工作，从而影响工期。气候条件如工程所在地的降雨量、气温、风力等也会影响施工进度，例如在雨期施工，可能会导致土方工程、混凝土工程等进度受阻。

③工程设计要求

设计的复杂程度和特殊性会影响工期。一些对建筑外观、内部结构有特殊要求的工程，可能需要更多的时间进行设计深化和施工工艺的优化。例如，一些具有复杂造型的建筑，其钢结构和幕墙施工需要更高的技术水平和更长的时间来确保质量。

④工程量大小

明确工程量是确定工期的基础。通过对工程量的详细计算和分析，结合施工力量和资源配置，可以估算出完成工程所需的时间。例如，在土方工程中，根据土方总量、挖掘、运输设备的效率及土方的运距，可以确定土方施工的工期。

⑤行政审批流程

建设工程需要经过一系列的行政审批手续，如办理建设工程规划许可证、施工许可证等。这些审批流程的复杂程度和时间长短因地区和项目而异，因此必须提前谋划考量。例如，在一些大城市，由于建设项目多，相关部门的审批工作量大，可能需要更长的时间来获得审批。

另外，可以参考"工期定额"来确定项目工期，建筑工程工期定额是由国家行政主管部门组织编制的，依据国家建筑工程质量检验评定标准及验收规范有关规定，结合施工条件，本着平均、经济合理的原则制定的建筑工程从开工到竣工验收所需消耗的时间标准。工期定额可以作为确定合同工期的一个参照资料，但并不一定是必须遵照执行，承发包人可以根据工程实际情况确定合同工期，可能短于定额工期，也可能长于定额工期。

但是需要注意的是，我国多部法律法规规定"不得任意压缩合理工期"，比如按深圳市住房和建设局制定的《深圳市建设工程工期管理办法》规定，合同工期低于定额工期80%的，建设单位应当组织专家论证，司法实践中，有部分法院甚至认为严重压缩工期的约定无效。

因此，在确定项目总工期的时候，需要根据工程规模、复杂程度、施工工艺等因素，结合类似工程的经验数据，科学合理地计算工期，聘请专业的工程咨询机构或专家，对工期进行评估和论证，确保工期的合理性，并预留一定的缓冲时间，以应对不可预见的自然因素、政策变化等对工期的影响。

（2）约定明确的工期起止时间

根据《中华人民共和国民法典》第七百九十五条，施工合同的内容涵盖工程范围、建设工期、中间交工工程的开工和竣工时间、工程质量、工程造价、技术资料交付时间、材料和设备供应责任、拨款和结算、竣工验收、质量保修范围和质量保证期、相互协作等多项条款。在合同拟定过程中，清晰且精准地界定工程的开工日期与竣工日期至关重要。

参考合同条款：

计划开工日期：_____年_____月_____日。

计划竣工日期：_____年_____月_____日。

工期总日历天数：_____天。工期总日历天数与根据前述计划开竣工日期计算的工期天数不一致的，以工期总日历天数为准。

特别约定：承包人注意到计划开工日期仅是暂定的时间，实际开工日期可能受到投资计划、政策变化、项目准备工作等影响，发包人可能根据实际情况调整开工时间（与计划开工时间不超过180日），承包人在合同金额中已考虑这些因素对本工程的影响。任何预计开工日和实际开工日之差异不能构成承包人向发包人索赔工期或费用，或要求调整合同价款的理由。

明确的时间约定，能够让发包人和承包人对工程进度有清晰的预期，避免因日期表述模糊而引发工期争议，为后续的工程推进奠定了时间维度的坚实基础。

开工日期的确认一般是以下发开工令为准，这一时间节点要充分考虑工程的实际情况，如施工场地是否具备开工条件、施工图纸是否齐全、材料和设备是否到位等。因此，在确定开工日期、下发开工令之前，应组织相关人员对施工现场进行踏勘，评估施工场地的条件，如场地平整、水电供应等，确保具备开工条件。此外，还要与施工单位、材料供应商、设备租赁方等进行充分沟通，协调各方资源，确保材料、设备按时到位，人员配备充足。

如果对开工日期的认定存在争议，能够证明开工日期的事实及文件包括但不限于施工合同约定的开工日期、施工许可证注明的开工日期、发包人或监理发出的开工通知书、工程联系单或会议纪要确定的开工日期、人员和设备以及主材进场的日期、竣工验收报告、竣工验收备案表等。同样，能够证明竣工日期的事实及文件包括但不限于工程交付使用通知书、接收证明、发包人与承包人之间就工程竣工相关事宜的沟通记录、竣工验收报告，等等。

（3）设置关键节点里程碑

在实务中，大型工程项目施工环节繁杂，涉及多个阶段。为有效把控工程进度，设置关键节点里程碑是一种行之有效的方法。这些关键节点可以是基础完工、主体封顶、设备安装完成等重要阶段的时间节点，同时需要针对每个节点制定清晰、量化的完成标准。

参考合同条款：

本工程共设定【X】个关键节点，具体如下：

节点一：【节点名称，如基础施工完成节点】，应于开工后【X_1】日历天内完成。需完成的工作内容包括但不限于土方开挖、基础垫层浇筑、基础钢筋绑扎及模板安装、基础混凝土浇筑等，达到设计图纸及相关规范要求的强度和稳定性标准。

节点二：【节点名称，如主体结构首层完成节点】，开工后【X_2】日历天内完成。工作内容涵盖首层主体结构的柱、梁、板钢筋绑扎、模板安装、混凝土浇筑，以及相关的墙体砌筑（如有），结构尺寸偏差应符合《混凝土结构工程施工质量验收规范》等相关标准。

……（根据工程实际情况，详细罗列各关键节点名称及计划完成时间。）

若遭遇不可抗力因素，如地震、洪水、台风等自然灾害，或因政府行政命令导致工程必须调整，以及非承包人原因引发的设计变更，经发包人书面确认后，关键节点的完成时间可合理顺延。承包人需在上述事件发生后的【X】天内，及时向发包人提交书面申请，并附上详细的事件说明与相关证明材料，以便发包人准确评估并做出决策。

通过设置上述类似约定，一旦出现某一节点未能按时完成的情况，双方能够及时察觉，进而迅速采取针对性措施，如增加施工人员、优化施工流程等，防止延误情况进一步恶化，确保整个工程进度处于可控状态。

另外，关键节点的时间界定务必清晰明确，不能出现模棱两可的表述。例如，"主体结构施工预计在上半年完成"这种表述就过于宽泛，应精确到具体月份甚至日期，否则会让各方对施工进度缺乏明确的预期，不利于整体工期把控。

2. 约定工期保障措施

（1）限制工期顺延影响因素

工期顺延的影响因素众多，如不可抗力、设计变更、发包人原因、承包人自身问题等。当对这些因素进行限制时，能够使工期计划更加稳定。当双方严格按照限制条件执行时，可减少因工期争议引发的合同纠纷。

参考合同条款：

发包人、承包人双方在确定竣工日期及各项控制工期时，已充分考虑如下因素，除本合同约定工期顺延情形外，承包人不得以任何理由主张工期顺延及费用索赔：

（1）可能出现的各种规模的下雨、台风、高温天气、停水、停电、节假日、中考、高考工地及周边环境等影响因素（不可抗力除外）。

（2）发包人选择专业工程承包单位的合理时间。

（3）劳务市场变化的影响。

（4）为了配合发包人的进度要求，采取的赶工措施。

（5）在工程进行期间，向有关政府部门提交其他的审批及许可申请，包括所需之审批、处理及等候时间。

（6）组织、协调及安排各有关单位于工地进行初验，并预留合理的时间，即质检部门从到达工地起计到完成正式竣工验收至合格程度所需的时间（包括有关政府部门所需之审批、处理及等候时间）。

（7）完成整个工程场地全面清理、一切退场工作及人员撤离所需之时间。

（8）施工过程中可能的交叉施工、分包单位影响、发包人可能的迟延支付工程款等因素。

（9）其他依照施工管理承包人应该预见到的预留时间。

对工期顺延影响因素进行限制能促使项目各方提前做好充分准备。这一机制使得发包人在项目前期会更加严谨地进行规划和设计，减少因自身原因导致的工期延误；承包人会优化施工方案，提高施工管理水平，降低自身因素对工期的影响。

【避坑】施工期间要求承包人对工期的调整被视为同意工期顺延

> 施工期间，发包人有时要求承包人对施工计划进行调整，重新排施工进度计划，或者根据实际施工进度，提出新的节点要求时，承包人可能以此为据，主张发包人对合同工期进行了新的调整。比如合同工期约定 2024 年 12 月 1 日竣工，结果施工期间发生了延误，施工单位重新排了以 2025 年 6 月 1 日作为竣工日期的进度计划表，然后发包人还在上面盖章同意，要求按此计划完成。此时发包人的本意并不是主观对合同工期的变更，也不是要减免承包人的工期延误责任，但是这样一份盖章的文件，就会被视为同意工期顺延。

为了避免施工过程中发包人的工期指令被误认为是对合同工期的变更，建议采取双重保障措施，一方面，可以在合同中约定，仅双方签署加盖公章的补充协议时，合同工期调整才具有法律效力，施工过程中的调整仅是对施工安排的调整，不能被视作合同工期变更，也不能视作减免乙方工期责任；另一方面，可以在加盖、批准这些工期调整文件时作相应备注，明确并非对合同工期变更，不减免乙方工期责任。

参考合同条款：

> 特别说明：承包人在施工过程中根据现场施工情况制定并修改的施工组织设计及工程进度计划，仅是为了让发包人清晰后续施工进度以及承包人对施工进度的控制和保障措施，不代表发包人认可工期按照新的施工组织设计及工程进度计划执行，不代表发包人免除承包人工期延误的责任，承包人不得以发包人最新批准的施工组织设计及工程进度计划为由，主张工期延误已经过发包人认可并主张免于处罚。

（2）约定进度报告制度

一般工程在开工前就应由承包人按照合同工期出具施工进度计划供发包人审核，在施工期间可以要求承包人定期提交工程进度报告，这是及时掌握工程动态的重要手段。进度报告需详细说明工程进展情况，包括已完成的工作量、正在进行的工作内容、遇到的问题及解决方案等。通过这些信息，能够实时了解工程实际情况，在发现工期可能延误时，及时与承包人共同协商解决办法。通常可约定每周或每月提交一次进度报告，并且报告需经双方签字确认，以此保证报告的真实性和有效性，为双方决策提供可靠依据。

参考合同条款：

> 承包人应在合同签署后【 】天内根据合同工期要求以及工程技术要求编制施工进度计划报发包人及监理人审核，并按照发包人及监理人意见进行修订，并取得发包人及监理人确认。
>
> 承包人应当按照经过发包人及工程师的书面形式认可的施工组织设计和工程进度计划，于每月25日前向发包人及监理人汇报本月月报以及下一月的月度施工进度计划，于每周例会前1天或每周的周日之前（以二者先到者为准）向发包人及监理人汇报本周（上星期日至本周星期六）实际工程进度记录及下一周的周进度计划。

（3）约定合理的关键节点工期奖励制度

在工程项目中，提前完成关键节点工期奖励制度是一把双刃剑，既有积极影响，也存在潜在风险。一方面，奖励制度能够极大地激发承包人的积极性和主动性。当施工团队明确知道提前完成关键节点可获得经济奖励时，他们会更有动力优化施工方案，合理调配资源，如增加施工设备投入、合理安排人员加班等，以提高施工效率，缩短工期。另一方面，在追求提前完工奖励的过程中，承包人可能会为了赶进度而忽视工程质量。但确定合理的奖励标准是一个难题，如果奖励标准过高，可能会增加不必要的成本支出；若奖励标准过低，对承包人的激励作用不明显，无法达到预期的激励效果。同时，在实际操作中，对于提前完成的认定、奖励金额的计算方式等，双方可能会存在不同理解，容易引发争议和纠纷，影响合作关系和工程进展。

3. 约定好违约责任

（1）违约金条款

在施工合同中，为防范工期延误，可明确约定若承包人未能在合同约定的竣工日期完成工程，每延误一日，需按照工程总造价的一定比例向发包人支付违约金。

（2）损失赔偿条款

除了违约金，合同中还应约定因工期延误给发包人造成的实际损失赔偿。在实际工程中，工期延误可能导致一系列损失，如发包人无法按时向租户交付房屋，从而需承担租金损失；项目贷款利息因工期延长而增加的损失等。

以某酒店建设项目为例，因承包人延误工期6个月，致使酒店无法按时开业，发包人损失了预计的6个月经营收益。经法院判决，承包人除支付合同约定的违约金外，还需赔偿发包人的经营收益损失。这充分体现了损失赔偿条款在弥补发包人实际损失方面的重要性。

（3）解除合同条款

当工期延误严重到一定程度时，赋予发包人解除合同的权利，有助于及时止损并保障项目顺利进行。

参考合同条款：

> 节点工期延误违约责任：
>
> 承包人须保证按约履行约定的节点工期和总工期，承包人未达到任一工期节点包括节点工期和总工期要求，发包人有权向承包人索赔，其中节点工期延误的，每延误一天承包人按【2】万元支付违约金；任一节点工期延误达【30】天以上的，发包人有权解除合同，承包人应按照本合同约定退场。总工期未延误的，节点工期违约金可不再计取。
>
> 总工期延误：
>
> 竣工日期后【20】天（含20天）以内的，承包人支付违约金【2】万/天；竣工日期延后【20】天以上的部分，承包人支付违约金【5】万元/天；竣工日期延后【90】天以上的部分，承包人支付违约金【10】万元/天，逾期竣工违约金不设上限。
>
> 承包人必须采取一切有效措施保证按有效工期完成，不得延误，除非发生本合同约定的工期顺延的情形，因承包人负责承担工程的总承包管理责任（包括分包单位的工期管理）并收取相应的管理费用，承包人不得以分包单位不配合或交叉施工等原因主张免除工期延误的责任。

> 竣工验收备案迟延：
>
> 承包人负责在竣工验收合格后【30】天内，完成工程的竣工验收备案，取得竣工验收备案回执。需要发包人或分包单位配合提供相关文件或授权材料的，承包人及时书面通知发包人及分包单位。迟延取得竣工验收备案回执的，承包人支付违约金【2】万元/天，违约金直接从工程款中扣除。承包人负责分包单位的管理，并且负责分包单位与工程有关资料的管理和搜集，承包人不得以分包单位未配合为由主张免责。

有人可能会疑惑，承包人一个工期延误行为可能会同时导致节点工期、总工期乃至竣工验收备案延迟，在这种情况下，是否可以一并主张节点工期、总工期、竣工验收备案迟延三者的违约金？

对此，法律并未明文禁止，在当事人有明确约定的情况下，应当尊重合同的约定。在实践中，因工期延误以及未及时办理竣工验收备案手续，往往会直接导致工程无法按期投入使用，并进一步导致发包人无法实现经营收益，且发包人可能面临向第三方承担违约责任的严重损害后果，为有效地控制工期延误给发包人造成的不利影响，可以作以下类似约定：

参考合同条款：

> 鉴于工期延误以及未及时办理竣工验收备案手续，会直接导致发包人工程无法按期投入使用，将会进一步导致发包人无法实现经营收益，且发包人可能面临向第三方承担违约责任的严重损害后果，承包人明确知悉工期违约的严重危害性，并确认以上节点工期违约金、总工期违约金以及竣工验收备案违约金均可累计计算，不会要求降低违约金标准。

（4）约定工期延误处理方式

当工期延误严重时，约定发包人可另行发包给第三人，能有效保障项目进度，减少损失，维护自身权益。但在决定将未施工工程另行发包给第三方之前，发包人与承包人可就已完成工程量、已完工程结算、第三方施工费用承担进行约定。

参考合同条款：

> 节点工期或总工期延误达到【20】天的，发包人如选择将承包人未施工的部分或全部工程另行发包给第三方施工的，第三方施工造价直接从发包人与承包人按照本合同约定计量计价规则得出的结算金额中扣除，同时按照第三方施工造价的【10】％计取发包人另行发包的管理费。承包人理解并对发包人与第三方关于施工造价的结算结果不存在任何异议。

（5）明确承包人对分包人工期延误的连带责任制度

承包人作为总承包单位与发包人签订建设工程合同后，将部分工程分包给分包单位，在此过程中，承包人需对整个工程的进度、质量等负责。分包单位作为承包人选定的合作方，若其工期延误可能导致总承包单位无法按时向发包人交付工程，违背了承包人对发包人应尽的合同义务。

参考合同条款：

> 承包人作为总承包单位，负责督促分包单位及发包人直接发包的专业工程，承包人按照本合同及分包合同约定的工期进度执行，并对分包人及专业工程承包人的工期承担连带责任。承包人未取得发包人书面同意，不能给予任何分包人及专业工程承包人其完工日期或（若该约定分包工程是分期完成的）其部分的完工日期任何延长。承包人应把分包人以及专业工程承包人关于分包工程，或其部分的进度、完工日期延误的原因的解释等信息通知发包人，发包人可合理地判断同意与否。无论发包人是否同意此日期顺延，均不能免除承包人按约承担的责任。

三、工期管控措施

如上文所述，发包人应严格按照合同约定的时间节点和具体要求，全面完成施工现场的移交、施工条件的提供以及基础资料的交付工作。在项目启动前，对施工现场进行详细勘查和规划，确保施工现场具备施工条件。同时，及时办理各类许可、批准手续，如建设用地规划许可证、建设工程规划许可证、建筑工程施工许可证等，确保工程合法合规开展，为承包人顺利进场施工创造良好的条件。除此之外，在施工过程中，还可以采取如下措施，保证项目工期。

1. 确保资金按时支付

建立完善且严谨的资金支付管理制度，严格按照合同约定的时间和金额支付工程款项。在支付前，组织专业人员仔细审核承包人的付款申请，确保款项按合同约定支付。同时，合理安排资金，确保工程款项的按时足额支付，避免因资金支付影响施工进度。

2. 规范变更管理

在提出设计变更前，组织专业团队充分评估设计变更的必要性和可行性，进行详细规划和论证。变更实施过程中，严格按照合同约定的变更程序执行，及时通知承包人，并与承包人协商合理调整合同价款和工期。在变更决策过程中，充分考虑对工程进度、质量和成本的影响，确保变更的合理性和可操作性。对于工程的变更要有严格的程序管理以及避免现场人员临时口头变更，确有需要口头提出时，要及时补办书面通知。

3. 搭建全方位的进度跟踪体系

施工伊始，发包人应组织承包人、监理单位三方协同，依据项目整体目标以及合同的具体要求，制定一份细致入微、涵盖施工全流程的进度计划。这份计划应清晰界定各个关键节点的完成时间，精准安排各分项工程的施工先后顺序与时间跨度。

发包人要建立起一套常态化的进度检查机制，比如每周深入施工现场进行实地巡查，每月组织一次全面系统的进度检查会议。在巡查与会议过程中，紧密对照既定的进度计划，细致核查工程的实际进展状况，包括已完成的具体工程量、当下正在开展的工作内容，以及实际进度与计划进度之间的偏差情况等。同时，利用拍照、记录等手段留存相关资料，以便后续进行深入分析，精准找出进度偏差的根源。

【避坑】检查流于形式

> 某厂房施工项目，在每周的质量检查中，检查人员只是简单地查看施工现场，没有对关键部位的施工质量进行详细检测，也没有检查施工记录和资料，结果在后续的施工中发现主体部分的钢筋焊接不符合要求，需要返工处理，给项目带来了巨大的经济损失。

　　造成上述后果的根源在于施工过程中的质量和进度检查工作没有严格按照规定的标准和流程进行，部分检查人员敷衍了事，只是简单地走过场，没有真正发现和解决施工中存在的问题。因此，实地巡查和进度检查会议不能流于形式主义，检查人员要真正深入施工现场，仔细查看工程实际进展情况，不能仅凭施工单位的口头汇报就轻易下结论。例如在检查已完成的工程量时，要实地测量核实，而不是简单记录施工单位提供的数据。

【避坑】忽视进度偏差

> 　　某工业园区建设项目，在施工过程中，由于部分施工人员技术不熟练，导致某综合体一层的施工进度比计划进度慢了一周，但项目管理人员没有及时发现和采取措施，随着施工的推进，后续施工进度也受到影响，相应的费用随之增加，造成各分包商之间出现矛盾和"扯皮"，最终整个项目工期延误了一个月。

　　上述问题的症结在于，在施工过程中发包人没有及时对实际施工进度与计划进度进行对比分析，对出现的进度偏差没有采取有效的纠正措施，导致进度偏差越来越大，最终影响整个项目的工期。因此，一旦发现实际进度与计划进度存在偏差，不能放任不管，必须及时分析原因并采取措施。例如，若发现某分项工程进度滞后一周，不能只是简单记录，而应深入探究是人员不足、材料供应问题还是施工工艺问题导致进度滞后，以便后续有针对性地解决。

4. 构建高效沟通协调机制

　　建议发包人搭建高效畅通的沟通平台，如每日举行施工例会，针对专项问题及时召开协调会等。在这些会议中，各方能够及时反馈施工过程中遭遇的各类问题，例如设计变更、材料供应滞后、施工场地冲突等。通过共同研讨，制定切实可行的解决方案，明确责任主体和解决问题的时间节点，确保问题能够得到迅速有效的解决。

　　发包人还应积极协调设计单位工作。在施工过程中，若出现设计与实际施工不符，或者出现需要设计变更的情况，应迅速与设计单位取得联系，要求其尽快出具设计变更文件，并及时组织相关单位进行技术交底。确保施工单位能够第一时间按照新的设计要求展开施工，最大程度减少因设计问题导致的工期延误。

如有"甲供材"或甲方直接分包工程，则要密切关注供应商供应进度或分包工程的进度，一旦出现延迟的情况，要积极协调解决，或者采取其他应急措施，保障施工的连续性。

四、预防工期索赔

在建设工程领域，工期索赔是发包人维护自身合法权益的重要手段。当承包人未能按照合同约定的工期完成工程时，发包人有权依据相关法律规定进行工期索赔。

比如某住宅建设项目，合同约定工期为 18 个月。由于承包人施工组织混乱，材料供应不及时，导致工期延误了 6 个月。发包人向承包人索赔，除了要求赔偿因工期延误产生的额外管理费用、设备租赁费用外，还主张赔偿因未能按时交房，向业主支付的逾期交房违约金损失以及预期售房收益损失。法院依据相关司法解释，综合考虑合同约定、工程实际情况以及发包人提供的损失证明材料，判决承包人赔偿发包人额外管理费用 50 万元、设备租赁费用 30 万元、逾期交房违约金 80 万元，并根据市场行情和项目预期收益，酌情支持了发包人预期售房收益损失 100 万元，共计 260 万元。

在处理工期索赔的过程中，发包人需要对项目建设过程中的各个环节进行深入分析和梳理，查找导致工期延误的原因和管理漏洞。

1. 关键证据材料的收集

在向承包人进行工期索赔时，首先要注意把资料收集齐全，具体包括：

（1）合同文件

建设工程施工合同：作为建设工程的核心文件，建设工程施工合同中关于工期的具体约定，包括开工日期、竣工日期、工期总天数等，是判断承包人是否违约的直接依据。同时，合同中对于工期延误责任的界定、索赔程序等条款，为发包人进行工期索赔提供了明确的合同指引。

补充协议：若在施工过程中，双方就工期、工程内容等事项签订了补充协议，这些补充协议与原合同具有同等法律效力。其中，关于工期调整、违约责任变更等内容，对于发包人进行工期索赔至关重要。

（2）工程进度相关资料

施工进度计划：由承包人提交并经发包人认可的施工进度计划，明确了各个施工阶段的时间节点和工作安排。通过对比实际施工进度与计划进度，发包人能够直观地确定工期延误的具体时间和环节。

工程进度报告：承包人按照合同约定定期提交的工程进度报告，记录了工程的实际进展情况，包括已完成的工程量、正在进行的工作、遇到的问题及解决方案等。这些报告是发包人分析工期延误原因和程度的重要资料。

进度会议纪要：施工过程中召开的关于工程进度的会议纪要，记载了各方对进度问题的讨论、决策以及达成的共识。例如，会议中对工期延误原因的分析、对加快进度措施的讨论等内容，有助于明确责任归属，为索赔提供有力支持。

（3）往来函件与通知

索赔意向通知：发包人在发现工期延误后，应在合同约定的时间内向承包人发出索赔意向通知。该通知表明发包人已注意到工期问题，并将启动索赔程序，是索赔流程的重要开端。

要求加快进度通知：在工期延误期间，发包人向承包人发出的要求加快施工进度的通知，不仅证明了发包人已采取措施督促承包人履行合同义务，同时也可作为证明承包人违约的间接证据。

回复函件：承包人对发包人通知的回复函件，其中可能包含对工期延误原因的解释、对加快进度措施的承诺等内容，这些信息对于完善索赔证据链具有重要作用。

（4）施工记录与现场证据

施工日志：详细记录了每日施工现场的人员、设备、施工内容、天气情况等信息，有助于发包人还原施工过程，分析工期延误是否与施工组织、天气等因素有关。

现场照片与视频：对施工现场的实际情况进行拍照和录像，如施工停滞的场景、工程进度缓慢的证据等，这些直观的证据能够增强索赔的说服力。

工程变更文件：若施工过程中有工程变更，相关的变更指令、变更图纸、变更工程量清单等文件，可用于判断工程变更是否对工期产生影响以及影响程度，为索赔提供依据。

（5）损失证明材料

额外费用支出凭证：因工期延误导致发包人增加的场地租赁费用、设备租赁费用、管理费用等的支付凭证，这些凭证能够直接证明发包人实际遭受的经济损失。

预期利益损失计算依据：对于因工期延误导致发包人无法按时将工程投入使用而遭受的预期利益损失，发包人需提供合理的计算依据，如类似项目的收益数据、市场调研报告等，以支持自己的索赔主张。

2.严谨的工期索赔流程

（1）索赔意向通知阶段

工期索赔意向通知书范本

致【承包人名称】：

根据贵我双方于【合同签订日期】签订的【建设工程施工合同名称及编号】，合同约定工程应于【计划竣工日期】竣工。然而，截至本通知发出之日，工程仍未完工，已出现工期延误情况。

经我方调查核实，此次工期延误主要是由于贵方施工组织混乱，施工人员和设备调配不合理，导致各施工环节衔接不畅，严重影响了工程进度。例如，在【具体施工阶段】，贵方因施工人员短缺，致使该阶段施工停滞长达【×】天；在【另一关键施工环节】，设备故障频发且未能及时维修更换，又延误了【×】天工期。

基于上述情况，我方正式向贵方发出工期索赔意向通知。我方初步要求贵方承担因工期延误给我方造成的损失，包括但不限于额外的场地租赁费用、设备闲置费用、管理成本增加费用以及预期收益损失等。具体索赔金额及相关计算依据，我方将在后续的索赔报告中详细阐述。

本通知旨在告知贵方我方的索赔意向，后续我方将按照合同约定及相关法律法规的规定，收集整理证据材料，编制并向贵方提交正式的索赔报告。请贵方予以重视，并在收到本通知后的【合同约定回复期限】内给予书面回复，说明贵方对此次工期延误的意见及解决方案。

特此通知！

发包人：

日　期：　年　月　日

附：索赔明细表

以《建设工程施工合同（示范文本）》为例，该合同通用条款第 19.3 条规定，发包人应在知道或应当知道索赔事件发生后 28 天内通过监理人向承包人提出索赔意向通知书，发包人未在前述 28 天内发出索赔意向通知书的，丧失要求赔付金额和（或）延长缺陷责任期的权利。发包人应在发出索赔意向通知书后 28 天内，通过监理人向承包人正式递交索赔报告。

在发现承包人存在工期延误情况后，发包人应在合同约定的期限内，向承包人发出书面索赔意向通知。通知中需清晰明确地指出索赔事件的发生时间、事件概况以及索赔的初步意向，如要求赔偿的大致金额范围等。这一通知的目的在于让承包人知晓发包人已关注到工期问题并将进行索赔，同时也正式启动了索赔的时效计算。

（2）索赔资料准备阶段

在发出索赔意向通知后，发包人应立即着手收集和整理各类索赔证据材料。按照证据的分类和逻辑关系，对上述提到的合同文件、工程进度资料、往来函件、施工记录等进行系统整理，确保资料的真实性、完整性和关联性。对每一份证据材料都要进行详细标注和说明，明确其证明目的和在索赔中的作用。

（3）索赔报告提交阶段

在合同规定的时间内，发包人将准备好的索赔报告正式提交给承包人。索赔报告应包括以下主要内容：

索赔事件的详细描述：包括事件发生的时间、地点、原因、经过以及对工程进度的具体影响，使承包人能够全面了解索赔事件的全貌。

索赔的依据：引用相关的法律法规、合同条款以及证据材料，充分证明索赔的合法性和合理性，增强索赔的说服力。

索赔金额和工期延长天数的计算过程：详细列出索赔金额的各项组成和计算方法，以及要求延长工期的天数的计算依据和过程，确保计算的准确性和透明度，让承包人清楚了解索赔的具体内容。

（4）协商与谈判阶段

承包人收到索赔报告后，双方可就索赔事项进行协商和谈判。发包人应积极主动地与承包人沟通，认真听取其对工期延误原因的解释和对索赔的意见。在协商过程中，双方可根据实际情况对索赔要求进行调整和妥协，寻求达成一致的解决方案。这一阶段是解决索赔争议的关键环节，通过友好协商解决问题，既能节省时间和成本，又有助于维护双方的合作关系。

（5）调解、仲裁或诉讼阶段

若协商无果，双方可根据合同约定选择调解、仲裁或向人民法院提起诉讼。在调解阶段，由中立的第三方调解机构介入，协助双方进行沟通和协商，寻求和解方案；若选择仲裁，应根据合同约定的仲裁条款，向指定的仲裁机构申请仲裁，仲裁裁决具有终局性；若选择诉讼，则需向有管辖权的人民法院提起诉讼，通过司法程序解决争议。在这一阶段，发包人需充分运用收集的证据材料，在调解机构、仲裁庭或法庭上有力地陈述自己的主张，维护自身合法权益。

第六章　工程质量管控

"新盘业主怒拿菜刀对抗开发商和施工单位人员"，这样充满戏剧张力的冲突画面，并非影视剧中的虚构情节，而是我们亲身经办的一个案件项目现场的真实场景。

该项目存在诸多严重质量问题。竣工验收合格后，各种问题陆续爆发。触目惊心的瓷砖碎渣散落各处，雨天时室内更是水流如注。除了结构质量问题外，外墙门窗渗漏、瓷砖空鼓等大大小小的质量问题层出不穷。多数刚装修完新房的业主，在下雨天便发现新家被雨水浸泡；公共区域瓷砖大面积脱落，业主在公共区域行走时，时刻面临被砸中的风险。

小区共有 7 栋楼，一千多户业主因质量问题不敢回小区居住。这一项目引发了群体性信访事件，业主拉横幅抗议，大篇幅的新闻报道致使开发商信誉严重受损。甚至有业主激愤到直接在项目现场拿菜刀与开发商和施工单位人员正面对抗，险些引发人身伤害事件。

虽然上述项目通过了竣工验收，但最终检测表明，外墙伸缩缝以及瓷砖施工工序和工艺均不符合标准，这是导致房屋外墙及门窗大面积渗漏水、瓷砖大面积空鼓脱落的根源。在住建、质安等多部门介入后，开发商最终耗费千万资金，历经半年时间维修外墙，更换了全部存在空鼓的瓷砖，并补贴业主一年物业管理费，才勉强平息业主的愤怒。

与此同时，开发商开启诉讼维权之路，向施工单位追偿维修费用及损失。具备成熟管理体系和专业团队的资深开发商尚且出现如此骇人听闻的质量问题，更何况那些不常涉足地产开发和工程施工的企业家朋友们。因此，如何识别质量问题、控制质量问题，以及在出现质量问题后顺利追责减损，就成为施工管控的关键所在。本章将重点从质量问题表现、质量问题管控要点和质量问题索赔要点三个方面，详细介绍质量问题管控。

一、常见工程质量问题表现

1. 建筑结构安全问题

①基础不稳：如地面沉降，根源在于地基处理不符合规范。地基是建筑的根基，若未根据地质条件进行合理设计与施工，采用合适的地基处理方法（如桩基、换填等），极易导致基础沉降、建筑物倾斜甚至倒塌，严重威胁生命财产安全。

②主体结构强度不足：施工过程中混凝土配合比不准确、钢筋偷工减料、构件尺寸不符合设计要求等，会使建筑物主体结构强度无法满足设计承载能力。例如，梁、板、柱出现裂缝、变形，可能在后期使用中引发结构破坏。

地基及结构安全问题不仅是施工质量问题，更是安全问题。例如东莞市应急管理局于 2024 年 8 月 21 日通报一则别墅施工坍塌的安全事故，东莞大岭山莲湖山庄别墅装修工程"3·26"一般坍塌事故调查报告显示："经调查，东莞大岭山莲湖山庄别墅装修工程'3·26'一般坍塌事故是一起因玻璃与人的荷载超过平台承载能力极限，总包企业和分包企业安全管理不到位造成的一般生产安全责任事故。"

2. 建筑使用功能问题

①渗漏问题：屋面、外墙、卫生间、地下室等部位是渗漏的高发区域。除防水材料质量与施工工艺外，节点处理不当（如女儿墙与屋面交接处、管道穿越楼板处等）也是重要原因。渗漏不仅影响建筑美观，还会导致室内装修损坏、滋生霉菌，影响人员健康与正常使用。

②裂缝问题：墙面裂缝除施工工艺原因外，还可能因建筑材料的收缩（如混凝土的干缩、砌体材料的温湿度变形）、温度应力（建筑物不同部位温差引起）等因素产生。地面裂缝会影响地面平整度，对设备与人员行走造成不便。

3. 建筑外观及装饰质量问题

①墙面、地面不平整：抹灰施工时未严格控制平整度，地面浇筑后未进行有效找平，会导致墙面、地面凹凸不平，影响美观与使用功能。

②装饰材料脱落：瓷砖、石材等装饰材料粘贴不牢，可能因基层处理不当、胶粘剂质量问题或施工工艺不规范而脱落，不仅影响建筑外观，还存在高空坠物的安全隐患。

4. 其他专项工程问题

（1）幕墙工程问题

①幕墙玻璃自爆：玻璃质量有缺陷，如含有杂质、应力分布不均，安装时玻璃与边框之间间隙过小，温度变化、外力作用下产生应力集中，易引发玻璃自爆，威胁行人安全。

②幕墙连接件松动：连接件材质差、强度不够，安装时螺栓未拧紧，长期受风力、地震作用等，连接件松动、脱落，导致幕墙板块位移、坠落，造成严重安全事故。

（2）电气安装工程问题

①线路敷设问题：电线管路敷设时弯曲半径过小，出现弯瘪、弯皱等情况，影响穿线和线路的散热；电线管连接不牢固，存在松动、脱节现象，容易导致电线外露，存在安全隐患；不同回路、不同电压等级的电线在同一管内敷设，不符合电气安装规范，可能引发短路等故障。

②电气设备安装问题：插座、开关安装位置不准确，高低差超出允许范围，影响使用美观和便利性；配电箱内电器元件安装不牢固，接线不规范，导线压接不紧，容易产生发热现象，甚至引发电气火灾。

（3）给水排水及消防工程问题

①管道堵塞：在给水排水管道安装过程中，由于施工过程中没有做好管口的防护，导致杂物进入管道，或者管道坡度设置不合理，水流不畅，造成管道堵塞，影响正常的排水功能。

②消防设施问题：消防喷头安装位置不符合要求，影响喷水灭火效果；消火栓箱内配件不齐全，如缺少水枪、水带或消火栓阀门关闭不严等，在火灾发生时无法正常使用。

（4）保温节能工程问题

①保温材料性能不达标：保温材料的导热系数、密度、抗压强度等性能指标不符合设计要求，导致保温效果不佳，无法满足建筑物的节能要求。

②保温层脱落：保温层与基层墙体粘结不牢固，在使用过程中出现脱落现象，不仅影响保温效果，还可能对人员和建筑物造成安全威胁。这可能是由于基层墙体表面处理不当、胶粘剂质量问题或施工工艺不合理等原因造成的。

（5）智能化系统工程问题

①系统兼容性差：不同品牌、不同类型智能化设备，如智能安防、楼宇自控、智

能家居等系统，接口、协议不统一，数据无法有效交互，系统无法协同工作，不能实现智能化集成优势。

②信号不稳定：布线不合理，受强电干扰；设备安装位置不佳，信号受遮挡，导致智能设备信号差、掉线频繁，影响智能设备远程控制、监控摄像头画面传输等功能正常使用。

二、质量问题管控要点

上述列举的仅为部分质量问题表现，在项目实际建设中各种质量问题更是层出不穷。如何预防质量问题呢？

从发包人自身角度出发，要向勘察、设计、施工等单位提供与建设工程有关的原始资料，且原始资料必须真实、准确、齐全，并确保施工现场具备施工条件，包括通水、通电、通路等，为工程质量提供基础保障。

从制度上，发包人应建立健全工程项目质量管理体系，明确质量目标，制定质量管理制度和流程，确保工程建设全过程的质量可控。例如，制定工程质量检查和验收标准，规定材料设备采购的质量控制程序等。

细化到具体工作中，发包人要注意遵守报批报建程序、做好材料设备管理、施工管理。具体如下：

1. 先报批，再施工

前期勘察（岩土工程勘察、水文地质调查、环境评估等）是设计、施工的基础依据。若勘察不到位或数据不准确，可能导致后续设计、施工出现严重质量问题，甚至引发安全事故。如果勘察报告中未查明软弱土层（如淤泥、回填土）或地下空洞，就有可能导致基础沉降不均、建筑倾斜，并导致桩基设计长度或持力层选择错误，引发桩体断裂、承载力不足。如果勘察报告中未提供准确的地下水位数据，就会导致防水设计等级不足，长期渗水腐蚀建筑结构。

建筑设计导致的质量问题可能涉及多个方面，通常与设计方案的合理性、规范性、协调性以及对实际条件的考虑不足有关。以常见的房屋漏水为例，如在设计时对屋面排水坡度设计较小，就容易导致在实际使用中出现雨水在屋面上形成积水区域，积水不能及时排走，在长时间的浸泡下，屋面防水层就容易出现渗漏现象。或者在有用水需求的区域，地漏位置与排水坡度设计不合理、防水层设计高度不够等，也会造成房屋地面渗漏。

前期勘察是工程质量的"隐形防线"，一旦疏漏，后期补救成本极高。建筑设计是工程质量的首要环节，许多施工或使用阶段的问题往往源于设计阶段的疏漏。通过精细化设计和多专业协作，可显著减少此类问题。

可参考本书第三章内容，选聘优质的勘察单位和设计单位，并在勘察、设计期间与相关人员深度沟通项目需求，在收到勘察成果和设计成果后，组织专业人员进行审查，甚至可以邀请施工单位发表意见，确保勘察成果和设计成果的准确性。

【避坑】未审先建，发包人承担70%的责任

在某案例中，因发包人在签订合同之前未提交岩土工程详细勘查报告，提供的施工图纸也未经审核，施工单位按照该图纸施工，导致质量问题，最终最高人民法院判决发包人对工程质量问题的发生应承担70%的责任。

因此，发包人一定要严格遵守建设审批程序，坚守先报批再施工的原则，否则一旦出现施工质量问题，发包人也难逃责任。

在正式施工之前，建议发包人组织设计单位与施工单位、监理单位召开详细的设计交底会议，要积极协调各方，鼓励施工单位和监理单位提出疑问和建议，促进各方对设计的深入沟通和理解，确保施工能够准确按照设计要求进行。设计单位需向各方全面阐述设计意图、工程特点、技术要求以及施工中需注意的事项。例如，对于复杂的建筑结构设计，设计单位要详细解释结构的受力原理和施工过程中的重点控制部位，使施工单位和监理单位充分理解设计方案，避免在施工过程中因对设计理解偏差而导致质量问题。

2. 材料与设备管理

材料和设备作为工程建设的物质基础，其质量的优劣直接决定了工程的品质和性能。发包人在材料与设备管理方面，需从采购、验收、存储到使用等各个环节，实施严格且细致的管控，确保投入使用的材料和设备符合质量标准，为工程质量提供坚实的物质保障。

同样以建筑防水工程中的渗漏问题为例，如果使用的防水卷材、防水涂料或者其他的防水建材的质量不符合设计规范和工程标准，导致材料本身的防水性能不达标，则易引起渗漏。如部分防水材料在存储和运输过程中未能得到妥善保护，受到阳光直射或潮湿环境影响，也会造成材料性能损害，影响防水效果。因此，发包人在前期要注意参考本书第三章的内容选聘优质的材料供应商（如"甲供材"），要求施工单位采购符合要求的产品，避免使用的产品在生产、运输等环节出现质量问题。

即便发包人在前期对施工材料严格把控，仍然难以杜绝施工单位在实际施工过程中偷换材料品牌、品质，材料以次充好的情况。而在实践中处理该争议时，施工单位在进场后未按照合同约定品牌材料进行施工，当此类违规行为被发包人察觉时，如果需要大面积更换重做，考虑到更换、订购材料的成本、周期等会严重影响工期，权衡后，如果施工材料只是影响品质不存在安全隐患的情况下，发包人可能会采取继续允许施工单位采用与合同约定不符的施工材料，完工后，发包人拟追究施工单位使用不符合约定的材料，发包人则以建设单位已允许使用，双方合意变更材料为由主张免责，发包人难以维权。

因此，建议：

（1）在合同中明确约定施工材料品牌及标准，以及相应的违约责任

通常施工合同中会写明承包人采购的材料品牌表，值得强调的是，建议除约定品牌之外，还要写明生产地址等（表6-1）。在实践中，部分工程项目会遇到这样的情况：合同附表中写明的是"××"品牌，承包人实际供应的材料包装上写明的也是"××"品牌，前面有小字备注了生产地常州，但实际大家通常所熟知的知名"××"品牌的生产地是浙江湖州，就是"李逵"和"常州李逵"的差异，最终双方因此产生争议。

主要材料品牌表 表6-1

序号	材料名称	品牌档次	材料规格及型号	推荐品牌	厂址	备注
1						
2						
3						
4						

（2）做好材料验收、抽审工作

上述供参考的合同条款，也是一份材料质量管控的详细说明，建议要求项目现场严格执行。

结合上述条款以及实际操作建议，对材料质量进行把控，要注意：

①对于电梯、空调、消防等设备，即便是由总承包单位提供，发包人也要参与设备的选型与采购过程，以确保设备的性能、质量和适用性符合要求。

②做好样品封存工作。样品封存是工程建设中用于质量控制的关键程序，是指对材料、设备或工艺样板进行实物留存并建档，作为后续验收比对的标准依据。材料类样品，在确认供应商后、首批材料进场前，供应商提供相应的材料样品，建设单位、监理、施工方、供应商四方代表现场签字（必要时公证），附《样品封存确认单》（含高清照片、技术参数），并封存在样品专用柜或者某固定区域，以用于后续跟实际进场的材料进行对比确认。

③在材料进场前，要求施工单位提供材料和设备的质量证明文件，如质量合格证、检验报告。此外，进口产品还要提供相应报关证明等。

④在材料进场后，要进行严格的开箱检验，检查设备的外观、规格、数量以及随机文件等是否齐全。对于特殊的材料，可委托有资质的第三方检测机构严格按照规定对材料进行抽样检测。例如，对钢材的力学性能、水泥的强度等进行检测，确保其质量符合合同约定。只有检验合格的材料方可用于工程建设。对于不合格材料，坚决要求退场处理，严禁用于工程中。

3. 施工质量管控

【避坑】未按规范施工，导致楼板开裂

在某项目中，混凝土浇筑后 7 天就发现楼板跨中裂缝宽度 0.3mm，究其原因，原来施工单位在混凝土浇筑时，模板支撑间距 1.5m，比规范要求的小于 0.9m 宽了 0.6m，而且浇筑后 3 天就拆除了地模，此时混凝土强度仅 50%，地模拆除过早。

施工阶段是工程质量形成的关键时期，施工组织、施工工序、施工工艺等对工程质量影响甚大。

在项目施工过程中，如果派驻的管理人员缺乏专业知识和管理经验，项目经理、安全人员长期不到岗，将致使施工现场陷入管理真空状态，这种管理职能的缺失极易导致项目出现质量问题。施工人员专业技能不足，对施工工艺和规范掌握不熟练，也极易引发质量隐患。例如在砌墙作业中，工人若未准确把握砌砖的灰缝厚度与平整度要求，砌出的墙体就可能出现灰缝不均匀、墙面不平整的状况，降低墙体的稳定性与美观度。在混凝土浇筑时，振捣工人为图省事，振捣时间不足，将导致混凝土表面产生蜂窝、麻面等缺陷，这会极大削弱混凝土的强度与密实性。

若施工方案不合理，未充分考虑工程特点与现场实际情况，也会使施工过程困难重重，质量难以保障。以深基坑支护为例，若支护方案设计不合理，无法有效抵抗土体侧压力，基坑就可能出现坍塌，危及周边建筑与施工人员安全。施工过程中技术交底不到位，施工人员对技术要点与质量标准了解不清，操作也易出现偏差。在墙面瓷砖铺贴时，若未向工人详细说明瓷砖排版、粘贴工艺等要点，瓷砖铺贴就可能出现空鼓、错缝等问题。

在多家施工单位同时或交叉施工时，如没有建立健全的质量控制体系，工序与工序、工种与工种之间没有严格的交接措施，前道工序留下的隐患，后道工序施工者不但不及时处理，甚至蓄意隐蔽，将导致施工管理混乱，也会为项目质量问题埋下隐患，各个单位推诿责任，不及时修复还会导致损失扩大。

施工过程中的质量问题源于人员、材料、工艺技术及环境等多方面因素，发包人需高度重视，加强施工过程管理，才能切实保障工程质量。

因此，建议：

（1）区分质量问题等级，设置严格的违约处罚措施

工程质量问题的追责和索赔是一套非常复杂和系统的程序，涉及责任界定甚至是鉴定，所以在工程建设过程中发生大大小小的质量问题后，从发包人的角度来说，第一时间并不是追责，而是保障施工单位能够及时处理和维修，而合同条款则重点保障约束施工单位能够按照规范标准施工，及时整改，同时明确发生任一等级质量问题的违约标准，以便后续追偿。

合同条款示例：验收及质量问题整改条款

（1）隐蔽工程未经验收合格即擅自隐蔽的，承包人除按本合同约定承担增加的费用及延误工期责任外，每发生一次，应向发包人支付【　】万元的违约金。

（2）承包人严格遵守工序验收的规定，上道工序未经验收，承包人即开展下道工序施工的，承包人除承担增加的费用及延误工期责任外，每发生一次，应向发包人支付【　】万元的违约金。

（3）承包人应科学组织、精心施工，确保工程质量达到合同及规范要求。在施工过程中如各分项工程验收质量达不到设计及规范要求的，承包人应按下列标准支付违约金：【　】万元/次。

（4）在施工过程中，如监理工程师检查发现施工中存在工程质量问题/质量安全隐患并要求限期整改、承包人未整改或未在规定时间内整改到位的，承包人应按下列标准支付违约金：【　】万元/次；如发包人检查发现施工中存在工程质量问题并书面要求限期整改、承包人未整改或未在规定时间内整改到位的，承包人应按下列标准支付违约金：【　】万元/次；如建设行政主管部门检查发现施工中存在工程质量问题并书面要求限期整改、承包人未整改或未在规定时间内整改到位的，承包人应按下列标准支付违约金：【　】万元/次，违约金累计计算。

（5）混凝土强度等级达不到设计和规范要求的标准，承包人除立即整改或修复之外，每发生或发现一处，承包人按【　】万元/处向发包人支付违约金。由此造成工期延误的不予顺延；由此给发包人造成经济损失的，承包人承担全部赔偿责任。

（6）因承包人责任在施工期间或保修期间出现工程质量缺陷、安全事故或其他原因，受到政府有关部门的通报批评或被媒体报道的，每通报批评或被媒体报道一次，承包人按【　】万元/次向发包人支付违约金。由此给发包人造成经济损失的，承包人承担全部赔偿责任。

参考合同条款：交叉施工涉及质量问题处理条款

涉及交叉施工出现质量问题时，发包人有权要求任一参与施工的单位对质量问题进行修复，任一单位必须按照发包人的要求采取相应的补救和修复措施，修复完成后如若能区分质量问题主体单位的，则由相应施工单位承担相应的补救和修复费用，如不能区分质量问题主体单位的，则由各参与的施工单位承担连带责任，发包人有权向任一单位追偿全部修复的费用。

在多家施工单位同时或交叉施工时，一旦出现质量问题，各单位易出现相互推诿责任的情况，导致问题的责任归属难以厘清，如若不及时修复问题将导致损失扩大。因此，合同条款中也应对交叉施工涉及质量问题处理原则进行特别约定。

（2）重视施工方案的审核与落地监督

施工方案是指导工程施工的纲领性文件，其合理性和可行性直接影响工程质量。发包人应组织专业人员对施工单位提交的施工方案进行严格审核，重点审查施工方法、施工顺序、施工进度计划、质量保证措施、安全保障措施等内容。例如，对于深基坑施工方案，要审查其支护结构设计是否合理，施工过程中的降排水措施是否有效，土方开挖顺序和方法是否符合规范要求，以及应急预案是否完善等。只有经过审核批准的施工方案，施工单位才能按照其进行施工，以确保施工过程的顺利进行和工程质量的有效控制。同时，在施工过程中，如遇实际情况与施工方案不符，施工单位应及时提出变更申请，经审核同意后，方可调整施工方案。

（3）加强质量监督与检查

质量监督与检查是发包人确保工程质量符合标准和要求的重要手段，通过日常巡查、专项检查、定期验收等多种方式，对工程质量进行全方位、全过程的监控，及时发现并解决质量问题，保障工程质量的稳定和可靠。

日常巡查是质量监督与检查的基础工作，发包人应安排专业的质量管理人员定期深入施工现场，对施工过程进行常态化的监督检查。巡查内容包括施工人员的操作是否规范、施工工艺是否符合要求、工程材料和构配件的使用是否正确、施工现场的安全文明施工情况等。通过日常巡查，能够及时发现施工过程中的质量隐患和问题，并当场要求施工单位进行整改，将质量问题消灭在萌芽状态。例如，在日常巡查中发现施工人员在钢筋绑扎过程中存在间距不符合设计要求的情况，质量管理人员应立即责令施工人员进行返工处理，确保钢筋绑扎质量符合标准。

专项检查是针对工程建设中的关键部位、关键工序或特定质量问题进行的重点检查，具有针对性强、检查深入的特点。发包人应根据工程进度和质量管控的需要，组织开展专项检查。例如，在基础施工阶段，针对地基处理、桩基施工等关键工序进行专项检查，重点检查施工工艺、施工参数、质量检测报告等内容，确保基础工程质量可靠；在主体结构施工阶段，对混凝土强度、钢筋连接等关键指标进行专项检查，通过现场抽样检测、查阅施工记录等方式，核实工程质量是否符合设计和规范要求。对于发现的专项质量问题，应组织相关专家进行分析论证，制定针对性的整改措施，并跟踪整改落实情况。

定期验收是对工程质量进行阶段性评估和确认的重要环节，每一道工序完成后，施工单位应进行自检，自检合格后报监理单位和质量监督小组进行验收。在验收过程中，要对工程实体质量、工程资料等进行全面检查和审核，确保工程质量符合验收标准。对于验收不合格的工程，坚决不予通过，要求施工单位进行整改，整改合格后重新组织验收。

三、发包人进行质量索赔操作指引

发包人的质量索赔是指在建设工程合同中，发包人因承包人完成的工程存在质量缺陷或不符合合同约定的质量标准，依据合同条款或法律规定，向承包人提出的经济赔偿或其他形式的责任追究要求。

1. 索赔依据

合同依据：施工合同中明确规定了工程质量标准、质量保修责任、违约责任等条款。当出现质量问题时，建设单位可依据合同约定要求施工方承担相应责任，如无偿修复、赔偿经济损失等。

法律法规依据：《中华人民共和国建筑法》《建设工程质量管理条例》等法律法规对工程质量责任作出了明确规定。施工方对其施工的工程质量负有终身责任，在保修期内出现质量问题，应依法履行保修义务。

2. 索赔流程

（1）收集及固定证据：收集与质量问题相关的各类证据，包括现场照片、视频、检测报告、维修记录、往来函件等。这些证据将作为索赔的有力支撑，证明质量问题的存在、原因以及给建设单位造成的损失。特别是涉及材料质量问题的索赔，务必在施工过程中保留好施工单位提供的材料样板，以用作索赔的比对证据。

（2）公证证据保全：必要的时候建设单位应委托公证处对质量问题的现场进行公证证据保全，以免建设单位委托第三方维修完成后，现场无法证明质量问题，进而影响索赔。

（3）邀请鉴定机构对质量问题进行鉴定或邀请专家出具专家意见：为明确质量问

题的具体原因，也为防止质量问题修复后原始质量问题成因难以界定，在质量问题修复前可委托鉴定机构或邀请专家出具专家意见，以明确界定质量问题的原因及责任主体，为后续质量问题的索赔奠定基础和固定证据。

（4）发出整改通知：无论是施工阶段还是保修阶段，抑或质保期满后，建设单位发现质量问题后，应第一时间在固定质量问题证据的基础上，向施工单位发出整改通知，要求施工单位限期整改，并明确如若施工单位未按期整改，则将另行委托第三方整改。

（5）向第三方寻求整改方案及要求第三方报价：除非质量问题紧急，建设单位在委托第三方整改维修之前，应对维修整改事项向第三方询价，涉及重大维修的可采用招标的方式确定维修的第三方单位以及维修费用标准。

（6）再次发出整改及费用通知：告知施工方选择第三方的比价过程、比价结果以及第三方维修报价及维修方案，要求施工方承担相应的费用及损失。

（7）发出正式索赔通知：在第三方维修后告知施工方质量问题的具体情况、影响范围以及具体的索赔要求，以及索赔费用明细。

（8）索赔谈判与协商：与施工方进行索赔谈判，就赔偿金额、修复方案、修复期限等问题进行协商。在协商过程中，建设单位应保持理性，依据证据和合同条款提出合理诉求，争取达成双方都能接受的解决方案。

（9）提起仲裁或诉讼：若协商无果，建设单位可根据合同约定的争议解决方式，向仲裁机构申请仲裁或人民法院提起诉讼。在仲裁或诉讼过程中，充分运用证据，维护自身合法权益。

3. 索赔范围

（1）修复费用：包括直接用于修复质量问题的人工、材料、设备费用等。修复方案应经专业机构评估，确保修复后的工程质量符合标准。

（2）经济损失：因质量问题导致的企业停产停业损失、设备损坏维修费用、产品损失、额外的场地租赁费用、向第三方赔付的费用等。这些损失应与质量问题存在直接因果关系，且建设单位需提供相应的证据证明损失金额。

（3）违约金：若施工合同中约定了施工方出现质量问题应支付违约金，企业可按照合同约定要求施工方支付相应违约金。

第三部分

项目收尾及异常情况处置

本章内容

专项验收

竣工验收

特殊情况：甩项验收

办理不动产登记

第七章　验收交付及办理不动产登记

在建设过程中，可能涉及隐蔽工程验收、分项验收等多个验收程序，这些都是过程性验收，本章就不再展开，仅着重介绍专项验收以及竣工验收。

如果竣工验收完成，不仅说明房屋质量暂时合格，更意味着：①工程期限结束，一般合同会约定施工单位的工期计算截止到竣工验收合格之日，此时施工单位的实际施工总工期已经明确，扣除相应的顺延期间后，工期是否存在延误、延误天数等已经明了；②起算缺陷责任期及保修期，相应质量责任风险已经转移给建设单位，故应当由建设单位自行承担后续产生的质量问题及相关责任；③应当支付竣工验收节点工程款。因此，竣工验收至关重要。

验收合格后，就可以去办理不动产权证书了，这是房子的"身份证"。

本章，将详细介绍专项验收、竣工验收、甩项验收、办理不动产登记的手续。

一、专项验收

专项验收是指建设工程在竣工验收前由验收责任方依据法律法规的规定，组织工程建设相关单位在相关行政主管部门的监督下，对特定工程内容或档案资料的质量进行检验，对相关的技术文件进行审核，并根据设计文件要求、合同约定和相关法律法规规定的标准，对特定工程内容或者文件资料是否达到合格进行评定的活动。常见的专项验收事项包括规划验收、消防验收、节能验收、环保验收、档案（预）验收、防雷验收等，以下重点介绍规划验收、消防验收以及环保验收。

1. 规划验收

建设工程规划验收（也称"规划核实"）是指城乡规划主管部门（通常为自然资源局或规划局）对已竣工的建设工程是否符合《建设工程规划许可证》及其审批内容进行核实的行政行为。只有通过规划验收，项目才能办理竣工验收备案、房产确权登记等手续。规划验收通常在主体工程、外立面、配套设施（如绿化、停车场）等按规划要求完成后，竣工验收前进行，部分地区明确要求将规划验收作为竣工验收的前置条件。因此，要确保设计、施工与《建设工程规划许可证》完全一致，任何变更均需提前向规划部门报批，否则面临规划验收无法通过的风险。

2. 消防验收

建设工程消防验收是住建部门依据《中华人民共和国消防法》等法规，对竣工建设工程的消防设施、安全疏散等是否符合规范要求的强制性验收程序。未经消防验收或验收不合格的工程，禁止投入使用。2020年后，全国推行"消防设计审查验收分离"，一般工程仅需备案抽查，但部分"特殊建设工程"需要进行消防设计审查、消防验收，企业自建房屋涉及的"特殊建设工程"可能包括：劳动密集型企业的生产加工车间；劳动密集型企业的员工集体宿舍；生产、储存、装卸易燃易爆危险物品的工厂、仓库。

组织验收时，应当对建设工程是否符合下列要求进行查验：①完成工程消防设计和合同约定的消防各项内容；②有完整的工程消防技术档案和施工管理资料（含涉及消防的建筑材料、建筑构配件和设备的进场试验报告）；③建设单位对工程涉及消防的各分部分项工程验收合格；施工、设计、工程监理、技术服务等单位确认工程消防质量符合有关标准；④消防设施性能、系统功能联调联试等内容检测合格。

3. 环保验收

建设工程环保验收是指生态环境主管部门（或行政审批部门）依据《建设项目环境保护管理条例》等法规，对建设项目配套建设的环境保护设施落实情况进行检查，并确认项目符合环保要求的行政许可行为。环保验收是项目合法投产的前置条件，未通过验收不得投入生产或使用。

针对厂房项目，在建设前期，需要核实环境影响评价分类、预留环保设施用地，施工过程中要严格监督防渗工程施工质量、保存环保设备合格证明，投产前完成验收监测、重点检查特征污染物治理设施。

二、竣工验收

1. 验收时间

综合《中华人民共和国建筑法》《建设工程质量管理条例》《房屋建筑和市政基础设施工程竣工验收规定》等，建设工程竣工验收应当具备下列条件：

①完成建设工程设计和合同约定的各项内容；

②有完整的技术档案和施工管理资料；

③有工程使用的主要建筑材料、建筑构配件和设备的进场试验报告；

④有勘察、设计、施工、工程监理等单位分别签署的质量合格文件；

⑤有施工单位签署的工程保修书；

⑥委托监理的工程项目，监理单位需对工程进行质量评估，具有完整的监理资料，并提出工程质量评估报告；

⑦勘察、设计单位要对勘察、设计文件及施工过程中由设计单位签署的设计变更通知书进行检查，并提出质量检查报告；

⑧建设单位已按合同约定支付工程款；

⑨对于住宅工程，要进行分户验收并验收合格，建设单位按户出具《住宅工程质量分户验收表》；

⑩建设主管部门及工程质量监督机构责令整改的问题全部整改完毕。

在施工总承包单位对工程质量进行全面检查，并提交《建设工程竣工验收报告》申请竣工验收后，就可以组织竣工验收了。届时，需要求设计、施工、工程监理等单位参加，并邀请建设管理部门进行监督。对于重大工程和技术复杂工程，根据需要可聘请有关专家参加验收组，以确保验收工作的专业性和科学性。

2. 验收资料准备

在房屋建筑工程施工完毕后，建设单位、勘察设计单位、施工单位、监理单位等就要开始准备竣工验收资料。一项房屋建筑工程，包括勘察设计、施工、材料、设备安装、消防、人防、室外工程、配套工程、二次装修等多个分部分项工程，每一个分部分项工程和隐蔽工程都要达到合同约定的质量标准和功能需求，并有完备的资料予以证明，才能够组织进行进一步的竣工验收。所以，办理工程竣工验收，首先就是要准备竣工验收资料。

竣工验收资料主要包括以下内容，由参加建设的各方主体分别或共同准备：

（1）建设单位（即发包人）

①立项文件：项目建议书、可行性研究报告及批复等；

②规划文件：建设用地规划许可证、建设工程规划许可证；

③施工许可文件：建筑工程施工许可证；

④工程前期工作及文件：可研报告、环境影响评价、人防规划许可等文件；

⑤招标投标及合同文件：勘察、设计、施工、监理等合同及招标投标文件；

⑥财务文件：工程决算资料、审计报告等；

⑦其他文件：施工图审查批准书及施工图审查报告、施工图会审记录、经监理（或业主）批准的施工组织设计或施工方案、开工报告、测量定位记录等。

（2）勘察设计单位

①勘察资料：工程地质勘察报告、水文地质勘察报告等；

②设计文件：初步设计文件、施工图设计文件、设计变更文件等；

③设计总结：设计情况说明、设计质量检查报告（分析设计是否满足规范和合同要求，有无质量问题及处理情况等）。

（3）施工单位

①工程技术资料：施工组织设计、施工方案、技术交底记录等；

②工程质量控制资料：原材料、构配件、设备的质量证明文件及检验报告、施工试验记录及检测报告、隐蔽工程验收记录、分项分部工程质量验收记录等；

③工程安全和功能检验资料：建筑物沉降观测记录、建筑物防雷接地电阻测试记录等；

④工程竣工图：包括建筑、结构、给水排水、电气等专业竣工图；

⑤施工总结：工程施工情况、质量情况、进度情况、安全情况等总结。

（4）监理单位

①监理方案及实施细则：体现监理工作的目标、范围、内容、方法和措施等；

②监理日志：记录每日监理工作情况，包括工程进度、质量、安全等问题及处理情况；

③监理月报：反映工程每月的进度、质量、投资等方面的情况；

④监理通知单及回复：对施工过程中存在的问题发出的通知单及施工单位的回复；

⑤质量评估报告（对工程质量进行全面评估）：包括工程质量验收情况、质量问

题及处理情况等；

⑥监理工作总结（对监理工作的全过程进行总结）：包括监理工作的成效、经验教训等。

3. 开展验收工作

建设、勘察、设计、施工、监理单位分别汇报工程合同履约情况和在工程建设各个环节执行法律法规和工程建设强制性标准的情况。

审阅建设、勘察、设计、施工、监理单位的工程档案资料。

实地查验工程质量，查看是否有施工质量问题。

对工程勘察、设计、施工、设备安装质量和各管理环节等方面作出全面评价，形成经验收组人员签署的工程竣工验收意见。若参与工程竣工验收的建设、勘察、设计、施工、监理等各方存在分歧，即各方对工程各方面是否符合合同约定的功能要求和质量标准不能完全达成验收合格的意见时，应当协商提出解决方法，待意见一致后，重新组织工程竣工验收。

在竣工验收过程中，通过审阅档案资料、实地查验工程质量等环节，可能会发现工程存在不符合设计要求、施工规范或合同约定的问题。建设、勘察、设计、施工、监理等单位在汇报和检查过程中，也可能会指出工程存在的各类问题。此外，工程质量监督机构在对验收过程进行监督时，若发现有违反建设工程质量管理规定行为的，也会责令相关单位进行整改。

发包人作为工程的实施主体，对竣工验收中发现的问题负有整改责任。施工单位应按照验收组提出的整改意见，制定详细的整改方案，明确整改措施、整改时间和责任人，确保问题及时有效解决。对于因施工单位自身原因造成的问题，施工单位应承担整改费用；对于因设计缺陷、建设单位要求变更等非施工单位原因造成的问题，责任方应承担相应的整改费用。整改完成后，施工单位应向发包人提交整改报告，申请复查验收。

需注意的是，当建筑工程施工质量不符合国家强制标准的要求，经返修或整改处理仍然不能满足安全和重要使用功能的，应当不通过竣工验收，工程不能投入使用。

工程竣工验收合格后，发包人应当及时编制并提交工程竣工验收报告。工程竣工验收报告主要包括：工程概况，建设单位执行基本建设程序情况，对工程勘察、设计、施工、监理等方面的评价，工程竣工验收时间、程序、内容和组织形式，工程竣工验收意见等内容。工程竣工验收报告还应附有施工许可证、施工图设计文件审查意见、规定的相关文件、验收组人员签署的工程竣工验收意见以及法规、规章规定的其他有关文件。

【避坑】办理竣工验收前，发包人提前使用

某个工程项目已经完工，但未办理竣工验收，发包人为招商需要，提前在项目内办理了招商接待会，并且宣发了相关新闻，施工单位以相关新闻页面作为证据，主张发包人已经实际使用了房屋，应视为已经竣工验收，最终法院支持了施工单位的主张。

还有一些案例，在房屋土建工程完工后，有些发包人即通知二次装修单位提前进场装修，这种操作存在极大的风险。首先，工程尚未办理竣工验收，如果二次装修对原设计的房屋布局、消防设施、空调、水电管道等进行了改动，与施工图、竣工图不一致，则很可能出现不能办理竣工验收的情形。此时如果要求原施工单位进行整改或承担质量责任，施工单位会以建设单位擅自使用为由，主张应视为竣工验收质量合格，拒绝承担相关责任，进而引发法律纠纷。

为规避上述风险，业主应当严守"不竣工验收合格及办理备案不使用"的底线，即使同意使用单位二次装修进场，也严禁对主体结构、消防、外立面、房屋布局等进行拆改。同时，要求施工总承包单位给予书面认可，进行现场管理监督，维持竣工验收所需的工程现状，保证竣工验收合格通过。

企业自建的厂房也有可能出现在竣工验收前将相关生产设备拉进场进行安装甚至试车的情况，此类行为极有可能被施工单位认为系您已经实际使用厂房，从而主张工程已经竣工验收。对此建议根据企业的实际需求，在合同中予以明确，以规避风险。

4. 竣工验收备案

依据《房屋建筑和市政基础设施工程竣工验收规定》，建设单位应当自工程竣工验收合格之日起 15 日内，向工程所在地的县级以上地方人民政府建设主管部门备案。

竣工验收备案是政府建设管理部门对于建设工程行使行政管理职能的行政行为，即通过备案管理，实施对建设工程合法合规竣工验收、工程款结算及支付、建筑档案移交等的行政监督。竣工验收备案本身虽然不是竣工验收，工程不因是否办理竣工验收备案来确定是否竣工验收合格，但是只有办理竣工验收备案取得行政机关备案文件的项目才能继续办理不动产登记手续，所以办理竣工验收备案证的工程才能视为建设完成。

《房屋建筑和市政基础设施工程竣工验收备案管理办法》对竣工验收备案资料有概括规定，根据该办法，各地的建设管理部门对竣工验收备案提供的资料还有具体明细的要求，比如《湖北省房屋建筑工程和市政基础设施工程竣工验收及备案管理办法》第十二条规定，建设单位办理工程竣工验收备案应当提交下列文件：

①工程竣工验收备案表；

②工程施工许可证或开工报告；

③施工图设计文件审查合格书；

④勘察、设计单位的质量检查报告，监理单位的质量评估报告，施工单位的工程竣工报告；

⑤工程竣工验收报告；

⑥规划、公安消防、环保、城建档案等部门对单位工程出具的认可文件或者验收意见书；

⑦施工单位签署的工程质量保修书，商品住宅还应当提交《住宅质量保证书》和《住宅使用说明书》；

⑧建设单位按合同支付工程款的证明文件；

⑨法规、规章规定必须提供的其他文件；

⑩备案机构要求应当提供的其他有关文件资料。

对比发现，以上办理竣工验收备案的文件与办理竣工验收所需提供的资料比较，增加了"建设单位按合同支付工程款的证明文件"，部分施工单位以先结算工程款作为配合办理竣工验收备案的前提条件，此行为已成为众多建设项目的发包人面临的主要风险之一。

应该如何规避上述风险呢？

首先，在签订合同时，应明确施工单位必须配合办理竣工验收手续，提供相关施工资料及竣工验收备案的必备资料，否则应当承担一定金额的违约金以及因延期竣工验收给建设单位造成的全部损失，包括销售可得利益、租赁可得利益等，以及因延期交付房屋给其他第三方造成的损失，并约定损失的计算方式，促使施工单位不敢滥用该手段拖延竣工验收和备案。

【避坑】施工单位以签证未办理、工程未结算等理由，拒不配合提交竣工验收相关资料

> 项目施工单位一旦进场，业主丧失了优势地位，易变成被动一方。这种被动，将会一直持续到办理竣工验收及备案环节，施工单位以竣工验收备案相关资料为条件，希望业主在签证、结算上给予让步。在实践中，虽然发包人可以提起诉讼要求施工单位配合提交资料，但诉讼程序时间成本较高，且执行也有赖于施工单位的配合，具有一定实施难度。

其次，施工单位提出的增加或确定工程造价的主张具备合理性时，可通过第三方审计、组织调解、律师事务所出具法律意见等方式进行协商，将无争议的部分进行书面确认，双方基于无争议部分签订结算协议，办理竣工验收及备案手续；对于不能达成一致的争议部分，则可以约定另行通过仲裁或诉讼解决。

最后，如果施工单位恶意提起仲裁或诉讼，则业主应当提起反诉或立即另案起诉，要求施工单位履行配合办理竣工验收备案手续的合同约定义务，以尽量减少损失。

参考合同条款：

> 发包人作为手机制造、生产企业，可能需要在工程竣工验收前，将相关的生产及办公设备运送安装至已完工的工程内，承包人明确知晓并确认发包人可以在竣工验收前，将相应的生产设施设备运送至现场并安装及试产，承包人明确发包人该等行为不影响本合同约定的竣工验收程序，也不视为发包人接收或擅自使用全部工程，承包人也不得以此为由免除自身对工程质量的责任，承包人承诺不会以此为由主张工程已验收合格。

三、特殊情况：甩项验收

1. 什么是甩项验收

如果发承包方为了能够尽早地将工程项目交付使用或者出于其他原因，在项目整

体未完全完工的情况下，对已完成且符合要求的部分工程先行验收，而将剩余未完成的部分（即"甩项"）暂时搁置，待后续完成后再另行验收，这种称之为甩项验收。

常见的甩项验收场景：

①工期紧张，部分工程需提前交付使用；

②个别非关键项目因材料、技术等原因暂时无法完成；

③业主分阶段使用需求（如先验收主体结构，再处理装修瑕疵）。

2. 甩项验收注意要点

确定甩项前，要全面评估甩项是否影响建筑安全、使用功能或整体验收，对于涉及结构安全或消防等关键项目，严禁进行甩项处理。

为免争议，甩项验收时，一定要与承包人签订甩项验收协议，并对以下内容进行重点明确：

（1）明确"甩项工程"范围。甩项验收的核心在于界定哪些工程属于"已完成并验收合格"，哪些属于"甩项待后续完成"。协议中必须详细列明甩项工程的具体内容，避免模糊表述导致争议。可以以附件形式列出所有甩项项目，包括工程名称、部位、工程量、未完成原因等。说明甩项部分的原设计要求和验收标准，确保后续施工有据可依。

（2）约定甩项部分的完成期限及违约责任。甩项工程不能无限期拖延，协议必须明确最终完成时间，并规定超期处理的措施，避免因拖延行为影响整体项目结算或使用。最终工期应根据剩余工程量、施工难度等设定合理期限，结合考虑不可抗力因素（如极端天气、政策调整）等，可要求施工方预留部分工程款作为履约保证金，待甩项完成后再支付。

参考合同条款：

> 承包人须在 2025 年 8 月 31 日前完成所有甩项工程，并向甲方提交验收申请。若逾期未完成，甲方有权按每日合同总价的 0.05% 收取违约金，或自行委托第三方施工，费用从乙方工程尾款中扣除。

（3）明确工程价款的结算和支付。因涉及"甩项工程"对应工程价款的扣除问题，工程价款的结算是甩项验收时最为重要的一项工作。应明确"甩项工程"对应的工程价款，完成对已验收合格的工程价款的结算工作，已完成部分按合同约定支付至一定比例，剩余部分待甩项完工后再支付，或者根据实际情况调整付款节点。

（4）明确甩项工程的质量保修期和缺陷责任期。甩项验收后，因甩项部分实质上并未达到竣工验收条件，甚至还未施工，因此甩项部分的保修期应从其单独验收合格之日起算，而非整体工程竣工日，但要注意约定，若甩项工程影响其他部分（如防水未完成导致渗漏），承包人仍应负责，保修期内承包人应按照工程保修质量书的相关约定开展维修工作。

四、办理不动产登记

办理竣工验收及备案手续的最终目的，是为了取得建筑物的权属登记。办理所建设房屋的不动产登记是最关键的一部分，通常包含以下步骤：

1.房产测绘

房屋竣工验收及备案完成后，建筑物备案资料即可移送不动产登记部门办理初始产权登记。

办理初始产权登记，首先就是要进行房地产测绘，具体对每一个房产单元的建筑面积、公摊面积及套内面积、占地面积进行详细分割确定。在办理不动产登记之前，委托测绘单位进行房产测绘，编制用于房屋权属登记的房产测绘成果，房地产行政主管部门应当对施测单位的资格、测绘成果的适用性、界址点准确性、面积测算依据与方法等内容进行审核。审核后的房产测绘成果纳入房产档案统一管理。

因此，注意要选择具备房产测绘资质的测绘单位，确保测绘单位实地测量，而非仅依据图纸推算。对大型或复杂项目，可委托另一家测绘单位进行抽查复核，通过双重测量与审核减少误差风险。

2.办理不动产登记备案

不动产登记部门的不动产登记簿的记载是认定不动产权利人的唯一凭证，不动产权证仅是不动产登记机构依法完成登记后向权利申请人发放的权属凭证。

办理不动产登记，发包人作为权利申请人应当向不动产登记机构提交下列材料，并对申请材料的真实性负责：

①登记申请书；

②申请人、代理人身份证明材料、授权委托书；

③相关的不动产权属来源证明材料、登记原因证明文件、不动产权属证书；

④不动产界址、空间界限、面积等材料；

⑤与他人利害关系的说明材料；

⑥法律、行政法规以及本条例实施细则规定的其他材料。具体资料，可以在不动产登记机构的办公场所和门户网站查询。

【避坑】《建设工程规划许可证》等规定不允许分割销售，企业申请分割办证被拒

> 　　某印务有限公司通过土地招拍挂获取了土地使用权，其用途是工业用地，规划用途为企业研发中心用房。印务公司通过融资借贷、施工单位垫资等方式建成了一栋 15 层的办公楼，但是，因为规划用途为企业自用，不能够分割销售，导致企业没有资金来源偿还融资借款、施工单位垫资款以及支付设备款等。此时恰好政府出台政策，对于属于孵化器性质以及 M0 用地模式的，可以分割办证，最小单位不低于 500m²。印务公司遂申请政府部门准许对大楼分割办证，以便于其采取分割销售、按分割后单位抵偿工程款等方式消化建设融资债务。不动产登记部门对其《建设工程规划许可证》等进行核实后，认为其属于企业自用房屋，不同意其分割办证的申请。

　　房屋的规划用途，在进行土地招拍挂时即已经明确，为了避免工业出让性质的土地直接开发进入二级市场销售，各地对于房屋建成后分割销售规定了严格的审批流程。所以，企业着手自建厂房、办公楼之时，就应当了解所在地的土地利用政策，并根据政策规定确定土地用途以及是否可以分割办证。随后将可以分割办证、分割销售等关键事项列入土地规划条件，并写入《国有土地使用权出让合同》。同时，在项目建设期要紧密关注土地利用政策的变化，防止在建设完成后因为土地利用政策的变化不能再办理分割办证，影响房产建设开发目的和销售回款的实现。

　　此外，还有一点需特别注意——办理不动产登记与缴纳物业专业维修资金之间可

能存在关联。以深圳市为例，如果建设的房屋包含部分移交政府的配套建筑，或者因各种原因导致项目范围内存在多个产权人，根据深圳市相关规定，此种情形就属于必须设立物业专项维修资金的范畴。而且，首期维修资金需要由发包人按照项目建筑安装工程总价的 2%，在办理项目不动产首次登记前一次性划入专户。也就是说，如果要办理产权登记，就必须先缴纳一大笔专项维修资金。在实际操作中，就曾有案例基于资金方面的考量，选择推迟办理产权登记事宜。

第八章　项目保修

做好项目保修，房屋质量方能得到可靠保障。《中华人民共和国建筑法》及《建设工程质量管理条例》均规定了建设工程实行质量保修制度。项目保修，既是承包人的责任也是承包人的义务，但是面对发包人的维修通知，结算前承包人可能还会进行简单修缮，结算后承包人可能会借故推脱，质保期满后项目保修则难上加难。

针对这种情况，项目保修证据留存至关重要。首先，在合同签署阶段，需要明确约定保修通知、维修扣款、质保期延长等条款，做到凡事有据可依；其次，当质量问题出现时，要按照程序发出保修通知；再次，在承包人拖延、保修不利甚至拒绝时，要合理选择自行维修或第三方维修单位，并将第三方维修单位的选聘方式、报价、维修方案发函告知承包人；最后，在维修工作完成后，要根据实际情况向承包人或其他责任方主张维修费用。

一、保修条款要签好

如前文所述，办理竣工验收以及竣工验收备案的必备材料之一，就是施工单位签署的工程保修书，这份文件也是要求施工单位后续承担保修责任的依据，因此，保修书相关条款的拟定必须严谨审慎，不容丝毫疏漏。

1. 明确保修范围

保修范围，包括施工合同、补充协议、设计变更、现场变更等在内的全部由施工单位施工的工程范围。如果有"甲供材"等情况，则相关材料的质量责任由材料供应商承担，但对应的施工质量责任仍由施工单位承担。

2. 遵守法定保修期

保修期是施工单位对工程质量承担维修责任的法定或约定期限。根据《建设工程质量管理条例》《房屋建筑工程质量保修办法》及相关规范，不同工程部位的最低保修期有所不同，其中：地基基础工程和主体结构工程，为设计文件规定的该工程的合理使用年限；屋面防水工程、有防水要求的卫生间、房间和外墙面的防渗漏，为5年；供热与供冷系统，为2个采暖期、供冷期；电气管线、给水排水管道、设备安装为2年；装修工程为2年。其他项目的保修期限由建设单位和施工单位约定。

因此，《工程质量保修书》中对于保修期的约定，不能低于上述法定标准。公司曾经处理的一个案件，钢结构工程施工合同整体约定保修期限为一年，但在一年届满后的几天，下了一场大雪，钢结构厂房在不同点位发生塌陷，在此情况下，发包人多次要求承包人进行维修，承包人均以保修期已届满为由予以拒绝。

当然，双方可根据实际需求约定高于法定标准的保修期限，如果项目对防水要求较高，可以约定防水相关工程的保修期为8年，以更好地保障工程质量与使用安全。

【避坑】约定保修期低于当地主管部门规定，施工单位以增加保修期为由主张额外费用

在深圳龙岗的一个创新厂房建设项目中，客户选定了一家知名的电梯品牌并签订了电梯设备的买卖合同以及安装合同，约定保修期为两年。但下达开工令后，电梯公司迟迟未办理报装手续，原因是新发布的《深圳经济特区电梯使用安全若干规定》规定"电梯制造单位或者销售单位应当对其销售并在深圳经济特区内使用的电梯承担保修责任，最低保修期限为自电梯安装监督检验合格之日起满三年或者自电梯出厂之日起满五年，时间以先届满者为准"，但电梯买卖合同中约定的保修期为两年，不符合上述规定，故办理报装手续未能通过。这个新的规定是在电梯工程招标期间发布，在合同签订之后正式施行，合同在招标的时候已经拟定，因此后续客户未关注到该新规，而电梯公司可能注意到了这个新规，但是并未提出，就等着报装时以此为由主张多一年的保修费用。最终经过多番拉扯，为推进项目顺利进行，客户不得不额外支付了一年的保修费用，与电梯公司签署了补充协议延长一年保修期。

因此，除了上述一般性规定外，还应注意地方性规定。例如，《浙江省实施〈中华人民共和国消费者权益保护法〉办法》第十九条第 2 款规定，商品房的屋面防水工程，有防水要求的厨房、卫生间、地下室和外墙面的防渗漏保修期限不得低于 8 年，保修期限自商品房交付消费者之日起计算。因此，在浙江地区签订的住宅类工程的施工合同中，发包人一般会要求将屋面防水工程、有防水要求的卫生间、房间和外墙面的防渗漏的保修期约定为 8 年。

【避坑】出现保修空档

> 在某个非诉项目中，存在这样的情况：防水工程的竣工验收时间是 2013 年 4 月 1 日，而整个工程的竣工验收时间是 2013 年 9 月 1 日，这就导致了质保期起算时间的争议——按照防水竣工日期为质保期起算时间与按照整体工程竣工日期起算，质保期会出现一个空档期。

为避免空档期发生争议，建议在所有的施工合同中均以整体工程竣工时间作为计算质保期的起算日期，而在工程整体竣工验收之前，施工单位对于其施工的工程，本应承担质量责任。

3. 详细约定保修质量保障措施

保修质量，与维修人员的响应速度、完成速度、完成标准等相关，因此在合同中建议约定：

①业主或者物业公司通知施工单位的方式应详尽列明，确保全面覆盖，微信通知、电话通知、短信通知、邮件通知、书面通知、当面通知均可。

②施工单位保修的联系人、电话、地址等通信方式，在小业主或者租客大规模入住时，可以要求现场常规派驻保修队伍。

③不同情况下，施工单位收到保修通知后应当到达现场的时间。

④不同情况下，施工单位完成保修工作的时限。

⑤保修成果验收程序。

⑥要求施工单位先维修，后续再区分责任人。

⑦针对每一条要求，设置相应的违约责任，以及施工单位严重违约后的处置措

施，比如业主或者物业公司可以直接安排第三方维修，且相应的费用及违约金由施工单位承担。

参考合同条款：

> 对于无法直接判定责任归属的维修项目，承包人应当服从发包人的安排，先行维修，不得推诿。承包人在维修过程中应与物业管理人及发包人或物业购买人共同取证，以判断责任原因，不属于承包人责任的，由责任方向承包人支付材料及人工费用。承包人未按约定时间派人到现场落实维修责任，发包人有权直接委托其他专业施工单位修缮，费用依照协议约定由承包人承担。

【避坑】对未完工程的保修未做特别约定

> 竣工验收是建设工程的重要节点，标志着人力、物力均已物化到工程本身，建设投资成果转入使用阶段。但对于未完工程，尤其是有第三方接替原承包人继续施工的未完工程，应当约定合同解除后的保修期，否则容易出现"三不管"情况。

⑧针对合同提前解除、承包人提前退场等特殊情况，也应在合同或者工程质量保修书中明确承包人的保修责任。在实践中还应注意，在双方协商一致解除施工合同的情况下，发包人对工程的接收行为不能简单认定为"擅自使用"。合同解除时承包人已施工部分经过验收且无质量问题，保修期从合同解除之日起算。如果合同解除时承包人已施工部分存在质量问题，应在交接文件中注明，并由承包人进行整改，整改符合验收标准时起算保修期；如承包人拒绝整改，发包人安排后续第三方进行整改并完成后续施工，通过竣工验收的，从竣工验收后起算保修期；如发包人未及时安排整改及后续施工，可酌情确定一个合理的整改期间，该期间过后起算保修期。但上述过程均应通过会议纪要或书面文件予以确认。

4. 约定质量保证金返还期限及返还比例

预留质量保证金的目的在于解决质保期内出现的质量问题，发包人可以采用扣留质量保证金方式实现索赔。但法律对于质量保证期的规定并非均为2年，在施工合同中对于质量保证金返还有以下描述方式：①明确约定质量保证金返还期限为 2 年内无息返还；②约定为质保期满后无息返还；③分段约定质量保证金返还条件。

因此，在与承包人签订合同时，为了避免合同中模糊约定为质保期满无息返还，例如，可约定为"结算总造价的 3% 作为质量保证金，其中 1% 的质量保证金在质保期满 2 年后返还；其余 2% 质量保证金在质保期满 5 年，扣除保修期内承包人产生的违约金后由发包人无息退还。"

另外，在签订合同时，要避免缺陷责任期与质量保证金返还之间产生歧义。以《建设工程施工合同（示范文本）》为例，示范文本对于质量保证金返还与缺陷责任期（2 年）挂钩。结合审核合同的经验，有部分合同对于质量保证金返还的约定经常发生矛盾，在缺陷责任期部分明确质量保证金在 2 年缺陷责任期满后返还，在专用条款部分的付款条件中又描述为质保金于质保期届满后返还。因此，在签订合同时需严格审核合同条款，避免歧义。

二、保修通知及保修实施流程

保修期内发现质量问题时，应第一时间通知相关单位进行维修。

1. 明确保修责任人

《建设工程质量管理条例》第四十一条规定，建设工程在保修范围和保修期限内发生质量问题的，施工单位应当履行保修义务，并对造成的损失承担赔偿责任。即保修义务的第一责任人是承包人，在保修期限和保修范围内的工程缺陷，应优先联系承包人进行维修。

以幕墙漏水为例，如果在平行发包模式下，应该通知幕墙施工单位维修，在工程总承包或者施工总承包模式下，保修责任人就是总包单位。

2. 发出保修通知

工程使用过程中出现质量问题的，发包人负有通知承包人的义务。如果发包人未尽到通知义务，或者通知不及时，导致质量缺陷扩大或造成新的损害的，发包人要承担损失扩大部分的责任。

因此，一旦发生质量问题需要维修，应该按照合同约定的方式通知承包单位，通知内容需清晰指明质量问题的具体位置、情况，最好附上多角度现场照片、视频等影像资料详细说明。

3. 实施维修

如施工单位按时进行维修施工，发包人应尽量派专人监督施工，确保维修方案符合技术规范，材料质量与原合同一致。维修完成后，应及时组织物业公司、监理单位等共同参与验收，共同签署书面文件，详细记录验收情况，明确质量问题是否彻底解决。

【避坑】质保期内承包人修复，但未修好

> 在建设工程实践中，保修期内经常出现承包人多次维修但未能解决缺陷的情况，2年或5年法定保修期满后缺陷仍未消除，此时承包人主张保修期已经届满，不再承担保修义务，而有些粗心的发包人也未继续跟踪该部分质量问题的修复，导致后续质量问题一直未能得到解决。

为避免上述问题，一方面，要在合同或者工程质量保修书中明确，如果工程或其任一部分在保修期内因承包人原因而被更换或修复，则该被更换或修复工程的保修期应予以延长（或约定为重新起算），延长的时间等于由于缺陷或损坏导致工程不能使用的时间。另一方面，在每次的维修书面确认文件中，务必载明该部分的保修期延长的具体时长。同时在合同约定的保修期届满之前，要注意对房屋做一次全面检查，并要求承包人妥善解决，否则不予退还全部保修金。

4. 确定费用承担主体

承包单位作为保修责任方，并不一定是费用承担责任人。

《房屋建筑工程质量保修办法》第十三条有明确规定，保修费用由质量缺陷的责任方承担。"质量缺陷责任方"一般可能包括承包人、发包人、设计单位、实际使用人等。

（1）由承包人承担费用的情形

①工艺不达标，包括但不限于工艺不达标，如混凝土强度不足、钢筋屈服强度不达标等；

②未按设计图纸施工，如图纸要求外墙保温采用三胶两布，实际承包人施工为两

胶一布等；

③隐蔽工程验收不合格，如未按规范要求铺设防水层等；

④材料质量缺陷，包括施工材料不符合合同约定，如约定用 A 品牌，实际用 B 品牌及施工材料且未达到国家标准；

⑤如果承包人还同时负责一定的设计工作，则因其设计错误导致的施工问题，如荷载计算错误等，也需要由承包人承担。

但有一例外，《建设工程质量管理条例》第十四条规定，按照合同约定，由建设单位采购建筑材料、建筑构配件和设备的，建设单位应当保证建筑材料、建筑构配件和设备符合设计文件和合同要求。建设单位不得明示或者暗示施工单位使用不合格的建筑材料、建筑构配件和设备。即承包人对材料提出异议但发包人仍坚持使用的，由发包人自行承担维修费用。

（2）由发包人自行承担费用的情形

①擅自改变房屋用途，比如原本自建房的用途是药品加工，自行改变为仓库而出现的结构超载；

②对房屋擅自改造，如拆改承重墙、水电管线等；

③未按要求对自建房进行维护，如放置于顶层的水箱并未及时清理，水箱超负荷运作而导致的渗漏等。

（3）由其他单位承担的情形

①由于设计原因导致的质量缺陷，先由承包人负责维修，发包人可要求设计单位承担维修费用；

②因实际使用人使用不当造成的损坏问题，由实际使用人自行负责；

③因地震、洪水、台风等不可抗拒原因造成的损坏问题，承包人、设计和监理单位等均不承担责任，由发包人或实际使用人自行承担维修费用。

在有些情况下，质量问题可能是由多种原因造成的，各责任人应当按过错比例分担责任，承担维修费用。承包人维修完毕后，可以向其他责任单位主张相应费用。

三、委托第三方维修程序

《房屋建筑工程质量保修办法》第十二条规定，施工单位不按工程质量保修书约定保修的，建设单位可以另行委托其他单位保修，由原施工单位承担相应责任。在质量问题发生时，为了不影响工程的正常使用，排除安全隐患，可以委托第三方对质量问题进行修复，并要求承包人承担维修费用，本节旨在规范企业通知承包人履行维修义务及委托第三方维修的流程。

【避坑】程序不足，资料不全，向施工单位主张维修费用失败

在某建设工程纠纷案件中，承包人向发包人索要工程款，发包人则对质保期内出现的质量问题进行索赔，要求扣除保修金以及部分工程款。

在庭审中，发包人向法院提交了维修申请记录，同时，也提供了第三人维修的费用明细，我们代理承包人梳理发包人提供的全部材料后，向法院说明：

（1）维修申请记录中列举的维修内容涉及总包、设备安装等工程范围；

（2）维修记录中并未明确罗列具体需要承包人维修的项目；

（3）在此过程中并无文件能够证明每次维修需要的材料、人工费；

（4）从往来函件可以看出维修项目涉及的设备安装等问题系因其他单位原因造成损坏。

最终法院未支持发包人的质量索赔。

1. 多次通知施工单位

如第一节所述，对于保修期内发生的质量问题，应当先履行通知义务，并注重全过程留痕。建议发通知时，将多角度现场照片作为附件，以便固定质量问题发生时的真实情况，切不可未履行通知程序便径直委托第三方进行维修、直接扣款。

如在首次通知甚至是多次催告后，承包人仍不履行维修义务或维修不力，则可自行维修或委托第三方维修，并可以依据实际产生的费用明细向承包人主张修复费用。

至于发函方式，应优先采用最符合双方约定或沟通惯例的通知方式，并穷尽各种送达途径，包括但不限于直接送达、微信、电子邮箱、电话、邮寄方式等。

如果采取直接送达方式，需要由承包人的有权代表在签收文件上签字。但当双方因质量争议关系陷入僵局时，承包人可能拒绝签字。

微信和邮箱是现代化产物，建议优选与承包人在合同通知条款中约定的微信或邮箱。但二者均受云端保存时间或手机、电脑等载体限制。如果项目上出现人员离职、手机更换，则可能导致信息丢失。此时推荐采用 EMS 方式邮寄并保留签收记录的方式。

公告送达则是穷尽了所有送达方式后的最后选择，如未采用双方约定的通知或合理形式而公告送达的，存在被法院认为通知形式不合理的可能，从而导致败诉。

在发函内容方面，应当清晰简要地描述质量问题，并根据质量问题的难易程度给予合理的维修时间，如果复杂的质量问题要求承包人24小时内维修完毕可能被法院认定为不合理。此外，函件中应当告知承包人，如果未进行维修或维修不力，则可自行维修或委托第三方有资质的公司进行维修。同时，建议将带有时间水印的照片作为附件留存。

当承包人没有回应或维修不力时，应当再次发函通知，说明前次发函的基本情况，描述质量问题的现状，描述质量问题可能导致的安全或扩大责任，再次要求承包人进行维修。此次催告可合理缩短维修时限，明确如果承包人拒绝维修，发包人将自行维修或委托第三方有资质公司进行维修，由此产生的费用应当由承包人承担。在本函件中，依然建议将带有时间水印的照片作为函件附件。

2. 合理选择第三方进行维修

在已经通知承包人，且承包人拒绝维修或维修不力情况下，可公开询价并选择有资质的第三方维修单位，与第三方维修单位签订施工合同，确定已经委托第三方进行维修的事实。

维修方案及维修费用应具备合理性，维修过程要真实发生。在维修完成后，需组织对第三方维修单位维修成果进行验收，同时保留维修记录及验收记录。验收结束后，如果是能够一事一议的维修事项，建议与第三方维修单位进行结算，并保留第三方整改修复工程有关的施工资料、费用结算单、整改费用支付凭证等文件。针对无法一事一议的维修事项或长时间的维修合作，可考虑汇总结算，但需对每次维修事项保留证据材料。同时，务必将询价过程、选定的第三方维修单位情况、维修方案、维修过程等分步通知承包人。

【避坑】维修费用不合理

法律赋予承包人拒绝履行维修义务或保修不力时，发包人自行或委托第三方维修的权利，本意是保障发包人保修阶段的维修主动权。但这种维修不仅需要证据支撑，而且需要具备合理性。维修方案过于复杂超出承发包约定的要求或费用过高的，则很难被法院支持。

当发生争议时，维修费用合理性系发包人举证的难点，应当注意保留以下证据：

①在第三方维修单位选聘方面，若条件允许，尽量通过公开招标方式选择第三方维修单位。如果不能采用公开招标方式，则至少通过多方询价方式确定，增加选聘程序的公开度、透明度，能够提高维修费用定价的合理性。

②对于维修方案，必要时可以通过第三方机构出具，如果无法做到处处鉴定，维修方案也应当通知承包人，并由项目监理单位、设计单位确认。

③维修费用确认方面，优先委托第三方造价机构进行造价审核，在无法进行造价审核时，也应符合当时市场价格。在向第三方维修单位支付维修费用时，应当确保三流合一，保存第三方维修合同、付款凭证及第三方维修单位开具的发票。维修合同中应当对维修项目、地点、维修方案等进行描述，以确保整体合理性。

3. 通知扣款

维修验收结算后，需将维修事项告知承包人。同时，通知承包人对其进行扣款。务必先发出扣款函，发函流程与工程保修通知书的发函流程一致，内容与工程保修通知书相对应，同时将修复完成后的照片作为附件一并发送，需要告知承包人已经委托第三方维修单位对质量问题修复完毕的情况，以及累计发生修复费用的金额，并言明该修复费用将从剩余质量保证金中扣除，或该修复费用应由承包人承担。

扣款函发出后，态度较好的承包人可能会配合进行扣款确认，此时，优先让承包人盖章确认，如果承包人无法加盖公章，则应由有权代表进行签字。如果承包人还是杳无音信，则此时建议再次发出扣款确认函。

4. 做好台账

建议发包人建立第三方费用台账，保存第三方维修工程施工过程中的全部资料，包括但不限于：工程保修通知书、再次催促维修函、维修方案、造价清单、开工通知、维修工程记录、维修照片及视频、费用结算单、扣款函、扣款确认函、整改费用支付凭证及相关寄送签收凭证等。妥善留存上述资料具有双重意义：一方面是发包人本身应该养成"事事留痕、有据可查"的工作习惯；另一方面是为了后续产生争议的时候，这些完整的合同文件、付款凭证及发票等资料，将构成强有力的证据链条。

附：参考文本

工程保修通知书

工程名称：　　　　　　　　　　　　　编号：

建设单位				
主题内容				
送达方	监理单位		签收人	
	施工单位		签收人	

内容：

　　贵公司承建我公司发包的 ×× 工程，现工程已经进入保修阶段，根据双方签订的施工合同，贵公司应当履行保修义务。

　　现工程出现 ×× 情况（描述质量问题），具体如附图（建议附照片），请贵公司于接到本通知后 × 日内到现场进行维修。逾期未进行维修的，我公司保留自行维修或委托第三方维修的权利。

附：现状照片

　　　　　　　　　　　　　　　　　　　　　　　　　　　　　　　　××公司
　　　　　　　　　　　　　　　　　　　　　　　　　　　　　　　年　月　日

再次催促维修函

工程名称：　　　　　　　　　　　　　编号：

建设单位				
主体内容				
送达方	监理单位		签收人	
	施工单位		签收人	

内容：

　　贵公司承建我公司发包的 ×× 工程，现工程已经进入保修阶段，根据双方签订的施工合同，贵公司应当履行保修义务。

　　我公司已经于　年　月　日就 ×× 情况向贵公司发出编号为 ×× 的《工程保修通知书》，但未见贵公司有任何行动 / 未能修复至合格（可继续描述质量情况可能产生的安全隐患或其他扩大情况）。请贵公司于收到本案函件 × 日内进行维修，如贵司未能尽到维修责任，我公司出于安全考虑，将委托相关资质合规企业予以维修，所产生的维修费用及维修前的安全责任等将由贵公司予以承担。

附：现状照片

　　　　　　　　　　　　　　　　　　　　　　　　　　　　　　　　××公司
　　　　　　　　　　　　　　　　　　　　　　　　　　　　　　　年　月　日

第三方维修告知函

工程名称： 编号：

建设单位			
主体内容			
送达方	监理单位		签收人	
	施工单位		签收人	

内容：

　　贵公司承建我公司发包的 ×× 工程，现工程已经进入保修阶段，根据双方签订的施工合同，贵公司应当履行保修义务。

　　我公司已经于　　年　月　日就 ×× 情况向贵公司发出编号为 ×× 的《工程保修通知书》，于　　年　月　日发出《再次催促维修函》，贵公司始终未有任何行动 / 未能修复至合格。现我公司在对维修事项进行询价后，确定由 ×× 公司进行维修，拟采取的维修方案为 ××，拟产生的维修费用为 ××。维修费用将由贵公司承担，且 ×× 公司的维修行为并不免除贵公司的保修责任，特此告知。

　　　　　　　　　　　　　　　　　　　　　　　　　　　　　　　×× 公司
　　　　　　　　　　　　　　　　　　　　　　　　　　　　　　年 月 日

第九章　异常情况处理

在企业自建房屋过程中，发包人可能存在缺乏丰富的建设项目管理经验，且没有配备长期从事建设管理的专业人员。同时，在施工过程中，各方利益诉求复杂多样，这导致发包人不得不在自身相对陌生的领域，与一群深耕建设行业的专业群体展开合作与博弈。工程施工市场的固有特性，叠加管理经验的不足，使得发包人在面对项目异常情况时，往往难以迅速应对。

项目异常情况，指的是影响正常施工的各类事件，包括进城务工人员集体讨薪、施工单位阻挠施工、中途退场，以及建设工程安全生产事故等，这些情况会导致施工受阻甚至停工。此类异常情况若处理不当，将严重阻碍建设项目推进，直接影响企业投资建厂、开展经营活动的目标实现。

针对上述问题，我们凭借专业知识，结合数百个实际案例的处理经验，为发包人提供详尽的指导，打造实用的避坑指南，帮助发包人在遇到异常情况时能够做到处理流程规范、依据充分，从容应对。

一、进城务工人员集体讨薪

某从事电子产品的生产型企业，随着生产规模的扩大以及政府对于该行业的扶植，意欲在工业园区选址建厂。企业通过招标的方式确定总包单位，然而在施工过程中，总包单位将该工程通过内部承包的经营模式交由个人承包经营者实际管理。

由于该项目规模大，工程施工复杂且建设工期漫长，项目的建设资金除了自筹部分外，大部分依赖银行贷款，为了早点拿到贷款资金，企业和施工单位协商扩大工程形象进度申报，同时为了使工期提前，双方加大了进城务工人员工资专用账户的资金量，这一系列操作造成实际施工中施工总承包单位挪用进城务工人员工资。临近年关，没有实际拿到对应工资的进城务工人员集体围堵施工现场大门，高举"还我血汗钱"的横幅，设置路障阻止建筑材料进场，干扰其他工序施工。围堵行为一度引发剧烈冲突，最终当地监管部门与政府相关单位紧急介入，展开协调工作。

在事件发生后，企业紧急寻求建工专业律师提供专项服务，希望尽快平息纠纷、恢复施工秩序。我们在服务过程中凭借处理众多同类案件积累的经验，律师团队迅速开展全流程专项法律服务：协商谈判，起草文书、监督发放，做到及时化解矛盾，恢复生产，同时对工程进度款支付以及合同履行监管提出完善建议。此后，该项目再未发生进城务工人员集体讨薪的事件。

如何预防与处理进城务工人员集体讨薪事件？建议从以下几个方面来进行。

1．事前防范，做好预防措施

（1）选择规范管理的施工单位

在项目招标或者邀请招标阶段，务必严格审查施工单位的资质、信誉和实力，选择有良好口碑和丰富经验的施工企业，尤其是要选择有经济实力和垫付能力的施工单位。优质的合作开端，恰是防范后续工程纠纷最坚实的基础。

对于施工单位的选择，除了资质审查外，发包人还应对其进行实地考察。了解施工单位的办公场所、设备状况、人员管理等情况。考察其是否具备承担建设项目的能力，以及是否有完善的进城务工人员管理体系。例如，考察施工单位的施工现场管理是否规范，是否有专门人员负责进城务工人员管理。

（2）合同中对于进城务工人员的薪酬支付要有专门的约束条款

在合同条款的拟定阶段，发包人凭借甲方优势地位，应充分运用主动权，要求施工单位提供进城务工人员工资支付保障措施，如缴纳进城务工人员工资保证金或者开具进城务工人员工资支付保函。

在与施工单位签订合同时，除了明确双方的权利义务，必须增设进城务工人员工资支付专门条款，条款中要明确进城务工人员工资支付的时间和方式，甚至可以约定支付的标准，要求确保进城务工人员工资按时足额支付。支付方式需限定为银行代发，并直接支付到进城务工人员个人工资账户，同时约定支付周期、支付标准等,尤其要明确施工单位违反工资支付条款的违约责任,如规定高额的违约金等处罚措施。

参考合同条款:

21.16 进城务工人员管理及工资支付

21.16.1 承包人应当严格遵守进城务工人员实名制管理的要求,并且应当与招用的进城务工人员书面约定或者通过依法制定的规章制度规定工资支付标准、支付时间、支付方式等。

21.16.2 承包人进行劳务分包的,必须分包给有资质的劳务公司,承包人负责督促劳务分包单位严格遵守进城务工人员实名制管理的要求,并且与招用的进城务工人员书面约定工资、支付时间及支付方式等。

21.16.3 承包人应严格按照工程所在地关于进城务工人员管理以及进城务工人员分账制度的要求开设进城务工人员工资专户专用于支付进城务工人员工资,并应当按照有关规定存储工资保证金。

21.16.4 承包人应当在工程项目部配备劳资专管员,对分包单位劳动用工实施监督管理,掌握施工现场用工、考勤、工资支付等情况,审核分包单位编制的进城务工人员工资支付表,分包单位应当予以配合。施工总承包单位、分包单位应当建立用工管理台账,并保存至工程完工且工资全部结清后至少3年。

21.16.5 承包人应及时足额的发放进城务工人员工资,因承包人迟延支付工人工资导致下列事件:

(1)要求发包人支付工人工资;

(2)媒体披露欠薪的情况;

(3)工人因欠薪而向街道办、劳动局、信访等部门投诉的;

(4)工人因欠薪而引起在施工现场或发包人生产经营地聚集讨薪的。

承包人明确发包人【 】的品牌价值及企业社会形象,一旦发生该事件,发包人遭受的不仅是财产损失,更是品牌价值及企业社会形象的损失,承包人确认其不仅需要支付应处理该事件的费用,还需要因此而赔偿发包人,对发包人的最低赔偿限额为:70万/次。如发包人还有其他损失的,总承包人仍应给予赔偿。连续发生上述事件超过三次,发包人有权解除合同。

此外，发生上述事件中的任何一件，发包人有权直接从工程款中扣取费用支付工人工资，本工程劳动者身份以及劳动者主张工资以劳动者自行提供资料为准，发包人不负有审核义务，发包人可直接按照劳动者主张金额代付并按上述方式索赔。

（3）施工过程中要求施工单位必须用工实名制管理

建议设立专门的监督部门或者人员，在项目建设过程中，督促施工单位实行进城务工人员用工实名制管理，要求施工单位配备劳资专管员，对分包单位劳动用工进行实时监督管理。随着建筑市场科技的应用，实名制管理可以采取人脸识别系统、指纹识别、平安卡系统、实名制通道、进出工地手机打卡等方式。

（4）对工资支付定期检查和监督

除了在合同中明确进城务工人员工资支付相关条款，还必须重视施工过程的监督。建议发包人要求施工单位定期提交完整的进城务工人员工资发放清单、考勤记录等资料，对工资发放情况进行核实，必要时也可委托第三方机构进行审计或调查。在拨付进度款申报之时，应将上一期进度款中进城务工人员工资发放情况纳入必报内容，发包人要核实工资发放实际情况，如附工资发放清单、劳务公司出具的工资发放证明，等等。

还可以通过信息化手段或者现场检查等方式，对项目的资金状况、进城务工人员工资的支付情况进行实时监测，及时发现欠薪隐患并采取措施。

（5）建立畅通的维权渠道

可以在施工现场显著位置设立维权公示牌，载明进城务工人员维权方式、投诉渠道、发包人和相关部门的联系电话等信息，同时设立专门的进城务工人员工资纠纷调解小组，及时处理进城务工人员的工资问题，将矛盾化解于萌芽阶段。

（6）要维护自身信用

作为发包人，也要注意自身信用建设，以身作则按时履行合同义务，在资金拨付中控制工程进度款的比例、实际使用情况、现场施工组织计划等，避免因自身原因导致讨薪。

2. 讨薪事件处理指南

如果已采取上述措施，但是由于多种原因，还是发生了进城务工人员讨薪事件，可按照如下步骤进行处理。

（1）专人参与，表明处理问题的态度

在事件发生后，发包人应当保持冷静，避免因处置不当激化矛盾。一般发生集体讨薪事件，施工单位常以发包人不能按时按量拨付工程进度款为由，将欠薪责任推诿给发包人，更有甚者，部分集体讨薪事件的幕后策划者就是施工单位或者施工单位的分包商劳务公司等。所以发包人此时要第一时间干预，安排专人参与进城务工人员沟通，了解他们的诉求核心问题，表达对他们的关心和重视，以及表明处理问题的态度。

（2）协助施工单位核实情况，确定责任

发包人应迅速组织人员对集体讨薪事件进行调查核实，了解进城务工人员工资拖欠真实情况，确定拖欠工资的责任方，究竟是承包单位、分包商、劳务公司、班组长还是实际施工人。同时，为避免矛盾进一步激化，需安排独立安全的接待场所，该场所应远离发包人的办公经营场地和施工工地现场，此外应为进城务工人员提供饮用水、休息设施等，营造良好的沟通氛围。如果集体讨薪的人数众多，则建议进城务工人员推选部分代表参加协商，既保障合理诉求得以表达，又能有效控制现场秩序，降低不稳定风险。

同时在处置过程中要注重证据的收集和整理，特别是与工资支付相关的证据，如施工单位的工资支付台账、进城务工人员的考勤记录、劳动合同或者雇佣合同等，并将收集到的证据进行专门分类，建立专门的证据档案库。避免有人假借进城务工人员讨薪实现其他合同外利益。

（3）启动应急预案

根据调查结果，发包人需启动分级分类的应急预案。一方面，发包人需进行内部核查是否工程进度款按期支付，是否有挪用工资账户资金的情况，并核查完成工程量与支付进度款，排查是否存在超付情形，核查集体讨薪工人是否是本项目参与施工工人、集体讨薪的拖欠工资是否属于本项目工资等，针对核查出的不同问题，制定差异化解决方案。

3. 特别注意要点

（1）注意识别恶意讨薪

在处理集体讨薪过程中，发包人需第一时间主导或督促责任施工单位对参与现场的工人进行身份核查，实行实名登记，提供身份证明，要求讨薪工人提供相关欠薪依据，避免有施工单位以工人讨薪为由，实则谋求工程进度款、工程款支付的目的。核查时要明确告知集体讨薪参与人员相应的法律后果，将恶意讨薪进城务工人员的行为通报当地劳动监察部门，由劳动监察部门依法处理。

【避坑】实际施工人组织恶意讨薪

我们曾代理一家工业园园区的施工单位处理 300 多名工人的集体讨薪事件，在劳动仲裁阶段对方集体申请仲裁，仲裁委要求施工单位立即支付合计 4000 余万元的工人工资。仲裁书生效后，我们建议裁决认定的用工单位利用劳动关系的相对性，按照一人一案的策略向法院提起劳动争议诉讼，法院在立案后按照仲裁阶段的身份信息和联系电话送达应诉通知书，结果高达 9 成送达对象或处于失联状态，或对传票置若罔闻、拒绝应诉。如此反常的现象，彻底撕开了所谓"集体讨薪"的伪装，暴露出事件背后的恶意谋划。

（2）勿轻易代替施工单位付款

在集体讨薪事件发生后，劳动监察部门、施工现场辖区街道办、镇、乡政府、公安、信访等部门均会参与，在此过程中，发包人常被推至问题解决的核心位置，稍有不慎便可能陷入责任漩涡。

因此，要时刻谨记劳动关系的相对性，明确施工单位才是工资支付的法定责任主体。对于拖欠工资的核查，发包人仅协助核查，切勿越俎代庖直接履行支付责任。

如果处理方案中有先行垫付措施，必须严格遵循工程进度款专款专用模式，如果未到支付工程进度款的节点，可以先行采取施工单位借款方式解决，同时完备借款手续以及后期抵扣时间和方式，避免超付，更要避免施工单位以垫付行为反指发包人延期付款违约。资金支付主体首选施工单位，最好是总包单位，并且要提供相应的工程款有效发票。

尽量把工资直接发放到进城务工人员本人的账户。确实无法发放到本人账户的，则首选提供公证授权委托书；如确实无法提供公证授权委托书的，则由本人手持身份证，录制说明授权情况的视频，以此规范支付流程，最大限度保障资金安全与各方权益。

二、施工期间出现工伤事故等安全事件

某客户因为环保需求对旧厂房进行改造，改造项目属于密闭空间施工。事发当日清晨七时许，厂区生产线上工人尚未上班，改造施工班组长由于身体不适在宿舍休息，而此时工期仅剩两天项目就要完工。几个同乡的工人像往常一样进入施工场地，由于是高空密闭空间作业，属于高危作业项目，平日班组长始终严格把控技术与安全规范。工人们进入场地近十分钟后，突然的爆炸声和冒出的火花震惊了陆续进场的员工。经事后调查认定，此次事故系施工工人在高空作业没有按照作业人数的限制，对易燃物品未做好防护措施，且缺乏必要的高空防坠落保护，致使事故发生时毫无缓冲余地。无论事后如何复盘，逝去的生命也再难挽回，这场悲剧深刻印证了细节疏忽与瞬间失误可能引发的惨痛后果。

在建设项目中，安全事故的发生会给项目参与各方带来严重的损失。发包人作为项目的发起者和管理者，在一定情况下，可能需要承担安全事故的责任。因此，全面了解高风险施工作业类型及其潜在责任情形，提前掌握避险指南，对于保障项目的顺利进行和各方的合法权益至关重要。

1. 安全事故高发情形

施工现场监督是预防安全事故的关键环节，以下是一些容易出现安全事故的项目或情形：

（1）高处坠落

临边作业：在房屋的阳台、楼梯口、电梯井口等临边位置，若未设置可靠的防护栏杆、安全网等防护设施，施工人员易失足坠落。

洞口作业：厂房的预留洞口、管道井口等，若未进行有效防护或防护设施损坏，施工人员可能不慎掉入洞口。

攀登与悬空作业：在进行钢结构安装、屋架安装等高处作业时，施工人员需在无可靠立足点的情况下进行作业，若未正确使用安全带、安全绳等防护用品，易发生坠落事故。

（2）坍塌

模板支撑体系坍塌：在混凝土浇筑过程中，若模板支撑体系设计不合理、材料质量不合格、搭设不规范或未按规定拆除，可能导致模板支撑体系坍塌。

脚手架坍塌：脚手架是施工中常用的登高作业设施，若脚手架的搭设不符合规范要求，如立杆间距过大、连墙件设置不足等，在施工荷载作用下可能发生坍塌。

土方坍塌：在基础施工过程中，若土方开挖未按设计要求进行放坡或支护，可能导致土方坍塌。

（3）物体打击

交叉作业：施工过程中，不同工种、不同部位可能同时进行作业，若未采取有效的防护措施，如设置防护棚、安全警示标志等，可能导致物体打击事故。

物料堆放：施工过程中，若物料堆放过高、不稳或未采取固定措施，可能发生物料掉落伤人事故。

机械设备：在使用塔式起重机、起重机等机械设备进行物料吊运时，若设备故障、操作不当或指挥失误，可能导致吊物坠落伤人。

（4）触电

临时用电：厂房施工过程中，临时用电设备多、线路复杂，若未按规范要求进行用电管理，如未采用 TN-S 系统、未设置漏电保护器等，可能发生触电事故。

电气设备：在使用电焊机、电动工具等电气设备时，若设备绝缘损坏、接地不良或操作人员未按操作规程进行操作，可能发生触电事故。

（5）机械伤害

加工设备：在施工过程中，使用木工机械、钢筋加工机械等加工设备时，若设备防护装置缺失或损坏、操作人员违规操作，可能发生机械伤害事故。

运输设备：在施工场地内使用叉车、装载机等运输设备时，若设备故障、操作人员视线受阻或未按操作规程进行操作，可能发生机械伤害事故。

（6）火灾爆炸

易燃易爆材料：施工中使用的油漆、涂料、乙炔等易燃易爆材料，若储存不当、违规使用或遇明火、静电等火源，易引发火灾爆炸。

电气焊作业：进行电气焊等动火作业时，若未办理动火审批手续、现场未采取防火措施或作业人员违规操作，火星飞溅可能引燃周围易燃物。

（7）中毒窒息

有限空间作业：在地下室、污水井等有限空间内作业时，若未进行通风换气、气体检测，或未采取有效的防护措施，可能导致施工人员中毒窒息。

化学品泄漏：施工中使用的化学品，如油漆、胶水等，若储存容器破裂、泄漏，且通风不良，有毒气体积聚，可能造成施工人员中毒。

（8）车辆伤害

施工现场道路：施工现场道路狭窄、路况差，或未设置明显的交通标志和安全防护设施，车辆行驶时易发生碰撞、碾压等事故。

车辆操作：车辆驾驶员疲劳驾驶、酒后驾驶、超速行驶或操作不当，可能导致车辆失控，造成人员伤亡和财产损失。

对于容易发生安全事故的项目以及工艺，在施工进程中需要格外地关注，在施工中要有针对性地采取防范措施，将安全生产的警示贯穿在每一个环节。

2. 积极采取措施预防安全事故

（1）履行法定建设程序

在项目启动前应依法办理项目审批、核准或者备案手续，取得规划许可、施工许可等法定建设手续，确保项目建设在合法合规的前提下进行。如未依法办理项目审批、核准或者备案手续，未取得规划许可、施工许可等法定建设手续擅自开工建设，一旦发生安全事故，发包人将承担主要责任。

例如，某发包人在未取得施工许可证的情况下，强行要求施工单位进场施工，结果在施工过程中发生坍塌事故，造成人员伤亡和财产损失，发包人因未履行法定建设程序，被认定为对事故负有主要责任。

（2）严格选择施工单位

发包人将工程发包给不具有相应资质的施工单位，如果发生工伤，发包人与施工单位承担连带赔偿责任。如果将工程发包给无资质施工的个人，该个人雇佣的工人在施工中受伤，发包人需要承担责任。

（3）合同中约定工伤处理相关条款

在合同中明确双方的安全责任，详细规定施工单位安全管理职责、安全措施费用及工伤、事故处理等内容，约定双方的权利义务及违约责任，此外，还可约定发包人对施工现场安全检查和监督的权利，以及发现安全隐患时的处理方式。

（4）建立健全安全管理制度

应制定涵盖安全检查、隐患排除、事故报告等内容的安全管理制度，定期对施工现场进行检查，发现安全隐患，要及时要求施工单位整改、建立安全管理档案，记录安全检查、整改情况。当事故发生时，这可以为界定各方责任提供客观、详实的依据。

【避坑】强令施工单位违规施工，被追究刑事责任

> 某发包人为了赶工期，强令施工单位在恶劣天气条件下进行高空作业，结果发生坠落事故。发包人因强令施工单位违规施工被追究刑事责任。

　　法律规定，发包人违反法律法规和工程建设强制性标准，强令施工单位违章作业、冒险施工，发生安全事故的，发包人应承担主要责任。因此，除了监督施工单位遵守安全管理制度外，发包人需要规范地进行施工管理，加强对本单位参与建设施工项目人员的安全生产管理，要求本单位人员对于施工现场严格划分责任和义务，不要随意指示或者干预施工单位的施工管理。

　　（5）加强安全教育培训的督促

　　可以要求施工单位组织施工人员参加安全教育培训，邀请专家讲解安全法规、操作规程等，在施工场地提供安全教育宣传图片，督促施工单位给工人提供安全生产教育培训软件并进行培训记录，督促施工单位定期开展内部安全生产教育培训并检查落实情况，提高施工人员安全意识和自我保护能力。

　　（6）购买保险

　　可要求施工单位为施工人员购买工伤保险、意外伤害险，也可自行购买工程一切险、第三责任险等，降低工伤事故发生时的经济赔偿风险，还可以在合同中约定保险费用的承担和理赔事项。

3. 安全事故处理指南

　　一旦出现安全事故，发包人需迅速采取行动，及时、妥善地做好以下工作：

　　（1）立即启动应急预案

　　在进行招标时，应当提前制定事故应急预案。在事故发生第一时间启动应急预案，确保应急指挥小组迅速到位，明确各成员的职责和分工。应急指挥部应当迅速组织救援力量，开展抢险救援工作，确保人员安全。

　　（2）现场救援与人员疏散

　　组织专业救援人员队伍和医疗急救人员赶赴现场，对受伤人员进行救治和转移。同时，迅速疏散现场无关人员，设置警戒线，防止事故扩大。

　　（3）信息报告与通报

　　根据事故的级别，及时向有关部门报告事故的情况，包括事故发生的时间、地

点、伤亡情况、初步原因分析。向项目的相关方包括设计单位、监理单位等，要求各方配合事故的处理工作。

（4）配合事故调查小组工作

迅速收集与事故有关的证据和资料，包括事故现场照片、视频、施工记录、监理日志、设计文件等。

（5）制定处理方案

根据事故原因分析结果，制定详细的事故处理方案，包括人员救治、财产损失赔偿、事故现场处理、工程整改等。明确各项工作的责任单位、责任人、完成时间和质量要求。

（6）复盘总结

及时复盘，总结教训，进一步优化制度、设施、现场管理，避免类似事故再次发生。

三、施工单位阻挠施工

A公司作为一家日本投资企业，在某沿海城市投资建厂生产世界知名品牌的音响设备。在项目选址完成后，A公司委托设计单位按照工艺要求和生产规模设计厂房，并聘请国内知名施工单位负责建设。由于选址在保税区且靠近海边，A公司成为区内首家开展地质勘察的企业，受限于勘察机构经验不足，地下暗沙流动的隐患未被充分评估，设计单位为满足发包人对于降低成本的需求，使得厂房的桩基础设计造价临近设计峰值。发包人因缺乏工程专业知识，为控制造价采用"交钥匙"施工方式，后又最终采纳固定总价包干的施工承包方式。

在施工期间，施工单位在桩基础施工中存在偷工减料行为，在其他项目中这种行为也许不影响工程主体，但是，鉴于本项目前期地质勘察与设计的缺陷，致使地基异常下沉，厂房尚未完工就开始有开裂情形。此外，施工单位采取不平衡报价方式，施工土建工程报价虚高，装修、安装项目报价奇低。在工程主体完成后，施工单位采取种种措施停工、窝工。由于外资企业对本土法律政策不熟悉，疲于应对频繁的上访事务，工程建设陷入停滞。彼时，原租赁场地租期将至，新厂建设严重滞后，A企业向我们寻求帮助。我们通过梳理合同，对已建建筑物进行工程质量鉴定，鉴定结果为建筑物质量不合格，建议拆除重建。基于此，我们协助A公司通过行政管理部门解除施工合同，清退原施工人员，委托专业机构出具修复方案，确定修复费用，重新选定施工单位，推动项目尽快复工，其后再提出索赔。

这一案例折射出在建设项目实施过程中，容易出现承接项目时施工单位态度积极，但是项目开工后又提出各种问题的情况，而发包人因缺乏专业判断与应对经验，常对问题久拖不决，致使矛盾逐步激化，最终面临施工单位恶意阻碍施工的局面，给项目推进与企业发展带来严重损失。

1. 施工单位阻碍施工的常见原因

（1）出现经济纠纷

施工单位认为工程进度款支付不及时或不足额、洽商费用未及时确认和支付、认质认价条件不满足，抑或认为施工过程中的工程索赔要求未得到满足等经济方面的纠纷。

（2）合同履行问题

施工单位认为发包人未按时按合同提供施工条件、设计变更频繁导致施工单位成本增加、施工指令不明确或存在矛盾等与合同履行有关的问题。

（3）施工现场管理问题

施工单位认为发包人的管理过于严格或不合理，双方对于质量、安全检查中发现的问题处理不当，各分包单位协调机制混乱，各施工队工序衔接无序等施工现场管理问题。

（4）外部因素影响

政策法规变化导致施工受阻，周边居民干扰施工等外部因素影响。

2. 阻工事件处理指南

（1）及时沟通协调

一旦发现施工单位有阻碍施工的迹象，应立即与施工单位负责人进行沟通，了解其具体诉求和问题所在。发包人需要安排专人负责与施工单位进行日常沟通，建立定期沟通机制，如每周召开协调会，保持信息畅通，及时解决问题。

（2）解决阻挠施工的经济纠纷

应对工程进度款支付情况进行全面梳理，确保按时足额支付，如因资金周转出现困难，也需提出相应的解决方案给予施工单位继续施工的信心。

对于变更洽商费用和索赔要求，应及时组织审核和确认，符合合同约定的应当及时给予签证，签证由监理单位以合同权限确定，对于有争议的部分，可以先确认事实、确认工程量，对于变更是否涉及造价变更可约定结算时按照合同约定处理。如存在争议较大又严重影响工程进度的情况，可先固定相关证据，邀请第三方造价咨询机构进行评估和调解，评估过程中继续推进工程进度。

（3）完善合同履行管理

应严格按照合同约定提供施工条件，确保施工单位能够顺利施工。对于设计变更，应提前与施工单位沟通，明确变更的范围、费用和工期影响，及时给予签证。对施工单位的指令应明确、具体，同时符合合同约定程序，避免产生歧义。

（4）加强施工管理中自身的管理能力

建立科学合理的施工管理制度，明确质量、安全、进度等方面的要求。可引入监理单位、专业律师事务所、专业造价师事务所等第三方专业机构提供服务，填补发包人建设施工管理专业人员的缺失。在检查中发现问题应及时通知施工单位整改，并给予合理的整改期限。对于施工单位的合理建议和意见应予以重视和采纳，对于建议是否合理多听取第三方人员的意见。

（5）应对外部因素

密切关注政策法规变化，及时调整施工方案和措施，调整施工方案和措施要充分发挥设计单位、监理单位以及施工单位等专业单位的优势，多方协同对施工方案和措施进行科学调整。对于周边居民的干扰，应积极与相关部门和居民进行沟通协调，采取有效措施降低影响，同时，应在施工合同中约定协调主体为施工单位。

（6）考虑解除合同

如果沟通协调和其他应对措施无法解决施工单位阻碍施工的问题，可以考虑要求施工单位中途退场，甚至采取司法途径提前解除合同，寻求新的施工单位尽快复工。

工程建设过程中施工单位阻碍施工是较为常见的问题，发包人应高度重视，及时采取有效的应对措施。及时恢复正常施工是对发包人经济价值、社会声誉最有利的方式，但是，当施工单位阻挠施工的行为频繁发生时，提出的诉求越来越无理或者需付出代价越来越大时，就需要提前做好更换施工单位或者施工队伍的预案。

四、施工单位中途退场

施工单位中途退场，是发包人最不愿看到的情况。处理得当，可以尽快有新的施工单位进场，保障项目建设顺利推进；若处理不当，项目极有可能陷入烂尾困境，不仅严重影响发包人发展战略与规划，更可能将处于扩张期的企业拖入无底深渊。基于多年来处理大量施工单位中途退场案件的实战经验，我们系统梳理了风险应对策略与处置流程。

1. 快速收回施工场地

我们遇到过这样一个项目，某生产制造型企业在外地拿了一块地自建大楼，总包施工单位为达成不合理的经济诉求擅自停工。多次沟通无果后，为及时止损，发包人决定解除施工合同，但总包施工单位霸占场地，甚至对试图靠近的发包人工作人员采取暴力手段。双方矛盾彻底激化，最终双方进入漫长的诉讼流程。

不论是施工单位申请退场还是发包人单方提出解除建设施工合同，首先需要解决的是快速收回施工现场。如果中途退场是一场没有硝烟的战争，施工现场就如同阵地，阵地的控制权是战争胜负的关键。现实中，一旦工程启动，施工场地的收回都会面临场地被实际施工人实际控制的问题。快速收回施工场地是发包人取得胜利的关键。

2. 做好施工资料移交

如本书第七章所述，建设施工项目竣工后需办理竣工备案手续，且建筑物使用年限长达几十年，施工资料具有重要价值，一旦缺失施工资料将严重影响项目的进行和使用。根据《建设工程质量管理条例》规定，发包人应当严格按照国家有关档案管理的要求，收集整理建设项目各个环节的图纸、文件资料、项目档案，否则无法办理不动产的权属登记。

因此，在决意解除施工合同之前，发包人要尽量采取多种方式将施工资料收集齐全，将资料移交与款项支付挂钩。

3. 固定施工作业界面

施工作业面的界定不仅影响前后施工单位的工程结算，同时，对于施工质量的责任划分也具有重要意义。在工程未竣工状态中，后续施工对于施工作业面必然有改变，若发包人擅自使用已完工部分，根据法律规定，施工单位除在建设工程的合理使用寿命内对地基基础工程和主体结构质量问题承担民事责任外，对于发包人已经使用部分，若发包人以质量不符合约定为由向原施工单位主张权利，难以得到人民法院支持。

因此，在施工单位退场后，要立即通知施工单位到场共同固定界面、核对工程量，并明确告知如果拒不按时到场，发包人有权单方确认。因此，需要安排工作人员和监理单位收集以下资料，对施工界面、施工现场进行确定。

（1）文字资料。包括招标文件、投标文件、合同书、设计交底、会议纪要、洽商变更单、监理日志、往来函件等。

（2）图片资料。包括施工图纸、测绘资料、总进度计划表、施工月进度计划表、隐蔽工程验收记录、检测记录等。

（3）公证书。对于不能用文字清晰描述的工程质量、工程量以及现场情况可采用委托公证的方式。公证书在各类证据中的证明效力相对级别高，公证书一般是解决施工现场工程量或者是施工机械材料等不能协商确定，发包人需要强行撤场而进行的证据保护。重要的是，对于图片或者画面无法起到客观反映时，需要有发包人、施工单位（不到场也可）、监理单位在场的语音描述的影像。

（4）勘验记录。影像资料无法体现数量、质量、材质、等级等，在我公司代理的诉讼案件中，发现单凭影像资料无法进行工程造价鉴定，此时采取勘验笔录的方式对于工程造价鉴定起到重要的证据支持作用（表9-1）。勘验记录需要：

首先，需要记录基本信息，包括：案涉工程的背景情况，勘验的时间、勘验的原因、各方当事人的情况，如名称、地址等。

其次，记载现场勘验前的现场保护情况；现场勘验指挥人员、参加人员的姓名、职务和分工情况，现场勘验见证人的姓名、职业、职务和工作单位等；现场勘查工作的起止时间，勘查的顺序、方法。

再次，勘验笔录虽称之为"笔录"，但记载的方式可以是多种形式的，记载方式不限于文字形式，还包括如照相、录像、录音、绘图等。随着科技的不断发展，越来越多的新技术被运用到勘验笔录中来，多种方法综合使用相较于文字、影像记载更能形象生动地反映勘验过程中需要固定的实物证据。如提取现场物证、书证的情况，包括物证、书证的种类、数量、特征、质地、规格、遗留情况及提取方法等；拍照、录像、绘图的内容、种类、数量。

最后，现场勘查指挥人员、参加人员、记录人员、照相、录像、绘图人员以及见证人和其他参加人签名或盖章、签署制作时间。

勘验笔录格式（示例）　　　　　表 9-1

一、基本信息

1	勘验时间	年　月　日　时　分至　　年　月　日　时　分
2	天气情况	温度____℃；相对湿度____；风向____；
3	现场勘验地点	勘验地点位于××市××区××街道××项目工地施工现场
4	勘验的原因	（例）因施工单位中途退场的需要，当事人××公司申请现场勘验，对鉴定项目进行查勘、测量等工作
5	与勘验有关的单位信息	施工单位： 监理单位： 公证机构：

二、现场情况

1	现场勘验人员	现场勘验指挥人
		单位：　　，姓名：　　，职务：
		参加人员
		单位：　，姓名：　，职务：　，分工：
		单位：　，姓名：　，职务：　，分工：
		单位：　，姓名：　，职务：　，分工：
		见证人员
		单位：　，姓名：　，职务：
		单位：　，姓名：　，职务：
2	现场勘验的方法	（例）以卷尺、相机、录像机为主要勘验工具，按照低层到高层，从左到右，从下到上的顺序逐层对工程量、施工内容进行勘验

三、勘验过程及结果

1	土建工程	（具体施工内容根据合同或相关图纸确定）
2	机电工程	（具体施工内容根据合同或相关图纸确定）
3	给水排水工程	（具体施工内容根据合同或相关图纸确定）
4	强电、弱电工程	（具体施工内容根据合同或相关图纸确定）
5	消防工程	（具体施工内容根据合同或相关图纸确定）
6	其他工程	（具体施工内容根据合同或相关图纸确定）

三、勘验过程及结果

签字：

现场勘验记录人员：　　　　　本人签名：　　　　　　日期

照相人：　　　　　　　　　　　本人签名：　　　　　　日期

录像人：　　　　　　　　　　　本人签名：　　　　　　日期

现场勘验人员：　　　　　　　　本人签名：　　　　　　日期

现场勘验见证人员：　　　　　　本人签名：　　　　　　日期

　　　　　　　　　　　　　　　本人签名：　　　　　　日期

现场勘验图

（绘制的内容应当与现场勘验笔录一致，标注文字说明准确）

绘制内容：	
绘制日期：	制作人：
施工单位：	日期：
见证人：	日期：
勘验人：	日期：

现场照片及说明

（照片粘贴处）

照片内容：	
拍摄地点：	拍摄人：
拍摄时间：　年　月　日　时　分	制作人：
施工单位：	日期：
见证人：	日期：
勘验人：	日期：

现场物证及说明

物证名称：
物证照片：

物证详细信息

种类：	型号：
品牌：	数量：
物证现状：良好 / 不良 / 极差	物证现状具体描述：
物证现场保存条件：露天 / 遮蔽 / 库房	保存条件照片：
是否取样：是 / 否	取样方法：
样本编号：	样本照片：
是否拍摄视频留存：	视频文件编号：

勘验人：　　单位：　　电话：　　日期：
取样人：　　单位：　　电话：　　日期：
参与人：
姓名：　　单位：　　电话：　　日期：
姓名：　　单位：　　电话：　　日期：
姓名：　　单位：　　电话：　　日期：

发包人对于现状的确定，建议邀请专业律师和专业造价师参与指导，专业造价师能够按照造价鉴定的要求反向推导，同时律师按照诉讼证据规则固定现场情况。通过双专业协同作业，不仅能为后续协商谈判提供详实数据支撑，更能在潜在诉讼中形成完整有效的证据链条，精准界定各方责任，为发包人免责抗辩、合法索赔筑牢法律与事实基础。

4. 完成结算

工程结算在施工单位中途退场时，需依据施工合同约定和实际施工情况谨慎开展，对于不同造价约定模式应当采用不同的结算方式。固定单价和清单计价处理起来难度较小，对于固定总价合同需要注意正向结算和反向结算两种方式，对于中途退场的已经完工工程的结算存在按工程价款为标准和按工程量为标准两种情况。对于固定单价或者清单计价的施工合同，工程造价只要确认工程量就可以按照约定进行。但是，如果采用固定总价合同，若合同中事先约定具体的结算方式，按照合同执行即可，如果没有，可以参考以下各级法院对于中途退场的造价结算指导。

中途退场的已完成部分工程造价结算有两种方式：

第一种方式：以工程量为标准按照比例折算

已完成工程总价 = 约定的固定总价 × 已完成工程量 / 合同总工程量

第二种方式：以工程价款为标准按照比例折算

已完成工程价款 = 约定的固定总价 × 鉴定所得已完成工程价款 / 鉴定所得全部工程价款

5. 确定保修责任

施工单位中途退场后，发包人将场地交付新施工单位，应当视为发包人对原施工单位的已经施工部分的工程质量无异议。在施工单位需要中途退场时，发包人对于承包人已经完工部分需要明确修复义务和保修义务，对于拒绝修复的可以在工程结算时减少支付工程价款。

如果现有证据不足以证明在中途退场前已经完工部分存在质量问题，发包人委托新施工单位进场继续施工增加的费用，施工单位可以不承担，只有原施工单位认可的质量问题，在维修行为发生后，才可以通过鉴定主张维修费用。

在中途退场前，就要根据已完工的工程的特点确定报修维修责任的承担方式，以及费用的扣减或支付方式。这些事项可在协商过程中一并处理；若协商未能达成一致，相关记录可作为日后主张权利的有效证据。

6. 妥善选择后续施工队伍

发包人经历的原施工单位的中途退场可以算作对前期施工进行了一次深度的剖析，在后续施工中应当避免类似问题。需要确定施工单位中途退场后的后续施工安排，确保项目的顺利进行。后续施工应包括以下方面：

（1）选择合适的后续施工单位。根据项目的实际情况和要求，通过招标、邀请招标等方式选择具有相应资质和实力的施工单位，或者可以在原施工单位主体不发生变更时，选择有实力的施工队伍。

（2）签订后续施工合同。明确后续施工单位的工作范围、质量标准、工期要求、费用结算等事项，特别需要注意的是工程质量责任的衔接与划分，工程资料的交接及责任的确定，对于原施工单位现场机械设备的承接或者拆除等需要在后续施工合同中予以明确约定。

（3）做好交接工作。在原施工单位退场后，应组织后续施工单位与原施工单位进行交接，包括工程现场、工程资料、设备材料等方面。最好做到责任无缝对接，杜绝"几不管"的责任盲区。对于发包人而言，最终需要接收的是质量合格的建筑物，因此必须明确界定前后两个施工单位在工程质量方面的责任归属，切忌出现真空地带。

在确定后续施工安排时，要充分考虑项目的整体进度和质量要求，确保后续施工单位能够顺利接手并完成项目建设。

企业自建房屋是企业发展实力与战略布局的直观彰显，在建设过程中遇到异常事件也许不可避免。面对这些挑战，发包人应当保持冷静，充分利用第三方专业优势，寻求快速有效的解决办法。施工建设中每一次异常事件，都是工程推进路上必须攻克的"攻坚战"。愿这份指南成为企业自建房发包人手中的"葵花宝典"，帮助企业在复杂多变的建设环节中见招拆招、稳扎稳打，确保项目早日投产运营，让自建房屋成为企业稳健发展的坚实堡垒，长久发挥安全、可靠的价值。

第四部分

实用文本

文本一　建设工程施工合同

_____项目

施工总承包合同

发包人（甲方）:_____

承包人（乙方）:_____

合同订立时间:_____

合同订立地点:_____

合同编号:_____

目　　录

甲方（发包人）：_____

乙方（承包人）：_____

　　为进一步明确责任，保障甲乙双方的利益，保证工程顺利进行，甲乙双方经友好协商，根据《中华人民共和国民法典》及本工程的具体情况签订本合同。

　　本合同为双方于【　】年【　】月【　】日签订的《_____项目总承包工程施工合同》（以下简称"原合同"）的补充。本补充合同与原合同不一致之处，以本补充合同（以下简称"本合同"）为准。

　　条款说明：这些项目中，会涉及在政府平台采用政府版本合同进行招标，并用对外公开招标的合同办理施工许可证等，该类情况下，备案合同可能会先于本合同签署，本合同应签署为备案合同的补充协议。若不存在备案合同版本与实际执行版本签署时间及文本内容不同问题，则上述第二段删除。

第一章　工程承包范围

　　1 工程概况

　　1.1 工程名称：_____。

　　1.2 工程地点：_____。

　　1.3 工程规模：建设用地面积：____ m^2，容积率____，建筑面积：____ m^2（其中计容积率建筑面积____ m^2，不计容积率建筑面积____ m^2），框架–剪力墙结构，地上由____栋____层建筑组成，共____个单体，具体以政府规划批复文件为准。

　　2 工程承包范围

　　2.1 承包范围

　　根据发包人确认的由_____设计的《_____项目》总承包工程相关图纸，完成图纸范围内（除____工程、____工程外的）全部施工内容。具体承包范围包括但不限于（承包人承包范围的详细描述详见附件1承包人施工范围概述）：

　　填写说明：填写发包人提供给承包人的最终定稿版的设计图纸，并注明图纸版号，在实际交接过程中做好图纸交接记录。

　　（1）房屋建筑、装饰、安装工程：（可在□内打√、选填相应工程量，表中所列参考选项为项目主要承包内容，实际可依设计工程规模、项目特征等补充、扩展）

□土石方工程	□门窗工程
□边坡与基坑支护工程	□建筑智能工程
□地基与基础工程	□通风空调工程
□主体结构工程	□景观绿化工程
□装饰、装修及幕墙工程	□电梯工程
□屋面与防水工程	□消防工程
□给水排水工程	□燃气工程
□电气工程	□其他房建及配套工程
□建筑节能工程	□其他通用安装工程

（2）市政公用及配套专业工程：（可在□内打√、选填相应工程量，表中所列参考选项为项目主要承包内容，实际可依设计工程规模、项目特征等补充、扩展）

□七通一平工程	□海绵城市工程
□挡墙护坡工程	□燃气工程
□软基处理工程	□地下综合管廊工程
□道路工程	□路灯工程
□桥梁工程	□交通设施工程
□隧道工程	□通信管道工程
□给水管道工程	□电力管道工程
□排水管道工程	□生活垃圾处理工程
□渠涵工程	□园林绿化工程
□水处理工程	□轨道交通工程
□泵站及其他加压构筑物工程	□其他市政及配套工程

（3）其他工程：_____。

2.2 承包范围调整

承包人确认在合同签署后，发包人有权根据工程施工需要（例如工程施工进度需要、质量安全保障等）扩大或缩减工程承包范围，承包人必须配合并按照本合同变更条款执行，如发包人缩减工程范围的，承包人不得据此向发包人主张变更合同计价方式、主张损失或预期利润等款项索赔。

2.3 施工界面划分

总承包工程与各专业分包工程施工界面划分详见附件 2 承包人施工范围与各专业分包工程界面划分。

承包人承诺在总承包工程与专业分包工程拼缝、连接或收口处由承包人负责落实拼缝、收口等工作，承包人不得以施工界面划分为由拒绝承担相应的施工工作。否则，发包人有权自行或委托第三方施工，因此发生的费用及延误的工期由承包人承担，并且每发生一次违约行为，承包人应向发包人支付【 】万元的违约金。

2.4 发包人指定分包工程

以下工程由发包人指定分包，发包人确定分包单位后，承包人必须配合发包人及发包人指定分包人签署相关协议（包括三方协议、总承包管理协议等），由承包人负责承担总承包管理责任，负责承担工期、质量、安全等管理义务，具体按照附件 3 承包人对分包单位的管理责任执行。

发包人指定分包的工程：_____。

第二章　合同价款及支付

3 签约合同价

人民币（大写）_____（￥_____元）。不含增值税金额为人民币（大写）_____（￥_____元），增值税税金为人民币（大写）_____（￥_____元）。

如本合同签订后国家调整增值税税率的，双方约定：已开票的按开票的税率执行，未开票的则按调整后的税率执行。

本合同签订前，如法律法规、规章和政策发生变化引起工程造价增减变化的，相关风险由承包人自行承担。

4 合同计价方式

4.1 合同价格形式

本合同采用措施费总价包干及分部分项清单综合单价包干的合同计价方式。

工程量按实结算。附件工程量清单系承包人核实施工图纸后核对并确认的版本，工程量清单报价中如有缺项、漏项，视为承包人在报价时已在项目单价和合价中综合考虑，工程量清单缺项漏项的风险由承包人承担，合同价格不予调整，结算时清单项不得增补。包干单价已综合考虑了工程量的大小对其的影响，结算时无论是整体 / 批量还是零星 / 少量均执行此价。

总价说明：

上述合同承包价为依据投标模拟工程量清单测算出的工程承包总费用，模拟清单与发包人下发施工蓝图存在工程量差异时，不能作为承包人主张进度款的依据。乙方须在收到发包人施工蓝图后 60 天内按合同清单单价报送施工图预算，并配合发包人在 90 天内核对完毕施工图预算并修正合同暂定总价（需签补充协议给予明确），此暂定总价作为合同进度款支付依据。如未在约定期限内办理合同暂定总价的调整，发包人有权拒绝按合同约定支付工程款。

条款说明：如采用模拟工程量清单招标，则保留上一段"总价说明"，否则可删除。

4.1.1 综合单价风险范围

除本合同有约定外，综合单价不因任何原因，包括但不限于人工、物价、费率等的升降而调整，综合单价包括人工、材料、机械、管理费、利润、损耗、降效、风险费、税金等为完成该清单项目可能发生的一切费用。

承包人在合同价中已充分考虑并评估包括但不限于以下风险及费用：

（1）由于承包人与其他承包人、专业承包人之间的交叉作业或配合而引起的窝工、停工损失；以及施工作业面移交等原因导致不均衡施工对劳动力需求的变化从而出现赶工或窝工。

（2）人工、材料、机械费等变化引起风险（合同中约定的人工、主材调差除外）。

（3）清单项目内因施工工艺需承包人进行深化设计所发生的一切费用。

（4）与各专业之间的衔接、隔断与原结构的连接、原工程的施工误差、水电管线安装与原有管线交叉部位的处理等所发生的一切费用。

（5）由于承包人与其他区段承包人、专业承包人之间的交叉作业或配合而引起的人工和机械的降效。

（6）本合同签订前，如法律法规、规章和政策发生变化引起工程造价增减变化的，相关风险由承包人自行承担。

（7）其他本项目存在特殊性因素和施工难点。

4.1.2 措施费风险范围

条款说明：本条所列风险范围供参考，具体可结合项目需要具体调整。

（1）措施包干费包干范围

措施包干包括但不限于：环境保护措施费、安全文明施工措施费（包括临时设施：现场办公及生活临设及其冬季供暖、临水临电、临时场地租赁、分阶段验收及开业、临建多次拆迁搭设等、安全施工与文明施工费、环境保护等）、二次搬运费、冬雨期施工费、夜间施工措施费、大型机械设备进出场及安拆措施费、场地狭小施工降效费、封闭作业照明费、施工排水降水费（不含打井费用）、道路平整场地硬化、脚手架措施费、垂直运输费、超高工程附加费、地下室增加费、高层建筑增加费、场内高压保护费、交叉作业安全措施费、施工影响场地周边、地上地下设施及建筑物的临时保护费、已完工成品半成品保护费、系统调试费、竣工验收存档资料编制费、各种检测费（包括但不限于混凝土、砂浆、砌体强度现场检测，钢筋保护层、楼板厚度检测，后置埋件的力学性能检测等）、履约担保手续费以及保证工期赶工费和优质优价费用、合同工期内（含工期延长期间）赶工引起的各种材料设备的损耗及增加（含周转材料等）、缩短工期费（包含缩短工期所采用的新技术新材料）、承包范围内图纸深化制作费用、停窝工损失费、施工场地清理及施工垃圾外运（含倾倒、堆放、处理等）、防风措施、特殊工程技术培训费、风险包干费及其他工程量清单中包含的项目。

以上各项措施费用是一项固定的费用，即包干使用。除另有约定外，将不因漏缺项、最终施工图与招标图的清单工程量差异、开工工期的拖延、施工工期的延长、经历冬雨季次数的增加、施工组织设计、施工进度及施工方案调整等因素而调整，在施工图完成后的工程量重新计量及工程竣工结算时均不做任何调整。

本工程措施费总价包干不因工期变动、施工方案变更、设计变更、工程内容增减（本合同约定扣减的除外）等因素调整。

（2）措施费扣减

施工过程中，如承包人未按照经监理及发包人确认的措施方案采取相应的施工措施或者监理人及发包人结合实际施工情况（包括但不限于施工方案调整而导致的措施方案的调整）要求承包人实施的施工措施，承包人未能配合实施的，发包人或监理人在催告后，承包人仍未实施的，发包人有权委托第三方实施或自行实施，相应的费用按照工程量清单费用表当中列明的价格进行扣减，对于工程量清单未列明的措施项目则按照实际发生费用扣减，并以扣减金额为基数加 20% 的发包人管理费，发包人有权从进度款中直接扣除；如因发包人调整施工范围等原因导致工程施工内容减少的，减少造价金额超过合同暂定总价【 】%的，措施费用按相应比例调整。

4.2 合同计量原则

工程量计量按照合同约定的 2024 版工程量计算标准，即按《房屋建筑与装饰工程工程量计算标准》GB/T 50854—2024、《通用安装工程工程量计算标准》GB /T 50586—2024、《市政工程工程量计算标准》GB/T 50857—2024、《园林绿化工程工程量计算标准》GB/T 50858—2024、《构筑物工程工程量计算标准》GB/T 50860—2024、《仿古建筑工程工程量计算标准》GB/T 50855—2024、《建筑工程建筑面积计算规范》GB/T 50353—2013 进行计量。如果约定的工程量计算规则中没有适用的或能合理分解出或推断出的相应计算规则，则按图纸标示的理论净量进行相应工程量计算。

条款说明：请与造价咨询师、工程师核对上述规范等是否为最新版本，或者确定适用哪一版本。

5 变更

本合同项下单项变更不得超过合同金额的【10%】，若单项变更超过合同金额的【10%】，则需签署补充协议。若单项变更不超过合同金额的【10】%，按本条规定变更流程处理。

5.1 变更的范围

条款说明：根据项目实际情况调整。

合同履行过程中发生以下情形的，应按照本条约定进行变更，具体以发包人发出的变更指令为准：

（1）增减图纸中的工程数量；

（2）取消有关工程；

（3）更改有关工程的性质、质量、规格；

（4）更改有关部分的标高、基线、位置和尺寸；

（5）增加工程需要的附加工作。

5.2 变更权及变更流程

本工程实施过程中，仅发包人有权提出变更，监理人或承包人提出变更建议的，经发包人审查批准后方可实施变更，未经发包人书面提出或确认变更的，承包人不得擅自变更，否则发包人有权要求恢复重做，所产生的费用及工期延误的责任均由承包人自行承担。经发包人通知后承包人不配合恢复重做的，发包人有权聘请第三方施工，所产生的费用加上 20% 的发包人管理费均由承包人承担，发包人有权从当期应付工程款中直接扣除。

5.3 变更执行

承包人收到监理人下达的变更指示后，应当在发包人发出变更指示后的【7】日内书面说明实施该变更指示对合同价格和工期（对关键线路）的影响，并按照本合同约定变更估价原则提交变更估价报告。

变更工程量和变更估价以及工期影响的评估不影响履行工程变更，承包人不得以工程变更金额未能确定为由，拒绝履行工程变更，承包人必须在发包人变更指示确定的时间内完成变更工作，若承包人不按发包人指定的时间执行或拒绝执行发包人变更指令要求的内容施工，则发包人有权将该部分内容另行发包于其他单位施工完成该内容，并按下述公式计算的金额从承包人当期工程款中扣除：第三方实施费用乘以 1.2，其中 20% 是发包方及现场施工管理单位的管理费用。

5.4 变更计价

（1）合同价格构成中的工程量清单项目单价已有适用于变更工程的项目单价，按已有的项目单价确定变更价款。

（2）合同价格构成中的工程量清单项目单价只有类似于变更工程的项目单价，可以参照类似项目单价确定变更价款。类似项目是指采用的材料、施工工艺和方法基本相似。

（3）合同价格构成中的工程量清单项目单价没有适用或类似于变更工程的项目单价，按照如下计价依据：

条款说明：该条可结合公司变更估价原则进行调整，该条表述的估价原则作为常用的原则供参考。

a. 计价规则：土建、装饰工程套用《　　　　　》，安装工程套用《　　　　　》，市政工程套用《　　　　》，园林工程套用《　　　　　》。

b. 人工单价及材料单价除合同另有约定外，按实施当月《建设工程价格信息》中建设工程、安装工程材料市场指导价中的"含税价"计算，《建设工程价格信息》中没有的材料单价，合同单价中已包含的材料单价，仍按合同单价中的材料单价，合同单价和《建设工程价格信息》中没有的材料单价，经发包人考察、对比、筛选确定。

c. 需要市场询价的人工或材料必须提交各方 [发包人、监理人（如有）、承包人、造价咨询单位] 确认，并经由发包人最终询价确定。

d. 因承包人技术措施、抢工、场地狭小以及承包人提出为了方便施工、提高工程质量等原因所造成的变更、洽商的工程费用，一律不予调整。

5.5 签证单报送及审核

5.5.1 签证单应按发包人要求报送，签证单应附上签证工程联系单、设计变更书面指令、工程量预算书、计算底稿、签证工程施工照片（照片必须经监理总监、项目管理单位现场负责人及发包人现场代表的共同签字确认）等资料，资料不齐全的，第一次在签证单中扣除违约金【　】元，第二次资料不齐全的翻倍扣减，以此类推，并且在审核的签证单金额中直接扣除。

5.5.2 签证应按照工程实际变更内容准确报送签证造价，签证报送造价不得超过核定签证造价的【　】%，超过的，则按超过【　】% 的部分的双倍支付违约金，违约金金额直接在签证或者结算中扣除。

5.5.3 对负签证少报、漏报或隐瞒不报的，处以少报、漏报或隐瞒不报部分双倍的违约金，违约金金额直接计入签证或结算中。

5.5.4 涉及变更及现场签证的所有文件，均由发包人审批完成加盖发包人公章，如不符合本条要求的，则视作无效签证，不能作为结算依据，承包人不得以发包人代表签字 / 监理人确认为由主张签证变更款项。

5.5.5 承包人应在工程指令、设计变更内容完成并且经验收合格后 7 个工作日内将签证上报监理及发包人，逾期报送的视为承包人让利，发包人不予支付签证变更价款。

变更签证所涉工程款按如下第【　】种方式支付：

（1）经各方确认后的签证费用可以列入当期进度款，按相应比例支付。

（2）在工程竣工结算时统一审核列入结算造价后按合同约定比例支付。

5.5.6 对于隐蔽工程和事后无法计算工程量的变更、指令，承包人必须在覆盖或拆除前，会同监理、发包人现场工程师共同完成工程量的确认。签证单中必须附隐蔽前的照片，隐蔽照片的拍摄承包人需及时联系告知发包人，由发包人组织工程部、成本部等相关部门共同复核实施，隐蔽工程的签证及图片资料需经发包人工程、成本管理部门等相关部门授权代表共同签字确认，否则该部分签证工作内容发包人不予认可，发包人对此项工程产生的费用不予承担。

条款说明：可结合公司内部流程及管理制度确定审批原则。

5.5.7 变更或指令涉及可重复利用的材料时，承包人应在拆除前与发包人商谈确定材料重复利用的内容及其折算金额，否则视为承包人 100% 回收利用，该项材料不予计费。

6 价格调整

6.1 价格调整的范围

除　　　　　外，其他材料价格不予调整。　　　　合同约定工期内市场价格波动超过 5% 时，其超过部分的材料价给予调整。价格调整在完工结算时一并调整。

序号	材料名称	单位	约定的价格变化幅度	备注
1			5%	变化幅度 ±5% 以内（含 5%）不予调整
2			5%	变化幅度 ±5% 以内（含 5%）不予调整
3			5%	变化幅度 ±5% 以内（含 5%）不予调整

6.2 价差计算办法

条款说明：公司可结合自己的调差原则进行调整。

按以下办法调整价格：

1）当材料价格上涨，且（$P_t - P_0$）/$P_0 \times 100\% > 5\%$ 时，

$$C_增 = Q_i \times P_X \times [（P_t - P_0）/P_0 \times 100\% - 5\%]$$

2）当材料价格下跌，且（$P_0 - P_t$）/$P_0 \times 100\% > 5\%$ 时，

$$C_减 = Q_i \times P_X \times [（P_0 - P_t）/P_0 \times 100\% - 5\%]$$

式中：$C_增$——调增工程造价；

$C_减$——调减工程造价；

Q_i——经发包人核定的结算工程量；

P_X——承包人在报价文件中就某材料的修正后的单价（最终确定的报价）；

P_0——【　】年第【　】期《【　】建设工程价格信息》的某材料价格；

P_t——调差公式中 P_t 为调差区间《【　】建设工程价格信息》发布的上述材料价格的算术平均值。

Q_i 计算的规定如下：

商品混凝土的调整范围仅限于工程量计价表中以"m³"为单位的项目，以"项"为单位的项目不包括在可调整范围内。

钢筋调整范围仅限于工程量计价表中以"kg"或"t"为单位的项目，而以"项"为单位的项目以及包含在其他措施项目中的钢筋不在调整范围内 [如砌体拉结筋、措施筋（如垫铁、马镫筋及其他措施筋）等]。

P_t 计算的规定如下：

（1）工程开工至主体结构封顶阶段

分别按地下室、地上主体结构两个时间段分开计算信息价的算术平均值，调整【　】的材料价差。

（2）主体封顶至竣工验收阶段

a.【　】按主体结构封顶至竣工验收时间段计算信息价的算术平均值调整材料价差；

b.【　】按实际施工期信息价的算术平均值（针对二次结构及混凝土装饰面层使用的【　】，以砌筑开始至工程完工）调整材料价差。

（3）各段的施工期间以甲方和监理签认的该段时间为准（注，因乙方原因引起的工期延误与合同工期不符，不予调整）。

材料价差仅计取增值税税金（目前为 9%），其他规费、利润不再计算。

调差计算的总额 $C=（C_增+C_减）×109\%$，计入工程结算总价。

上述条款内所述之价格调差的计算方法仅为计算本工程可调价格建材调差之基准，不能代表建筑工程建材价格的实际市场波动及总体行情。

7 付款方式

7.1 工程进度款支付

（1）本工程不设预付款；

（2）承包人应于每月 25 日前向监理人报送上月 20 日至当月 19 日已完成的工程量报告，并附具进度付款申请单、已完成工程量报表和有关资料，监理人及发包人对承包人提交的工程量报表进行审核，以确定单月实际完成的工程量，发包人和监理人根据已核实的每月工程量进行估值，并按估值金额的【　】% 支付，进度款分如下两个部分支付：

a. 按照承包人提供的月人工费用数额，将应付工程款中的人工费按时足额拨付到承包人开设的工人工资专户。

b. 进度款当中拨付至工人工资专户外的其他款项支付至承包人指定账户。

条款说明：进城务工人员工资支付，结合工程施工所在地关于进城务工人员工资支付的规定，按比例划分进度款。

（3）承包人未能提交获发包人认可的履约保证书时，发包人有权从当期应支付款额中扣除相当于履约保证金全部的价款，直到承包人能提供获发包人认可的履约保证书或工程竣工证书发出时才给予返还。

（4）工程竣工验收备案完成取得竣工验收备案证明，经发包人竣工验收合格并出具竣工验收合格证明后【 】天内，支付至合同暂定总价的【 】%。

（5）结算完成（包含合同内工程量、变更、洽商）后三个月内，支付至合同结算总价的【 】%。

（6）保修期满两年后，发包人发出一般工程保修完工证书后的 45 天内，向承包人支付至合同结算总价的【 】%。

（7）保修期满五年后，发包人发出防水工程保修完工证书后的 45 天内，向承包人支付至合同结算总价的【 】%。

（8）每一次付款前，承包人需向发包人提供同等金额的增值税专用发票，结算完成后，承包人申请付款至结算金额的 97% 前应提供等同于结算金额并且可用于抵扣增值税进项的增值税专用发票，承包人未提供发票的发包人有权顺延支付款项且不承担任何违约责任。

（9）承包人申请支付第一次工程款时须同时提交合同约定的需承包人购买的工程保险单复印件（验原件）。

（10）在发包人支付进度款后，承包人需提供工人工资足额支付的付款凭证，并确保工人工资足额发放到位，否则发包人有权暂停支付下一期工程进度款，直至承包人足额发放工人工资并补充相关支付凭证。

（11）承包人确认发包人及监理人对于进度款的审核仅为初步审核，承包人不得以进度款审核为由拒绝按照本合同约定结算原则进行结算，更不得依据发包人对进度产值的审定来主张结算价款，工程最终造价以竣工结算为准。

7.2 措施费的支付方式

安全文明措施费预付比例为 50%，【 】元，在签订施工合同后且承包人提供本合同约定的履约担保后【 】天内支付。

条款说明：各地可能对安全文明措施费的支付有硬性要求，标准各异，应结合项目当地政策调整。

剩余措施费随工程进度款同比例支付，即：进度措施费 =（措施费总价包干金额 − 已预付安全文明措施费）× 当期应付进度款金额 / 合同暂定价金额。

7.3 罚款扣除

本合同约定的所有违约金、罚款及奖励金均作为合同价款的组成部分，发包人有权选择在进度款支付或结算时扣除，也有权选择在结算后另行主张（结算不视为放弃索赔）。

8 合同结算

8.1 结算工程量的确认

8.1.1 根据发包人提供的施工蓝图并结合有效的变更签证文件计算工程量。

8.1.2 施工过程中经发包人签字及加盖公章确认的符合合同有关规定的有效签证变更资料。

8.2 结算总价的确认

按图施工，按实计算，结算造价主要分以下三个部分：

（1）工程量清单范围内已完工程总价；

（2）设计变更、现场签证增减工程造价；

（3）合同约定范围内材料调差造价。

8.3 结算程序

8.3.1 竣工验收合格后的结算程序

承包人在发包人最终验收合格、竣工验收备案程序完成后，在收到发包人发出结算指令后【60】日内向发包人递交竣工结算报告及完整的结算资料（完整结算资料包括但不限于：结算书纸质版【　】套、结算书电子版【　】份、工程量计算纸质版【　】套、计算书电子版【　】份、竣工图纸质版【　】套、竣工图电子版【　】份、有效的设计变更及签证资料、发包人发出的奖罚通知单等），发包人自收到合格的结算资料之日起【180】日内（不含承包人与发包人的核对时间以及承包人补充资料的时间）结算审核完毕，审定后的结算书作为双方结算工程款的有效依据。承包人未按期提交竣工结算资料或不予配合办理竣工验收备案，发包人审核时间不受本条时间限制，在发包人审核结算期间如涉及保修事宜的，发包人有权暂停结算，并待保修义务全部完成并经验收合格后再继续开展结算手续，结算过程中承包人未按发包人要求进行配合，或经发包人发函后仍不配合结算的，本工程最终结算价格以发包人审定价格为准。

8.3.2 合同终止／解除后的结算程序

承包人应在合同解除或合同终止后【　】天且经验收合格后提供工程的结算资料

（完整结算资料包括但不限于：结算书纸质版【　】套、结算书电子版【　】份、工程量计算纸质版【　】套、计算书电子版【　】份、已完工图纸【　】套、有效的设计变更及签证资料、发包人发出的奖罚通知单等），发包人自收到合格的结算资料后根据现场施工安排通知承包人现场验收已完工工程并核对工程量，承包人不予配合的以发包人验收结果以及发包人现场核对的工程量为准；承包人未按时提交结算资料或提交结算资料后未在发包人要求的时间内按要求补充资料的，发包人无须另行通知，并自行开展验收工作并核对工程量后按照自行核实的现场工程量确定已完工合格工程的结算金额，承包人不得提出异议并认可发包人最终审定的价格。

8.4 工程竣工结算书编制要求

工程竣工结算书按发包人要求进行编制，同时也必须提供工程量计算底稿、完整的变更签证等相关的结算资料。在结算审价过程中，除发包人要求补充资料外，承包人不得再增加任何结算资料（图纸、签证变更单、价格凭证等），送审的结算书中若有错漏项目均作为让利给发包人，不作增加调整。

8.5 承包人高估冒算责任承担

承包人不得高估冒算，如承包人报送的结算价高出发包人审定价【10】%，乙方按以下方式承担违约金：违约金＝（结算送审造价－甲方预（结）算审定价）×10%，在结算款项中扣除。

第三章　合同工期

9 合同工期

9.1 计划开工日期：_____年____月____日。

9.2 计划竣工日期：_____年____月____日。

9.3 工期总日历天数：____天。工期总日历天数与根据前述计划开竣工日期计算的工期天数不一致的，以工期总日历天数为准。

特别约定：承包人注意到计划开工日期仅是暂定的时间，实际开工日期可能受到投资计划、政策变化、项目准备工作等影响，发包人可根据实际情况调整开工时间（与计划开工时间不超过180日），承包人在合同中已考虑这些因素对本工程的影响。任何预计开工日和实际开工日之差异不能构成承包人向发包人索赔工期或费用，或要求调整合同价款的理由。

9.4 工期影响因素

发包人、承包人双方在确定竣工日期及各项控制工期时，已充分考虑如下因素，除本合同约定工期顺延情形外，承包人不得以任何理由主张工期顺延及费用索赔：

（1）可能出现的各种规模的下雨、台风、高温天气、停水、停电、节假日、中考、高考及周边环境等影响因素（不可抗力除外）；

（2）发包人选择专业工程承包单位的合理时间；

（3）劳务市场变化的影响；

（4）为了配合发包人的进度要求，采取的赶工措施；

（5）工程进行期间，向有关政府部门提交其他的审批及许可申请，包括所需的审批、处理及等候时间；

（6）组织、协调及安排各有关单位于工地进行初验，并预留合理的时间于质检部门从到达工地起计到完成正式竣工验收至合格程度所需的时间（包括有关政府部门所需的审批、处理及等候时间）；

（7）完成整个工程场地全面清理以及一切退场工作及人员撤离所需的时间；

（8）施工过程中可能的交叉施工、分包单位影响、发包人可能的迟延支付工程款等因素；

（9）其他依照施工管理承包人应该预见到的预留时间。

10 工期节点及工期处罚

10.1 节点工期

具体工期节点列表如下：

具体工期节点

序号	工期节点	时间
1	地下室顶板混凝土浇筑完成	
2	主体结构封顶	
3	样板间装修完成	
4	外架拆除	
5	室外水、电工程	
6	竣工验收合格	

条款说明： *请结合项目实际情况与发包人需求合理设定节点。*

10.2 工期延误违约责任

10.2.1 节点工期延误违约责任

承包人须保证按约定的节点工期和总工期履行，承包人未达到任一工期节点包括节点工期和总工期要求，发包人有权向承包人索赔，其中节点工期延误的，每延误一天承包人按 2 万元支付违约金；任一节点工期延误达【30】天以上的，发包人有权解除合同，承包人应按照本合同约定退场。总工期未延误的，节点工期违约金可不再计取。

10.2.2 总工期延误

竣工日期后 20 天（含 20 天）以内的，承包人支付违约金 2 万元 / 天；竣工日期延后 20 天以上的部分，承包人支付违约金 5 万元 / 天；竣工日期延后 90 天以上的部分，承包人支付违约金 10 万元 / 天，逾期竣工违约金不设上限。

承包人必须采取一切有效措施保证按有效工期完成，不得延误，除非发生本合同约定的工期顺延的情形，因承包人负责承担工程的总承包管理责任（包括分包单位的工期管理）并收取相应的管理费用，承包人不得以分包单位不配合或交叉施工等原因主张免除工期延误的责任。

10.2.3 竣工验收备案迟延

承包人负责在竣工验收合格后【30】天内，完成工程的竣工验收备案，取得竣工验收备案回执。需要发包人或分包单位配合提供相关文件或授权材料的，承包人及时书面通知发包人及分包单位。迟延取得竣工验收备案回执的，承包人支付违约金【2】万元 / 天，违约金直接从工程款中扣除。承包人负责分包单位的管理，并且负责分包单位与工程有关资料的管理和搜集，承包人不得以分包单位未配合为由主张免责。

10.2.4 特别约定

（1）鉴于工期延误以及未及时办理竣工验收备案手续，会直接导致发包人工程无法按期投入使用，将会进一步导致发包人无法实现经营收益且发包人可能面临向第三方承担违约责任的严重损害后果，承包人明确知悉工期违约的严重危害性，并确认以上节点工期违约金、总工期违约金以及竣工验收备案违约金均可累计计算，不会要求降低违约金标准。除以上违约金外，关于竣工验收备案手续办理特别约定如下：

在本工程竣工验收合格后，不论工程结算或付款是否存在争议，承包人必须无条件按照档案馆要求提交工程档案，以及按竣工验收备案要求提交完整的竣工验收备案所需材料。如需配合提供结算文件，但当时双方结算尚未完成的，承包人无条件配合提供加盖公章的结算文件（该结算文件仅为配合办理竣工验收备案手续及办理房屋初始登记使用，不作为双方实际结算付款的依据）。如果承包人不予配合上述事项，发包人除暂停支付进度款、暂停办理结算外，承包人每迟延一天配合应在上述工期违约金之外，额外向发包人支付【3】万元 / 天的违约金。

（2）节点工期或总工期延误达到【20】天的，发包人如选择将承包人未施工的部分或全部工程另行发包给第三方施工的，第三方施工造价直接从发包人与承包人按照本合同约定计量计价规则得出的结算金额中扣除，同时按照第三方施工造价的【10】% 计取发包人另行发包的管理费。承包人理解并对发包人与第三方关于施工造价的结算结果不存在任何异议。

（3）承包人作为总承包单位负责督促分包单位及发包人直接发包的专业工程，承包人按照本合同及分包合同约定的工期进度执行，并对分包人及专业工程承包人的工期承担连带责任。承包人未取得发包人书面同意，不能给予任何分包人及专业工程承包人其完工日期或（若该约定分包工程是分期完成的）其部分的完工日期任何延长。承包人须把分包人以及专业工程承包人关于分包工程或其部分的进度或完工日期延误的原因的解释通知发包人，发包人须合理地判断同意与否。无论发包人是否同意此日期顺延，均不能免除承包人应按约承担的责任。

11 工期顺延

11.1 工期顺延的条件

11.1.1 变更引起工期顺延

经发包人指令变更对关键施工影响引起工期变化的，按照实际影响天数顺延工期，非关键线路影响则不构成工期顺延。

11.1.2 不可抗力因素

不可抗力因素详见本合同关于不可抗力的定义。

11.1.3 其他

政府或发包人对本工程建设项目作出停建、缓建的决定（承包人原因引起的除外）以及异常恶劣的天气因素直接导致工程必须停建缓建的，包括：

（1）平均风力 12 级以上的大风；

（2）3 个小时内降雨量为 150mm 以上的暴雨；

（3）40℃以上的高温天气。

11.2 工期顺延的责任承担

承包人应在工期顺延因素消灭后 7 日内向监理人及发包人报送工期顺延的资料，经监理人及发包人审核确认后给予工期顺延，逾期提报工期顺延资料的视为放弃工期顺延的权利。承包人明确工期顺延也会导致发包人损失，承包人确认不因工期顺延向发包人主张任何索赔，例如人工、材料、机械、措施、施工降效等索赔，相应的风险已经在签约合同价款中考虑。

第四章　工程质量

12 质量标准

12.1 基础标准

本工程质量达到合格标准，符合国家及工程所在省市有关技术、验收规范要求（国家、工程所在省市要求不一致的以其中较高标准者为准）且满足设计及发包人的使用要求。质量标准的评定以国家、行业及地方的质量检验评定标准为依据。

12.2 特殊标准

有关工程质量的特殊标准要求详见本附件 4 技术规范要求及交付标准所要求。当图纸、国家、省市现行技术、验收规范标准与附件 4 不一致时，以最严格标准、规定为准。

12.3 获奖标准

本工程如获得____，发包人奖励人民币____元。

13 质量保证措施

13.1 承包人必须严格履行附件 5 工程质量安全生产承诺书，以及附件 11 施工现场管理要求及奖罚一览表的具体要求，严格执行有关质量安全管理的法律法规和标准，增强安全防范意识，制定具体的质量安全施工方案，并上报发包人 / 项目管理单位 / 监理单位。

13.2 承包人应按附件 6 以及附件 7 的要求编制相应的专项方案及措施文件，建立完善的质量检查制度。

14 施工质量检验

14.1 隐蔽工程检查

14.1.1 隐蔽工程检查程序

工程隐蔽部位经承包人自检确认具备覆盖条件的，承包人应在共同检查前 48 小时书面通知监理人及发包人检查，通知中应载明隐蔽检查的内容、时间和地点，并应附有自检记录和必要的检查资料。

14.1.2 重新检查

无论监理人或发包人是否进行验收，当发包人要求对已经隐蔽的工程重新检验时，承包人应按要求进行剥离或开孔，并在检验后重新隐蔽。如检验合格，则发包人承担因此增加的全部费用，赔偿承包人损失和（或）相应顺延工期；如检验不合格，则承包人应按发包人工程师的指令重新施工，直到检验合格，并承担由此发生的全部费用，工期不予顺延。

14.1.3 擅自隐蔽责任承担

承包人未通知监理人到场检查，私自将工程隐蔽部位覆盖的，监理人有权要求承包人钻孔探测或揭开检查，无论工程隐蔽部位质量是否合格，由此增加的费用和（或）延误的工期均由承包人承担。

14.1.4 不合格工程处理

因承包人原因造成工程不合格的，发包人有权随时要求承包人采取补救措施，直至达到合同要求的质量标准，由此增加的费用和（或）延误的工期由承包人承担。

第五章　工程验收与交付

15 分部分项工程验收

承包人按照施工组织设计的要求完成分部分项工程施工并经自检合格具备验收条件的，承包人应提前 48 小时通知监理人进行验收。分部分项工程未经验收的，不得进入下一道工序施工。分部分项工程的验收资料应当作为竣工资料的组成部分。

16 竣工验收

16.1 工程试车

本工程□需要□不需要进行工程试车。

16.1.1 试车程序

试车内容应与承包人承包范围相一致，试车费用由承包人承担。工程试车应按如下程序进行：

（1）具备单机无负荷试车条件，承包人组织试车，并在试车前 48 小时书面通知监理人，通知中应载明试车内容、时间、地点。承包人准备试车记录，发包人根据承包人要求为试车提供必要条件。试车合格的，监理人在试车记录上签字。监理人在试车合格后不在试车记录上签字，承包人可继续施工或办理竣工验收手续。

（2）具备无负荷联动试车条件，发包人组织试车，并在试车前48小时以书面形式通知承包人。通知中应载明试车内容、时间、地点和对承包人的要求，承包人按要求做好准备工作。试车合格，合同当事人在试车记录上签字。承包人无正当理由不参加试车的，视为认可试车记录。

16.1.2 试车中的责任

因设计原因导致试车达不到验收要求，发包人应要求设计人修改设计，承包人按修改后的设计重新安装。修改设计、拆除及重新安装的全部费用和工期已经包含在合同价款与合同工期中。因承包人原因导致试车达不到验收要求，承包人按监理人要求重新安装和试车，并承担重新安装和试车的费用，工期不予顺延。因工程设备制造原因导致试车达不到验收要求的，由采购该工程设备的合同当事人负责重新购置或修理，承包人负责拆除和重新安装，由此增加的修理、重新购置、拆除及重新安装的费用及延误的工期已经包含在合同价款与合同工期中。

16.2 竣工验收条件

工程具备以下条件的，承包人可以申请竣工验收：

16.2.1 除发包人同意的甩项工作和缺陷修补工作外，合同范围内的全部工程以及有关工作，包括合同要求的试验、试运行以及检验均已完成，并符合施工设计图纸和合同要求。

16.2.2 已按合同约定编制了甩项工作和缺陷修补工作清单以及相应的施工计划。

16.2.3 已按照本工程所在城市城建档案馆和合同约定以及发包人档案规范要求的内容和份数备齐竣工资料，竣工资料主要包括但不限于（详细资料以城建档案馆及发包人档案规范要求为准）：

a. 工程实施概况和大记事；

b. 已完工程移交清单（包括工程设计）；

c. 永久工程竣工图；

d. 列入保修期继续施工的尾工工程项目清单（如果有）；

e. 未完成的缺陷修复清单（如果有）；

f. 各种验收记录表和材料设备检测报告；

g. 工程变更资料；

h. 工程质量事故处理报告（如果有）；

i. 施工期的观测资料；

j. 工程师指示应列入竣工报告的各类施工文件、施工原始记录、施工日志、施工组织设计方案、施工质量技术交底、项目经理任命通知书（含图片和录像数据）以及其他补充的竣工数据；

k. 质量安全监督报告；

l. 质量保修书；

m. 房屋产权办理需要承包人提供之所有资料及光盘。

16.3 竣工验收程序

承包人申请竣工验收的，应当按照以下程序进行：

16.3.1 承包人向监理人报送竣工验收申请报告以及齐全的竣工资料，监理人经审核后认为不具备竣工验收条件的，承包人需进行整改，整改后再提交竣工验收申请报告。

16.3.2 监理人审查后认为已具备竣工验收条件的，监理人向发包人提交竣工验收申请报告，发包人应在收到经监理人审核的竣工验收申请报告后 28 天内审批完毕，发包人审批后未提出异议的，发包人组织监理人、承包人、设计人以及政府职能部门等相关单位进行第一次竣工验收，如第一次竣工验收整体合格仅剩余部分整改问题的，发包人根据验收结果出具第一次竣工验收合格报告，该报告用于办理竣工验收备案，该竣工验收报告载明验收合格日期并非本工程竣工日期。

16.3.3 在第一次竣工验收合格的基础上，承包人应当根据第一次竣工验收结果继续进行整改，待承包人整改完毕后，承包人须向发包人申请第二次竣工验收，待发包人最终验收合格并出具最终的验收合格报告的，本工程才视为竣工验收合格，发包人出具的最终验收合格报告载明的验收合格日期即本工程的竣工日期。

如承包人在第一次验收的基础上，未在发包人指定期限内完成整改并报最终验收的，则发包人无须通知并有权另行委托第三方整改，由此发生的费用增加 20% 的管理费，发包人有权在工程款中直接扣除。

16.3.4 竣工验收合格后【10】天内，承包人应在竣工验收前提交的竣工资料的基础上结合竣工验收合格资料，再一次完整地向发包人提供竣工资料，承包人不得以任何理由拖延提交。

16.3.5 竣工验收不合格的，承包人需进行整改，承包人整改并认为符合验收条件后，承包人应重新提交竣工验收申请报告，并按约定的程序重新进行验收。

16.4 竣工验收特别约定

发包人作为手机制造、生产企业，可能需要在工程竣工验收前将相关的生产及办公设备运送安装至已完工的工程内，承包人应确认发包人可以在竣工验收前将相应的生产设施设备运送至现场并安装及试产，承包人应明确发包人该等行为不影响本合同约定的竣工验收程序，也不视为发包人接收或擅自使用全部工程，承包人也不得以此为由免除自身对工程质量的责任，承包人承诺不会以此为由主张工程已验收合格。

17 竣工日期

以发包人最终出具的竣工验收合格报告显示的验收合格之日为实际竣工之日，承包人确认为竣工验收备案使用的竣工验收合格报告，不可作为竣工验收合格的依据。

18 移交、接收全部与部分工程

工程验收合格后，承包人应在发包人指令的时间内或竣工验收合格后【30】日内完成工程移交手续，并在移交前按如下要求对施工现场进行清理：

（1）施工现场残留的垃圾已全部清除出场；

（2）临时工程已拆除，场地已进行清理、平整或复原；

（3）按合同约定应撤离的人员、承包人施工设备和剩余的材料，包括废弃的施工设备和材料，已按计划撤离施工现场；

（4）施工现场周边及其附近道路、河道的施工堆积物，已全部清理；

（5）施工现场其他场地清理工作已全部完成。

施工现场的竣工退场费用由承包人承担。逾期未完成的，发包人有权出售或另行处理承包人遗留的物品，由此支出的费用由承包人承担，承包人每逾期一天向发包人移交工程，承包人应向发包人支付【2】万元的违约金。

因上述工作而发生的费用由承包人承担，发包人可从应付承包人的任何款项内扣除，因此而产生的全部责任均由承包人承担。

第六章　工程缺陷责任与保修

19 保修

19.1 保修期

工程保修期从工程竣工验收合格之日起算，工程保修期为：

（1）地基基础工程、主体结构工程为设计文件规定的合理使用年限；

（2）屋面防水工程，有防水要求的卫生间、房间和外墙面的防渗漏工程为 5 年；

（3）电气管线工程、给水排水管道工程、设备安装工程为 2 年；

（4）供热和供冷系统工程为 2 个采暖期、供冷期；

（5）装饰装修工程为 2 年；

（6）其他项目保修期约定为 2 年。

19.2 保修责任

19.2.1 承包人收到保修通知并到达工程现场的合理时间：按照保修责任书执行。

19.2.2 保修期内出现质量问题但因承包人未履行保修责任导致保修期满后，质量问题仍未能解决的，承包人仍应承担保修责任，承包人不得以超出质保期为由抗辩不承担保修义务。

19.2.3 对于超出质保期出现的质量问题，如因承包人在施工过程中施工不规范导致，承包人仍应承担维修义务，承包人对施工质量的责任不因质保期满而免除，承包人拒绝维修的，按照质保期内未能修复处理。

19.2.4 承包人经发包人通知不及时进场维修或未在合理期限内修复的或维修后经验收仍不合格的，发包人可不经招标投标程序直接选定第三方维修单位进行维修，维修发生的费用由承包人承担，承包人除承担维修费用外，还应按照实际发生维修费用的 20% 向发包人支付违约金及管理费。

19.2.5 质保期内发生质量问题经维修合格后，相应工程质保期自维修合格之日起重新起算。

19.2.6 承包人应按附件 8 工程质量保修书的要求与发包人签署工程保修责任书，本条与附件不一致的按照附件 8 工程质量保修书执行。

第七章　承发包双方义务及责任

20 发包人义务

20.1 办理施工许可

发包人负责办理建设用地规划许可证、建设工程规划许可证，除这两种许可证外，其他施工所需的手续均由承包人负责办理。

20.2 施工现场、施工条件和基础资料提供

20.2.1 发包人应最迟于开工日期【7】天前向承包人移交施工现场。

20.2.2 向承包人提供施工用水、电力、通信的接驳点。

20.2.3 发包人提供施工场地的工程地质和地下管线资料。

20.2.4 发包人应最迟于开工日期【7】天前向承包人提供测量基准点、基准线和水准点及其书面资料，该资料仅供承包人参考，其资料之准确性及是否适用于整个工地则不予保证，由承包人对该书面资料的准确性进行复核并承担相应的责任后果。

20.2.5 发包人应最迟于开工日期【7】天前向承包人提供【　】套施工图纸，并组织承包人、监理人和设计人进行图纸会审和设计交底，承包人应在收到发包人提供的图纸后的【　】日内对图纸进行复核，发现图纸存在差错、遗漏或缺陷的，承包人应在复核日期届满后的【3】日内通知监理人及发包人，如承包人未能核查出图纸错误的，相应的责任（包括产生的费用及工期延误的责任等）均由承包人承担。

20.3 发包人供应材料与工程设备

由发包人供应的材料设备，按照附件9发包人供应材料设备甲供材设备执行（如本工程无发包人供应的材料设备，则本条不适用）。

20.4 保险

发包人负责购买建设工程一切险/安装工程一切险。

20.5 支付价款

发包人应按合同约定支付工程价款。

20.6 聘请监理人

发包人负责聘请监理人对工程施工进行监督，并在发包人授权的范围内对工程承担监理职责。

20.6.1 总监理工程师：

姓名：【　】；

职务：【　】；

监理工程师执业资格证书号：【　】；

联系电话：【　】；

电子邮箱：【　】；

通信地址：【　】。

20.6.2 监理人行使的其他需要取得发包人批准的权力：

（1）对原设计文件修改和变更；

（2）工程量的增减；

（3）现场签证；

（4）对材料设备（品牌）使用的审批；

（5）更换监理工程师或承包人或其分包人不称职人员；

（6）批准承包人或其分包人提出更换项目经理等主要管理人员。

特别说明：监理人在实际行使上述权力时，承包人应索取监理人已经发包人批准的书面证明（或签字盖章），如监理人未提供发包人书面批准证明的，承包人应以书面形式征询发包人；如发包人回复不予确认或未在合理时间回复确认或承包人未以书面形式征询发包人的，则不视为发包人已予批准监理人行使该等权力，监理人行使该等权力的法律后果不约束发包人，由此发生工期延误的，工期不予顺延；因此发生损失的，均由承包人自行承担。发包人有权单方修改监理人的权力，并书面通知承包人，修改的权力自通知到达承包人之日起生效。

20.7 发包人代表

发包人代表：

姓名：＿＿＿＿＿＿＿＿＿＿＿＿＿＿；

身份证号：＿＿＿＿＿＿＿＿＿＿＿；

职务／职称：＿＿＿＿＿＿＿＿＿＿；

联系电话：＿＿＿＿＿＿＿＿＿＿＿；

电子邮箱：＿＿＿＿＿＿＿＿＿＿＿；

通信地址：＿＿＿＿＿＿＿＿＿＿＿。

发包人对发包人代表的授权范围如下：＿＿＿＿＿＿＿＿。

20.8 其他

发包人按照合同约定组织验收、接收工程。

21 承包人义务

21.1 派驻项目团队

21.1.1 项目经理

（1）承包人派驻的项目经理信息如下：

姓名：＿＿＿＿＿＿＿＿＿＿＿＿；

身份号：＿＿＿＿＿＿＿＿＿＿＿；

建造师执业资格等级：＿＿＿＿＿＿＿＿；

建造师注册证书号：_____；

建造师执业印章号：_____；

安全生产考核合格证书号：_____；

联系电话：_____；

电子邮箱：_____；

通信地址：_____。

（2）承包人对项目经理的授权范围如下：按照施工合同和设计文件严格施工，确保安全生产，按期完成和交付合格产品。权限：参与项目报价和合同签订；组建项目管理班子；指挥工程项目建设的生产经营活动；项目经理签收、确认的文件／事实等均视为承包人确认的文件。

（3）承包人项目经理每月在施工现场的时间要求：每月不少于【 】天。

21.1.2 项目人员

承包人项目人员的构成及资质信息等详见附件 10 承包人主要施工管理人员一览表。

21.2 现场查勘及测量放线

21.2.1 现场查勘

承包人在进场施工前已对施工现场进行勘察，并对施工现场的现状条件有了充分的认知，并充分了解工程所在地的气象条件、交通条件、风俗习惯以及其他与完成合同工作有关的其他资料，不可因现状不利条件向发包人提出索赔。因承包人未能充分查勘、了解前述情况或未能充分估计前述情况所可能产生后果的，承包人承担由此增加的费用和（或）延误的工期。

21.2.2 测量放线

（1）承包人应在发包人提供测量基准点、基准线和水准点及其书面资料后，在开工前进行现场复核，并将复核结果提供给发包人及监理人，经发包人及监理人确认后按照承包人复核结果执行，承包人应对测量放线的复核结果的准确性负责，如因复核结果有误导致费用增加或工期延长的责任均由承包人承担。

（2）施工过程中的全部施工测量放线工作均由承包人负责，承包人应配置具有相应资质的人员、合格的仪器、设备和其他物品。承包人应矫正工程的位置、标高、尺寸或准线中出现的差错，并对工程各部分的定位负责。在施工过程中，对施工现场水准点等测量标志物的保护工作由承包人负责。

21.3 开工准备

承包人应在合同签署后【　】天，且最迟不得迟于开工前，向发包人及监理人提供开工报审表，开工报审表应详细说明按施工进度计划正常施工所需的施工道路、临时设施、材料、工程设备、施工设备、施工人员等落实情况以及工程的进度安排计划。

21.4 施工组织设计及专项方案编制

21.4.1 提交时间

承包人应在合同签署后【　】天内向发包人及监理人提供施工组织设计及专项施工方案（含应急预案），并在【　】天内组织开展施工方案的专家评审，费用由承包人承担。承包人按评审意见修改施工方案后提交发包人和监理人审核，经其同意后方可执行。承包人逾期提交施工组织设计及专项方案或逾期组织专家评审的，每逾期一天，应支付【2】万元违约金。

21.4.2 编制要求

施工组织设计应包含以下内容，施工组织设计及专项施工方案的具体编制要求详见附件7方案编制要求，包括但不限于：

a. 施工方案；b. 施工现场平面布置图；c. 劳动力及材料供应计划；d. 施工机械设备的选用；e. 质量保证体系及措施；f. 安全生产、文明施工措施；g. 环境保护、成本控制措施等。

21.5 施工现场设置

21.5.1 现场办公及生活房屋要求

向发包人提供施工场地办公和生活的房屋及设施的要求：提供【　】间（【　】m²/间）办公室及会议室【　】间（会议室不小于【　】m²），办公室、会议室必须带有空调（会议室必须带投影仪设备）以及天花板、地面的基本装修，每个座位应具备连接电话、网络等基本的办公条件。办公的房屋必须采用板房，发包人办公室、会议室家私由承包人负责，承包人应充分考虑由于周边道路修建、地块建设等因素而引起的临时房屋或设施的二次重建（如有发生），承包人不得因此而影响发包人的办公使用需要及工程建设进度，有关费用（发包人自行配备办公家私的费用除外）已包含在合同价款中。

21.5.2 道路以及场地硬化

承包人在开工前，应根据场地的建设要求，对承包区域的道路进行硬化（注意预埋管线），并负责道路的维护、管理，不能在道路上随意堆放材料；施工道路应充分考虑总包及各分包单位的施工需求，若存在道路不畅的情况，承包人应及时修建或修整；承包人应对材料堆放、加工场地、施工通道等位置进行硬化处理，并负责日常维护、保养。

21.5.3 承包人在施工现场的布置点以及方案需经发包人审批确认，承包人应充分考虑施工现场实际因素，如施工现场不能满足承包人设置办公用房、临时生活设施、仓储等要求的，由承包人自行解决并承担相应费用。

21.6 施工水电要求

（1）在发包人提供水电接驳点的情况下，由承包人自行负责接驳并承担一切费用，费用包含在合同价款中，如现有施工用水指标无法满足施工要求，由承包人自行解决并自行承担费用。

（2）如用电负荷不能满足现场施工需求，由承包人自行解决，承包人应自备备用的发电机组设备。

（3）施工临时变压器、专用柜、电缆由承包人负责维护保养。在工程正式电接通后，施工临时变压器、专用柜、电缆由施工单位负责回收处理，回收残值定为【　】万元整，工程竣工验收后3个月内施工单位负责将回收的【　】万元残值支付至发包人指定账户。

（4）承包人办理水电费的过户手续，并承担所有的水电费用，发包人在承包人进场后不再承担相应的水电费用。

（5）承包人自行与电信部门协商解决施工、发包人及相关服务单位的现场通信接驳位置；由此产生的相关费用已包含在合同价款中，发包人不另行支付。

21.7 施工许可手续办理

除建设用地规划许可证、建设工程规划许可证以外的其他施工所需手续，均由承包人负责办理，承包人在报价中已经考虑相关的办理许可或批准的费用，承包人可不再另行向发包人主张费用，具体包括但不限于如下手续：

（1）承包人需在合同签订后【　】个月内办理本工程施工许可证所必需的行政许可手续及其他手续，以达到本工程能够合法开工的目的，未能按时办理完成施工许可证的，每逾期一天需支付【2】万元的违约金。

（2）承包人办理全部施工过程中涉及的停水、停电、中断道路交通、爆破作业、夜间施工、环保许可等特殊作业的有关批件，并保证上述批件在整个工程施工期间持续有效。

（3）发包人指定施工场地与城市市政道路的通道位置，由承包人自行开通通道及办理相关手续，以达到合法开通通道及使用的目的。

（4）施工期间占用道路时，承包人应当与当地交通、交管、城管部门进行协调，以达到占用道路的目的。

（5）室外给水排水管网与市政管网接口的清理、疏通，办理与市政管网的接口手续、排水许可证、通水执行单等。

（6）特别说明：①承包人办理上述事项所发生的各项费用，均已包含在合同价款中，由承包人承担并具体对外支付，发包人不另行额外支付。②除发包人无正当理由不依法予以配合外，如承包人因过失／主观故意／疏忽等原因不履行及／或不及时履行及／或不完全履行上述事项的，工期不予顺延，并且，承包人除应当按照合同约定承担违约金外，如因此造成发包人损失的，前述违约金不足以弥补发包人经济损失的部分，承包人还应当予以赔偿，发包人有权从应付的工程款中直接扣除。

21.8　工程照管与成品、半成品保护

21.8.1　自发包人向承包人移交现场之日或发包人通知承包人进场之日起（以两者之间日期较早起算），承包人应负责照管工程及相关的材料、工程设备等，直至工程竣工验收合格且承包人将工程全部移交给发包人之日止，承包人应当制定成品、半成品保护专项措施方案。

21.8.2　在承包人负责照管期间，工程、材料、工程设备损坏的，均由承包人负责修复或更换，并承担由此增加的费用和（或）延误的工期，并且每发生一次，承包人应向发包人支付【2】万元的违约金。

21.9　施工进度计划

21.9.1　承包人应在合同签署后【　】天内根据合同工期要求以及工程技术要求编制施工进度计划报发包人及监理人审核，并按照发包人及监理人意见进行修订至发包人及监理人确认。

21.9.2　承包人应当按照发包人及工程师的书面形式认可的施工组织设计和工程进度计划，于每月25日前向发包人及监理人提报本月月报以及下一月的月度施工进度计划，于每周例会前1天或每周的周日之前（以二者先到者为准）向发包人及监理人提报本周（上星期日至本周星期六）实际工程进度记录及下一周的周进度计划。

21.9.3　特别说明：承包人在施工过程中根据现场施工情况制定并修改施工组织设计及工程进度计划，仅是为了让发包人清晰后续施工进度以及承包人对施工进度的控制和保障措施，不代表发包人认可工期按照新的施工组织设计及工程进度计划执行，不代表发包人免除承包人工期延误的责任，承包人不得以发包人最新批准的施工组织设计及工程进度计划为由，主张工期延误已经过发包人认可并主张免予处罚。

21.10 安全文明施工与环境保护

21.10.1 安全文明施工要求

21.10.1.1 安全生产要求

（1）承包人应当按照有关规定编制安全技术措施或者专项施工方案，建立安全生产责任制度、治安保卫制度及安全生产教育培训制度，安排施工安全生产责任人员，并按安全生产法律规定及合同约定履行安全职责，如实编制工程安全生产的有关记录，接受发包人、监理人及政府安全监督部门的检查与监督等。

（2）在施工过程中，如遇到突发的地质变动、事先未知的地下施工障碍等影响施工安全的紧急情况，承包人应及时报告监理人和发包人，发包人应当及时下令停工并报政府有关行政管理部门采取应急措施。

（3）承包人应在开工前，对所承建的工程项目的风险进行识别、评价，确定重大风险因素，并制定有针对性的风险控制管理措施和必要的现场应急处置方案，经监理项目组审核，报业主项目组批准后组织实施。同时，每月制定下个月的风险清单和控制管理措施，现场公示并专人检查督促落实。每项施工作业开始前，承包人应结合安全交底对作业人员开展本项作业的安全风险交底，具体目标及方案要求详见附件 12 重大危险源控制目标和管理方案清单。

21.10.1.2 特别安全生产事项

（1）承包人应按照法律规定进行施工，开工前做好安全技术交底工作，施工过程中做好各项安全防护措施。承包人为实施合同而雇用的特殊工种的人员应受过专门的培训并已取得政府有关管理机构颁发的上岗证书。

（2）承包人在动力设备、输电线路、地下管道、密封防震车间、易燃易爆地段以及临街交通要道附近施工时，施工开始前应向发包人和监理人提出安全防护措施，经发包人认可后实施。

（3）实施爆破作业，在放射、毒害性环境中施工（含储存、运输、使用）及使用毒害性、腐蚀性物品施工时，承包人应在施工前 7 天以书面形式通知发包人和监理人，并报送相应的安全防护措施，经发包人认可后实施。

（4）需单独编制危险性较大分部分项专项工程施工方案的，及要求进行专家论证的超过一定规模的危险性较大的分部分项工程，承包人应及时编制和组织论证。

21.10.1.3 治安保卫

（1）承包人应保证施工现场以及施工生活区 24 小时均有【　】名治安保卫人员值守。

（2）在工程施工过程中，发生暴乱、爆炸等恐怖事件，以及群殴、械斗等群体性突发治安事件的，承包人应立即向发包人及当地政府报告。发包人和承包人应积极协助当地有关部门采取措施平息事态，防止事态扩大，尽量避免人员伤亡和财产损失。

21.10.1.4 文明施工

（1）承包人在工程施工期间，应当采取措施保持施工现场平整，物料堆放整齐，符合工程所在省市建设工程文明施工的相关规定要求。工程所在地有关政府行政管理部门有特殊要求的，按照其要求执行。

（2）在工程移交之前，承包人应当从施工现场清除承包人的全部工程设备、多余材料、垃圾和各种临时工程，并保持施工现场清洁整齐。经发包人书面同意，承包人可在发包人指定的地点保留承包人履行保修期内的各项义务所需要的材料、施工设备和临时工程。

21.10.1.5 安全文明施工详细标准

承包人安全文明施工的详细标准见附件 11 施工现场管理要求及奖罚一览表，附件标准与本条不一致的按照其中相对更严格的标准执行。

21.10.2 紧急情况处理

在工程实施期间或缺陷责任期内发生危及工程安全的事件，监理人应通知承包人进行抢救，承包人声明无能力或不愿立即执行的，发包人有权雇用其他人员进行抢救，此类抢救按合同约定属于承包人义务的，由此增加的费用和（或）延误的工期由承包人承担。

21.10.3 事故处理

工程施工过程中发生事故的，承包人应立即通知发包人。同时，承包人应立即组织人员和设备进行紧急抢救和抢修，减少人员伤亡和财产损失，防止事故扩大，并保护事故现场。需要移动现场物品时，应作出标记和书面记录，妥善保管有关证据。承包人应按国家有关规定，及时如实地向有关部门报告事故发生的情况，以及正在采取的紧急措施等。

由于承包人原因在施工场地内及其毗邻地带造成的发包人、监理人以及第三者人员伤亡和财产损失，由承包人负责赔偿。

21.10.4 环境保护

（1）承包人应在施工组织设计中列明环境保护的具体措施。在合同履行期间，承包人应采取合理措施保护施工现场环境。对施工作业过程中可能引起的大气、水、噪声以及固体废物污染采取具体可行的处理措施。承包人应在施工现场对扬尘、噪声、废气、废水、废渣等污染进行有效防治，尽量减少由其施工作业引起的污染对公众和财产造成的损害。承包人应确保其活动产生的扬尘、气体排放、地面排水及排污等，不超过政府部门规范要求。

（2）承包人在施工期间，应严格执行省市有关法规的规定，依法文明施工，尽可能减少施工对居民生活的影响。

（3）承包人在开工前应向政府环保部门申报施工期的环保方案。如需夜间连续施工，必须提前到政府环保部门申请核准手续。

（4）承包人必须使用符合《非道路移动柴油机械排气烟度限值及测量方法》等技术规范要求的非道路移动机械。

（5）承包人应当承担因其原因引起的环境污染侵权损害赔偿责任，因上述环境污染引起纠纷而导致暂停施工的，由此增加的费用和（或）延误的工期由承包人承担。

21.10.5 安全文明施工标准及违约标准按照附件11施工现场管理要求及奖罚一览表。

21.11 履约担保

承包人在本合同签署后【　】日内最迟不晚于开工前【7】天，向发包人支付【　】万元的履约保证金，或者提供附件13履约保函格式的不可撤销且见索即付的履约保函。

21.12 保险

21.12.1 承包人应依照法律规定，为其履行合同的全部员工办理工伤保险，缴纳工伤保险费，并要求分包人及由承包人为履行合同聘请的第三方依法参加工伤保险。

21.12.2 承包人应为其施工现场的全部人员办理意外伤害保险并支付保险费，包括其员工及为履行合同聘请的第三方的人员。

21.12.3 承包人未按合同约定办理保险，或未能使保险持续有效的[保险期须由本工程开工至保修期结束或直至任何其他工作（包括缺陷的修补）的完成为止]，发包人可代为办理，所需费用由承包人承担，并且承包人应向发包人支付【　】万元的违约金。承包人未按合同约定办理保险，导致未能得到足额赔偿的，由承包人负责补足。

21.13 样品报送与封存

21.13.1 样品的报送与封存

承包人需报送样品的材料或工程设备，样品的种类、名称、规格、数量等按附件14承包人报送样品的材料设备一览表执行。样品的报送程序如下：

（1）承包人应在计划采购前28天向监理人报送样品。承包人报送的样品均应来自供应材料的实际生产地，且提供的样品的规格、数量可以表明材料或工程设备的质量、型号、颜色、表面处理、质地、误差和其他要求的特征。

（2）承包人每次报送样品时应附申报单，申报单应载明报送样品的相关数据和资料，并标明每件样品对应的图纸号，预留监理人批复意见栏。监理人应在收到承包人报送的样品后7天内向承包人回复经发包人签认的样品审批意见。

（3）经发包人和监理人审批确认的样品应按约定的方法封样。承包人在施工过程中不得使用与样品不符的材料或工程设备。

（4）发包人和监理人对样品的审批确认仅为确认相关材料或工程设备的特征或用途，不可理解为对合同的修改或改变，也并不减轻或免除承包人任何的责任和义务。如果封存的样品改变了合同约定，合同当事人应当以书面协议予以确认。

21.13.2 样品的保管

经批准的样品应由监理人负责封存于现场，承包人应在现场为样品提供适当和相对固定的场所，并保持良好的存储条件。

21.14 承包人采购材料与工程设备

21.14.1 承包人应按照附件15承包人采购材料品牌表的要求采购工程施工所需的材料，承包人采购的材料不符合发包人要求或者质量不合格的或不符合设计要求的，分如下情形处理，因此增加的费用或延误的工期均由承包人承担，并且每发生一次，发包人有权要求承包人支付当批次材料价格总金额30%但不得低于【5】万元作为违约金：

（1）尚未使用的材料，承包人必须在发包人或监理人指定的时间内将材料运入施工现场，并且重新采购符合要求的材料。

（2）已经使用的材料，承包人必须拆除重作。

21.14.2 承包人采购的材料和工程设备，应保证产品质量合格，承包人供应的材料、成品、半成品均须有供货单、原厂证明和质量证书，承包人应将原厂证明和质量证书随当批次材料进场时提供给发包人及工程师审查。

21.14.3 承包人应在材料和工程设备到货前 24 小时通知监理人检验，未经检验的材料或工程设备不得使用，否则发包人及监理人均有权要求承包人拆除并经检验合格后再行使用，无论检验结果是否合格，因此产生的费用及延误的工期均由承包人承担，并且每发生一次，承包人应向发包人支付【2】万元的违约金。

21.14.4 承包人不能只根据标准、规范及技术要求或图纸所述数量、尺寸而不进行实地量度来订购材料、设备或开始施工。承包人因不进行实地量度而导致的错误或虚耗材料、设备，发包人不承担责任。承包人须自行负责采购的材料、设备的准确性。

21.14.5 发包人及监理的审核及检验不能免除承包人对采购的材料、设备的质量、环保等的负责，经发包人或监理人审核后投入本工程使用后，如经有关质量、环保检测部门检验认定不符合合同条款、相关法律法规、验收规范要求的，承包人应承担返工、更换合格材料的责任。给发包人造成损失的，应赔偿实际损失，由此延误的工期不予顺延。

21.14.6 承包人其他材料如超过总进度计划（或经发包人审定的材料进场计划）进货时间 20 天仍不能供货到场，发包人即可按甲供方式另行组织订购该材料，并向承包人收取该材料费 20% 的违约金。

21.14.7 承包人运入施工现场的材料、工程设备、施工设备以及在施工场地建设的临时设施，包括备品备件、安装工具与资料，必须专用于工程。未经发包人批准，承包人不得运出施工现场或挪作他用；经发包人批准，承包人可以根据施工进度计划撤走闲置的施工设备和其他物品。

21.14.8 发包人及工程师对承包人的任何批准、许可使用均不能免除承包人根据合同质量条款、相关法律法规、验收规范等所应承担的责任。发包人代表所签署的材料进场审批文件或其他发包人的批准，不能必然视为发包人已同意对合同约定品牌、厂家、质量的变更，皆不会免除承包人在合同中的任务和责任，也不会导致任何费用的增加。

21.14.9 材料替换

（1）承包人原则上不得对施工材料做任何修改或替换，如因市场采购不到需更换或替换材料，需经发包人书面同意，如遇图纸确定的产品型号厂家停产的，应在同品牌产品内选择相近产品，如指定材料当地无供货，可更换品牌。承包人应对施工材料提前制定计划采购，如出现以上情况无法满足现场施工需要的，应向发包人申请，如发包人有采购渠道的，承包人应按发包人提供厂商购买。如无相关购买渠道，需报发包人同意后方可进行更换替换。

（2）承包人需要使用替代材料设备时，应向发包人和监理人提出申请，时限为：提前 60 日，发包人及监理人应发出书面指示的时限：收到承包人书面请求 15 日内，发包人及监理人有绝对权力批准或不批准。批准应以书面形式发出，否则无效。发包人及监理人的任何批准或不批准不会减轻承包人应承担的材料质量保证责任，在获得批准之前，替代的建议不得实施；使用替代材料设备增减合同价格和产生费用的承担方式：其增加的费用由承包人承担，其减少的费用从合同价款中扣除。

（3）停产产品须有生产厂家的书面函件确认。

（4）所有的设计修改必须由原方案或施工图设计单位作出设计变更，非原设计单位作出的且经发包人设计师确认的设计变更不得作为签证或结算依据。

21.15 工程分包

21.15.1 除发包人书面同意和合同约定外，工程严禁分包。如现场发现未经发包人代表及监理人书面同意的第三方进入现场施工，发包人有权采取勒令停工、驱逐出现场或解除合同等行动，因此造成的一切损失均由承包人承担。

21.15.2 经发包人书面同意的部分工程可以分包，但不能解除承包人任何责任和义务，承包人对分包人承担连带责任，分包合同不得与本合同发生抵触。承包人在分包现场派驻监督管理人员，保证合同履行。分包人的任何违约行为，均视为承包人违约。

21.15.3 对经发包人同意的承包人的分包工程，承包人需在分包工程开工前 30 天提交分包人营业执照、税务登记证、施工资质、其他业绩介绍、进退场时间等资料报监理人审核，发包人审定后执行。延迟申报的，按本条第 1 款处理。承包人应在分包合同签订后 7 日内报发包人备案。

21.15.4 承包人应确保分包人的用工符合国家、地方政府相关规定，且对所属劳务人员的工资及国家规定的社会保险等劳动报酬承担连带责任；承包人未及时履行该连带责任的，发包人有权在承包人工程款中直接扣除相应款项，支付给分包人所属工人并对承包人计收违约金，违约金标准为：发包人代付款项金额的 20%。

21.15.5 承包人对于分包单位的管理责任按照附件 3 承包人对分包单位的管理责任执行。

21.16 进城务工人员管理及工资支付

21.16.1 承包人应当严格遵守进城务工人员实名制管理的要求，并且应当与被招用的进城务工人员签订合同，依据法定规章制度约定工资支付标准、支付时间、支付方式等内容。

21.16.2 承包人进行劳务分包的，必须分包给有资质的劳务公司，承包人负责督促劳务分包单位严格遵守进城务工人员实名制管理的要求，并且与进城务工人员书面约定工资、支付时间及支付方式等。

21.16.3 承包人应严格按照工程所在地关于进城务工人员管理以及进城务工人员分账制度的要求开设进城务工人员工资专户专用于支付进城务工人员工资，并应当按照有关规定存储工资保证金。

21.16.4 承包人应当在工程项目部中配备劳资专管员，对分包单位劳动用工实施监督管理，掌握施工现场用工、考勤、工资支付等情况，审核分包单位编制的进城务工人员工资支付表，分包单位应当予以配合。施工总承包单位、分包单位应当建立用工管理台账，并保存至工程完工且工资全部结清后至少 3 年。

21.16.5 承包人应及时足额地发放进城务工人员的工资，因承包人迟延支付工人工资导致下列事件：

（1）要求发包人支付工人工资；

（2）媒体披露欠薪的情况；

（3）工人因欠薪而向街道办、劳动局、信访等部门投诉；

（4）工人因欠薪而引起的在施工现场或发包人生产经营地聚集讨薪。

承包人明确发包人【 】的品牌价值及企业社会形象，一旦发生该事件，发包人遭受的不仅是财产损失更是品牌价值及企业社会形象的损失，承包人不仅需要支付因处理该事件而产生的费用，还需要向发包人支付赔偿金，对发包人的最低赔偿限额为 70 万元／次。如发包人还有其他损失的，总承包人仍应给予赔偿。连续发生上述事件超过三次，发包人有权解除合同。

此外，发生上述事件中的任何一件，发包人有权直接从工程款中扣取费用支付工人工资，在本工程中，对于劳动者身份的确认以及劳动者主张的工资以劳动者自行提供的资料为准，发包人不负有审核义务，发包人可直接按照劳动者主张的金额代付，并按上述方式索赔。

21.17 竣工资料提交

承包人应在竣工验收合格后【 】天内，在竣工验收前提交的竣工资料的基础上，结合竣工验收合格资料，再一次完整地向发包人提供竣工资料（包括分包单位或发包人另行发包单位应提供的资料），承包人作为总承包单位负有工程所有资料的管理及搜集义务，承包人不得以任何理由（包括分包单位或发包人另行发包单位不配合等理由）拖延提交，每拖延一天，承包人应向发包人支付违约金【2】万元。

21.18　消防安全管理

21.18.1 承包人依据国家有关消防法律法规、建设消防防火规范和合同的约定，对消防安全管理范围内的建筑消防设计、消防工程质量、施工现场消防安全管理及消防组织、灭火救援和消防安全检查等各项事宜承担全面的消防安全管理责任和义务，不论是在其承包范围内还是发包人已将其独立分包。同时，承包人在施工现场采取的消防管理制度、措施，应符合发包人制定的有关安全管理制度和标准。

21.18.2 承包人应确保消防安全管理范围内的所有建筑工程均符合国家及地方政府部门制定的消防防火规范和消防安全标准。

21.19　其他

21.19.1 保证施工场地清洁，符合环境卫生管理的有关规定，清除施工场地内及周围余土、垃圾，生产和临时生活设施摆放整齐，做到工完场清，达到发包人满意状态。

21.19.2 余土、垃圾应及时外运，道路因施工原因造成的余土应及时清理。

21.19.3 承包人在本工程现场的生活临时设施，应在本工程竣工验收合格 7 日之内全部撤离、清理，做到工完场清。否则，发包人有权以每日【2】万元向承包人收取场地占用费，并将此费用从承包人工程结算款中扣除。如果影响本项目投入使用，发包人有权强制拆除、清理，由此发生的费用和造成的责任由承包人负责，造成发包人损失的，承包人还应当赔偿。

21.19.4 干扰与协调：承包人应当清楚地预计到施工期间对外界可能产生的干扰，并采取有效措施最大限度地减少干扰，且应当积极主动与外界进行协调，并保证发包人免于承担由此引起的任何责任。

第八章　违约与解除

22 发包人违约

22.1 逾期支付价款

发包人逾期支付工程价款的，承包人给予发包人 30 天的宽限期，宽限期满后发包人仍逾期支付的，发包人按照中国人民银行同期存款利率标准向承包人支付逾期付款违约金，承包人不得以发包人迟延支付款项为由拖延工期，否则因此产生的工期延误的责任由承包人自行承担。

23 承包人违约

23.1 项目经理

23.1.1 下列条件下，发包人有权要求承包人更换项目经理，由此增加的费用和（或）延误的工期由承包人承担。

（1）项目经理擅离现场或因其他原因（刑事责任、身体原因等）未能在施工现场长达【 】天；

（2）项目经理擅离现场累计发生【 】次的；

（3）项目现场发生安全事故等情况的；

（4）任一节点工期延误长达【 】天的；

（5）发包人及监理人认为项目经理能力不足以胜任的。

23.1.2 项目经理未经批准，擅自离开施工现场的，承包人每次向发包人支付违约金人民币【1】万元/（人·次）。

23.1.3 承包人擅自更换项目经理的，承包人应向发包人支付违约金【30】万元/次。

23.1.4 承包人无正当理由拒绝更换项目经理的违约责任:【30】万元/次。

23.2 承包人人员

23.2.1 承包人无正当理由拒绝撤换主要施工管理人员（包括技术专员、安全专员、质量主任、生产经理等）的违约责任：承包人应向发包人支付违约金【2】万元/（人·次）。

23.2.2 承包人主要施工管理人员离开施工现场的批准要求：经监理工程师和发包人同意。

23.2.3 承包人擅自更换主要施工管理人员的违约责任：承包人应向发包人支付违约金【3000】元/（人·次）；承包人的主要施工管理人员同时兼任承包人其他工程项目的任何职务的，承包人应向发包人支付违约金【2】万元/（人·次）。

23.2.4 承包人主要施工管理人员擅自离开施工现场的违约责任:【2】万元/（人·次），违约金累计计算。

23.3 验收及质量问题整改

（1）隐蔽工程未经验收合格即擅自隐蔽的，承包人除按本合同约定承担增加的费用及延误工期责任外，每发生一次，应向发包人支付【 】万元的违约金。

（2）承包人严格遵守工序验收的规定，上道工序未经验收，承包人即开展下道工序施工的，承包人除承担增加的费用及延误工期责任外，每发生一次，应向发包人支付【 】万元的违约金。

（3）承包人应科学组织、精心施工，确保工程质量达到合同及规范要求。在施工过程中如各分项工程验收质量达不到设计及规范要求的，承包人应按下列标准支付违约金:【1】万元/次；如各分部工程验收质量达不到设计及规范要求的，承包人应按下列标准支付违约金:【1】万元/次违约金累计计算。

（4）在施工过程中，如监理工程师检查发现施工中存在工程质量问题/质量安全隐患，并要求限期整改、承包人未整改或未在规定时间内整改到位的，承包人应按下列标准支付违约金:【2】万元/次；如发包人检查发现施工中存在工程质量问题并书面要求限期整改、承包人未整改或未在规定时间内整改到位的，承包人应按下列标准支付违约金:【3】万元/次；如建设行政主管部门检查发现施工中存在工程质量问题并书面要求限期整改、承包人未整改或未在规定时间内整改到位的，承包人应按下列标准支付违约金:【5】万元/次，违约金累计计算。

（5）混凝土强度等级达不到设计和规范要求的标准，承包人除立即整改或修复之外，每发生或发现一处，承包人按【5】万元/处向发包人支付违约金。由此造成工期延误的不予顺延；由此给发包人造成经济损失的，承包人承担全部赔偿责任。

（6）因承包人责任在施工期间或保修期间出现工程质量缺陷、安全事故或其他原因，受到政府有关部门的通报批评或被媒体报道的，每通报批评或被媒体报道一次，承包人按10万元/次向发包人支付违约金。由此给发包人造成经济损失的，承包人承担全部赔偿责任。

（7）在施工过程中如因承包人原因造成安全事故的按照附件5工程质量安全生产承诺书以及附件11施工现场管理要求及奖罚一览表执行。

23.4 转包、挂靠等违约责任

本工程禁止转包、挂靠、肢解分包以及违法分包，否则视为承包人严重违约，承包人应按下列标准支付违约金：合同价款的20%。若因为承包人转包、挂靠行为，造成发包人被拖入承包人或者第三人发起的诉讼或者仲裁案件，或者因为发包人要求承包人承担违约责任而发起的诉讼或者仲裁，由此使发包人产生的一切费用，包括律师费，均由承包人承担。

23.5 造成第三方损失的承担

因承包人原因（包括但不限于工程质量问题，材料设备质量或制作、安装质量问题，施工问题等）导致任何第三方要求发包人或导致发包人被责令承担任何形式的违约金、赔偿金或履行相应责任时，发包人有权停止支付任何款项，承包人必须妥善解决并赔偿第三方损失。若承包人不赔偿损失，发包人可代为赔偿。发包人在支付相应款项或履行相应责任后，可凭支付违约金、赔偿金或履行责任的证明直接向承包人追偿，同时承包人还应按照上述费用 30% 的标准向发包人支付违约金。

23.6 承包人提交虚假资料

承包人向发包人提交虚假资料的，需按虚假资料所涉及金额的 50% 向发包人支付违约金，发包人在支付该期进度款或结算款前发现承包人提交虚假资料的，有权延迟支付进度款或结算款，虚假资料不涉及金额的按照【1】万元 / 份的标准支付违约金。

23.7 承包人不服从管理

若承包人不服从发包人及监理单位的管理，或拒绝、逾期执行发包人、发包人代表以及监理单位指令、整改指令的，每拒绝执行一次或每逾期执行一天，应向发包人支付【2】万元违约金；承包人违反合同其他已约定的义务的，每违反一次应向发包人支付【2】万元违约金。若承包人的前述行为在合同其他条款已有关于违约责任的约定的，不适用本款约定而仍按其他条款执行。

23.8 承包人单方解除合同

在合同履行期间，承包人非因法律法规及本合同约定的情形，擅自解除合同或中途退场的，承包人应按合同暂定总价的 20% 向发包人支付违约金，如存在发包人未付款项的，发包人有权不予支付。

23.9 因承包人原因导致发包人被政府处罚

政府对发包人的罚款应由承包人承担，并且每发生一次，承包人应向发包人支付罚款同等金额的违约金。

23.10 承包人拒绝执行发包人 / 监理人指令

本工程施工过程中，承包人应无条件执行发包人或监理人就本工程下达的施工指令（违法除外），承包人拒绝执行的，因该指令发生的费用及延误的工期责任由承包人承担。此外，每发生一次违约行为，承包人应向发包人支付【2】万元的违约金。

23.11 发包人处理违约事件发生费用的承担

发包人为处理违约事件所发生的包括调查、公证、诉讼、律师、担保、保全等法律费用在内的所有费用和开支均由承包人承担；承包人支付的违约金不足以弥补发包人损失的，承包人应进一步赔偿包括承包人因违约行为所导致的发包人实际损失以及可得利益损失。

23.12 其他

（1）承包人的项目经理、项目技术负责人、各专业负责人、质量主任、安全主任、专职质量检查员、专职安全员等，必须按发包人和监理人的要求参加每周的工程例会，因故不能参加的应提前 12 小时向发包人提出申请，获得批准后方可缺席，承包人未提出申请或未获得批准缺席工程例会的，则承包人按【2000】元 /（人·次）向发包人支付违约金。

（2）需由项目经理及项目技术负责人签署的文件和资料不得由他人代签，一经发现代签的情形，监理人有权拒收并视为承包人违约，发包人有权在应付工程款中扣除违约金人民币【2000】元 / 次。

（3）承包人不论在任何情况下，施工现场（包括生活区）承包人工人都不得打架斗殴，若发生打架斗殴事件，不论任何理由，每发生一次，承包人按【5000】元 /（人·次）向发包人支付违约金，若触犯法律的，由承包人承担相关法律责任。

（4）承包人未按合同文件约定要求完成专业工程预留、预埋的施工，或未能及时配合或在协作过程中因自身原因造成预留、预埋错误或遗漏的，由承包人负责修复并承担费用，若一次修复仍不合格的，除再次修复并承担费用之外，每增加修复一次，承包人按【2000】元 / 次向发包人支付违约金。

23.13 本合同条款或附件未特别约定违约金标准的，承包人每发生一次违约行为，按照【2】万元 / 次支付违约金，违约金可累计计算。

24 合同解除

24.1 发包人解除权

在下列任一条件成就的情况下，发包人有权解除合同、没收保证金并且承包人应向发包人支付合同总金额 20% 的违约金：

24.1.1 无正当理由未能进场开工，或未履行合同约定中承包人的任何工作及责任，自发包人或监理要求其改正之日起 5 日内仍未采取有效措施并符合合同和发包人要求的。

24.1.2 节点工期延误达【30】天以上的或承包人擅自停工累计达【30】天。

24.1.3 项目安全生产不达标，导致累计被处以红牌（红色警示）【2】次或【2】次以上的。

24.1.4 施工过程出现安全事故的。

24.1.5 因承包人原因导致发包人损失达【100】万元以上的。

24.1.6 承包人转包、挂靠或违法分包或未经发包人同意擅自分包的。

24.1.7 施工期间累计出现【2】次或以上的进城务工人员信访、进城务工人员聚集施工现场讨薪等事件的。

24.1.8 承包人破产、无力偿还债务、发生非重组重建或合并时，失去政府所颁发的实施本合同工作所必需的资质或资格。

24.1.9 在合同履行期间，承包人存在其他违约情形且经发包人催告后仍拒不改正的。

24.2 承包人承诺：因发包人自身战略或计划调整而终止本合同，发包人有权提前7天书面通知承包人解除本协议，对已完成工程量据实结算，其余责任及风险承包人自行承担，不予索赔。

24.3 在下列任一条件成就的情况下，承包人有权解除合同：

24.3.1 发包人强令承包人违法施工的。

24.3.2 不可抗力导致合同不能履行的。

24.4 发包人迟延发布开工通知的处理

因发包人原因造成监理人未能在计划开工日期之日起180天内发出开工通知的，承包人有权提出价格调整要求，如双方无法达成一致的，可以解除合同，双方互不主张损失赔偿。

24.5 合同解除后处理

24.5.1 合同解除或终止后，承包人应在发包人发出解除通知后或合同解除后【 】日内，完成下列全部事项，承包人逾期完成的，任一事项每逾期一天应向发包人支付【 】万元违约金，承包人逾期移交和办理现场交接的视为承包人放弃在现场的材料设备及其他物资，可任由发包人处置：

（1）将全部的施工相关资料移交给监理人及发包人。

（2）撤出全部施工人员，将施工现场移交给发包人，并做好现场交接工作。

24.5.2 合同解除后承包人已提供的材料、工程设备、施工设备和临时工程，如发包人使用的，则由发包人和承包人协商后续使用价款。

24.5.3 合同解除后，对于承包人已完工且质量合格的工程按照合同约定的结算流程及结算原则办理结算，对于质量不合格的工程不予支付价款，并且承包人应对自行施工的工程承担保修及缺陷保证责任。

第九章　不可抗力

25 不可抗力

25.1 不可抗力的确认

（1）不可抗力是指无法避免、不能控制、不能克服的客观情况，包括（但不限于）自然灾害和社会性突发事件，如地震、海啸、瘟疫、戒严、暴动、战争等。不可抗力发生之后，承包人应及时通知发包人，并提供有关主管机构的证明文件给发包人、监理单位确认。

（2）下列三种情形下的异常恶劣气候直接导致工程停建、缓建或给已完工程带来破坏性影响的，则视为不可抗力，反之不视为不可抗力。

①平均风力 12 级以上的大风；②3 个小时内降雨量为 150mm 以上的暴雨；③ 40℃以上的高温天气。

25.2 不可抗力导致的责任承担

因不可抗力事件导致的费用及延误的工期由发包人和承包人按以下约定分别承担：

（1）工程本身的损害由发包人承担；因工程损害导致第三者人员伤亡和财产损失以及运至施工场地交由承包人保管的施工材料和待安装的设备的损害，由承包人承担；

（2）承包人装备损坏、用于本工程的周转材料损坏及停工损失，由承包人承担；

（3）停工期间，承包人留在施工场地的必要的管理人员及保卫人员的费用由承包人承担；

（4）工程所需清理的费用，由承包人承担；

（5）因不可抗力事件延误的工期相应顺延，造成的损失由承包人自行承担；

（6）因不可抗力事件双方人员伤亡由其所在单位负责，并承担相应费用。

第十章　合同定义

26 合同定义

26.1 合同：是指根据法律规定和合同当事人约定具有约束力的文件，构成合同的文件包括本合同签订后双方新签订的补充协议、合同协议书、合同补充条款及其附件、技术标准和要求、图纸、已标价工程量清单或预算书以及其他合同文件。

26.2 技术标准和要求：是指构成合同的施工应当遵守的或指导施工的国家、行业或地方的技术标准和要求，以及合同约定的技术标准和要求。

26.3 图纸：是指构成合同的图纸，包括由发包人按照合同约定提供或经发包人批准的设计文件、施工图、鸟瞰图及模型等，以及在合同履行过程中形成的图纸文件。图纸应当按照法律规定审查合格。

26.4 已标价工程量清单：工程量清单指根据图纸、技术规范，按照《建设工程工程量清单计价标准》及其相应房建与装饰、市政、安装工程等工程量计算规范的有关格式、工程量计算规则等列出的项目名称和相应数量等的明细清单，载明分部分项工程项目、措施项目、其他项目的名称和相应数量以及规费、税金项目等内容。已标价工程量清单是指构成合同的由承包人按照规定的格式和要求填写并标明价格的工程量清单，包括说明和表格。

26.5 其他合同文件：是指经合同当事人约定的与工程施工有关的具有合同约束力的文件或书面协议。

26.6 合同当事人及其他相关方

27.6.1 合同当事人：是指发包人和（或）承包人。

27.6.2 发包人：是指与承包人签订合同协议书的当事人及取得该当事人资格的合法继承人。

26.6.3 承包人：是指与发包人签订合同协议书，具有相应工程施工承包资质的当事人及取得该当事人资格的合法继承人。

26.6.4 监理人：是指受发包人委托按照法律规定进行工程监督管理的法人或其他组织。

26.6.5 设计人：是指受发包人委托负责工程设计，并具备相应工程设计资质的法人或其他组织。

26.6.6 分包人：是指按照法律规定和合同约定，分包部分工程或工作，并与承包人签订分包合同的具有相应资质的法人。

26.6.7 发包人代表：是指由发包人任命并派驻施工现场在发包人授权范围内行使发包人权利的人。

26.6.8 项目经理：是指由承包人任命并派驻施工现场，在承包人授权范围内负责合同履行，且按照法律规定具有相应资格的项目负责人。

26.6.9 总监理工程师：是指由监理人任命并派驻施工现场进行工程监理的总负责人。

26.7 工程和设备

26.7.1 工程：是指与协议书中工程承包范围对应的永久工程和（或）临时工程。

26.7.2 永久工程：是指按合同约定建造并移交给发包人的工程，包括工程设备。

26.7.3 临时工程：是指为完成合同约定的永久工程所修建的各类临时性工程，不包括施工设备。

26.7.4 单位工程：是指在协议书中指明的，具备独立施工条件并能形成独立使用功能的永久工程。

26.7.5 工程设备：是指构成永久工程的机电设备、金属结构设备、仪器及其他类似的设备和装置。

26.7.6 施工设备：是指为完成合同约定的各项工作所需的设备、器具和其他物品，但不包括工程设备、临时工程和材料。

26.8 施工现场：是指用于工程施工的场所，以及在本合同中指明作为施工场所组成部分的其他场所，包括永久占地和临时占地。

26.9 临时设施：是指为完成合同约定的各项工作所采用的临时性生产和生活设施。

26.10 永久占地：是指为实施工程需永久占用的土地。

26.11 临时占地：是指为实施工程需要临时占用的土地。

26.12 日期和期限

26.12.1 开工日期：包括计划开工日期和实际开工日期。计划开工日期是指协议书约定的开工日期；实际开工日期是指监理人及发包人提出的符合法律规定的开工通知中载明的开工日期或承包人实际进场的时间（以两者当中较早时间为准）。

26.12.2 竣工日期：包括计划竣工日期和实际竣工日期。计划竣工日期是指协议书约定的竣工日期；实际竣工日期按照本合同的约定确定。

26.12.3 工期：是指在协议书约定的承包人完成工程所需的期限，包括按照合同约定所做的期限变更。

26.13 保修期：是指承包人按照合同约定对工程承担保修责任的期限，从工程竣工验收合格之日起计算。

26.14 基准日期：邀请报价发包的工程以报价截止日前【28】天的日期为基准日期，直接发包的工程以合同签订日前【28】天的日期为基准日期。

26.15 天：除特别指明外，均指日历天。合同中按天计算时间的，开始当天不计入，从次日开始计算，期限最后一天的截止时间为当天 24：00。

26.16 合同价格和费用

26.16.1 签约合同价：是指发包人和承包人在协议书中确定的总金额，包括安全文明施工费、暂估价及暂列金额等。

26.16.2 合同价格：是指发包人用于支付承包人按照合同约定完成承包范围内全部工作的金额，包括合同履行过程中按合同约定发生的价格变化。

26.16.3 费用：是指为履行合同所发生的或将要发生的所有必需的开支，包括管理费和应分摊的其他费用，但不包括利润。

26.16.4 暂估价：是指发包人在工程量清单或预算书中提供的用于支付必然发生但暂时不能确定价格的材料、工程设备的单价；专业工程以及服务工作的金额。

26.16.5 暂列金额：是指发包人在工程量清单或预算书中暂定并包括在合同价格中的一笔款项，用于工程合同签订时尚未确定或者不可预见的所需材料、工程设备、服务的采购，施工中可能发生的工程变更、合同约定调整因素出现时的合同价格调整以及发生的索赔、现场签证确认等的费用。

26.16.6 计日工：是指合同履行过程中，承包人完成发包人提出的零星工作或需要采用计日工计价的变更工作时，按合同中约定的单价计价的一种方式。

26.16.7 质量保证金：是指按照本合同约定承包人用于保证其在缺陷责任期内履行缺陷修补义务的担保。

26.17 书面形式：是指合同文件、信函、电报、传真、电子邮件等可以有形地表现所载内容的形式。

第十一章 合同生效、送达及争议解决

27 合同生效

发包人和承包人约定本合同自 双方签字盖章后 生效，本合同一式【 】份，均具有同等法律效力，合同一式【 】份，发包人执【 】份、承包人执【 】份。

28 送达

28.1 发包人送达地址

接收人：

联系电话：

送达地址：

电子邮箱：

28.2 承包人送达地址

接收人 1：　　　　　　联系电话：

接收人 2：　　　　　　联系电话：

送达地址 1（项目所在地）：

送达地址 2（承包人经营所在地）：

电子邮箱：

28.3 送达

28.3.1 与合同有关的通知、批准、证明、证书、指示、指令、要求、请求、同意、意见、确定和决定等，均应送达指定联系人。

28.3.2 任何一方合同当事人指定的接收人或送达地点发生变动的，应提前 3 天以书面形式通知对方，未按时履行告知责任造成损失的，由此增加的费用和（或）延误的工期由责任方承担。

28.3.3 电子送达的以送达指定邮箱之日为准，书面送达的以签收之日为准，拒不签收的以信函发出后第 3 日为签收日，由此增加的费用和（或）延误的工期由拒绝接收一方承担。

29 争议解决

因本工程产生争议的，交由工程所在地法院诉讼解决，适用中华人民共和国大陆境内法律法规。

30 合同组成文件

组成本合同的文件及优先解释顺序如下：

（1）本合同签订后双方新签订的补充协议；

（2）本合同及附件文件；

（3）双方磋商本合同条款过程中承包人确认的文件，包括但不限于招标文件、邀请报价、答疑文件、澄清文件等；

（4）现行的标准、规范、规定及有关技术文件；

（5）图纸和技术规格书；

（6）已标价工程量清单；

（7）发包人和承包人双方有关本工程的变更、签证、洽商、索赔、询价采购凭证等书面文件及组成合同的其他文件。

当合同文件内容含糊不清或相互矛盾时，按照有利于发包人的解释或条款执行。

第十二章　合同附件

31 合同附件效力

本合同附件作为本合同补充，与本合同具有同等法律效力，本合同附件与本合同条款有冲突的按照利于发包人的解释执行。

32 附件列表

附件 1：承包人施工范围概述

附件 2：承包人施工范围与各专业分包工程界面划分

附件 3：承包人对分包单位的管理责任

附件 4：技术规范要求及交付标准

附件 5：工程质量安全生产承诺书

附件 6：方案目录清单

附件 7：方案编制要求

附件 8：工程质量保修书

附件 9：发包人供应材料设备甲供材设备

附件 10：承包人主要施工管理人员一览表

附件 11：施工现场管理要求及奖罚一览表

附件 12：重大危险源控制目标和管理方案清单

附件 13：履约保函

附件 14：承包人报送样品的材料设备一览表

附件 15：承包人采购材料品牌表

附件 16：承包人确认的工程量清单

上述附件因篇幅限制，纸质书中暂未收录完整内容，可通过扫描二维码下载 16 个附件的电子版，并根据实际需求修改使用。

文本二　建设工程设计合同

建设工程设计合同

合同编号：＿＿＿＿＿＿＿＿＿

工程编号：＿＿＿＿＿＿＿＿＿

项目名称：＿＿＿＿＿＿＿＿

项目地点：＿＿＿＿＿＿＿＿＿

发包人（甲方）：＿＿＿＿＿＿

设计人（乙方）：＿＿＿＿＿＿

签订日期：＿＿＿＿年＿＿＿月＿＿＿

签订地点：＿＿＿＿＿＿＿＿＿

目　录

发包人（甲方）：＿＿＿＿＿＿＿

设计人（乙方）：＿＿＿＿＿＿＿

发包人委托设计人承担＿＿＿＿＿＿项目工程设计及设计管理任务，现双方经协商一致，签署本合同以资共同遵守。

第一条：本合同签订依据

1.1《中华人民共和国民法典》《中华人民共和国建筑法》《建设工程勘察设计管理条例》。

1.2 国家及地方有关建设工程勘察设计管理法规和规章。

1.3 建设工程批准文件。

第二条：项目概况

2.1 项目名称：＿＿＿＿＿＿

2.2 项目位置：＿＿＿＿＿＿

2.3 项目规模：总规划用地面积＿＿＿m²，计容积率面积约＿＿＿m²，地下室及不计容积率面积约＿＿＿万 m²，总建筑面积约＿＿＿m²。项目已批复的各项规划经济指标详见发包人向设计人提供的相关用地规划许可证及相关批复文件。

第三条：设计依据

3.1 发包人向设计人提交的项目相关批复文件以及设计要求文件（包括但不限于本合同约定的设计要求以及往来函件方式表述的设计要求）；

3.2 发包人出具的设计相关招标文件、投标文件以及中标文件；

3.3 设计有关的法律法规以及规范性文件，包括但不限于：《中华人民共和国城乡规划法》《城市规划编制办法》《城市用地分类与规划建设用地标准》，以及适用建筑规范分析，项目所在地有关的城市规划技术管理规定分析，详细的设计任务书及开发要求、市场和经济分析，可持续性发展的基准，项目所在的省、市有关建筑设计规范。

第四条：设计范围及服务内容

4.1 设计范围

（条款说明：本条可根据项目设计需求自行选择设计范围）

本合同项下发包人委托设计人设计的范围包括如下＿＿＿＿＿＿＿：

（1）概念性总体规划方案设计；

（2）可行性研究；

（3）环境预评估报告；

（4）方案设计；

（5）初步设计；

（6）施工图设计；

（7）BIM 设计。

4.2 具体设计及服务内容

（条款说明：结合需求填写）

4.2.1 概念性总体规划方案设计内容

（1）设计思路研究及汇报：由设计人根据发包人要求、项目定位以及项目区位、项目周边环境特点、发包人的行业特征、项目开发强度、开发规模以及项目所在区域的控制性详细规划、区域规划、城市总体规划等进行项目设计研究，并向发包人出具与汇报设计思路。

（2）用地布局及初步业态功能摆放：提供【　】个以上方案供发包人选择，方案设计成果包括：设计分析说明，包括规划设计理念及构思、土地使用分析说明、交通系统分析图、绿化及开敞空间分析说明、主要经济技术指标；主要设计图纸，包括区域分析图、用地现状图、概念规划总平面图、功能结构规划图、道路交通规划图、绿化景观系统分析图、工作效果图（每个方案匹配一张总体鸟瞰草图）；概念性总体规划必选方案 PPT 汇报；工作模型（模型比例由发包人确定）。

（3）提交最终的总体规划方案以及设计成果：在提供必选方案的基础上结合发包人的项目需求提供最终的概念性总体规划方案及设计成果，包括但不限于现状条件和规划分析、整体项目设计概念及愿景概述、概念思路图、用地功能规划图、功能分析示意图、交通流线规划、典型道路断面、彩色总平面图、开放空间规划图、景观分析示意图、开发强度及高度控制示意图、地下空间利用及出入口示意图、主要经济技术指标、效果图（鸟瞰图【 】张、人视效果图【 】张，包括主要节点及总体建筑体量）、概念性总体规划 PPT 汇报文件。

（4）其他：_____

4.2.2 可行性研究报告内容

4.2.3 环境预评价报告内容

4.2.4 方案设计内容

（1）根据项目相关批复文件以及专家评审意见、总概念规划方案等编制方案设计文件，包括方案设计文件、方案设计说明书、总平面图以及相关建筑设计图纸（包括平面图、立面图、剖面图等）、透视图、鸟瞰图以及模型等（模型比例为：_____ ）。

（2）设计人完成全部方案设计文件后，送发包人及总规划设计单位审查，经审查确认后设计人按规定配合发包人报政府主管部门批准，最终以政府主管部门批复为准。

4.2.5 初步设计及施工图设计内容

（1）完成____栋设计总说明、总平面图、建筑、结构、给水排水（含消防、喷淋）、暖、电气（含防雷与强、弱电，其余到每户配电总厢）、人防配合、通风等各专业及管线综合（含地下室及上部结构的管线综合设计）扩初及施工图设计。

（2）提供设备、材料清单并编制建设项目设计概算文件，包括建设项目总概算表、工程建设其他费用表、单项工程综合概算表、单位工程概算书等。

（3）编制施工图预算文件，根据设计图纸以及批准的工程概算以及国家一级地方有关建设和造价管理的相关规定编制施工图预算，包括但不限于建设项目总预算表、单项工程综合预算表、单项工程预算书等。

（4）初步设计以及施工图设计成果文件编制完成后报发包人以及发包人指定的审图机构、造价咨询机构审查，并根据发包人以及审图机构的建议进行修订调整，最终经发包人、审图机构以及政府主管部门批复确认为准。

4.2.6 BIM 服务：包括 _____。

（*条款说明：本条根据需要描述*）

（1）提供_____ BIM 工作成果，包括建筑、结构、机电专业模型、各专业的综合模型及相关文档、数据。

（2）应采用 BIM 技术进行设计表达，通过 BIM 模型表达建筑外观造型、内部空间、空间的功能和使用效果，表达建筑与外部环境的关系，基于 BIM 进行可视化互动沟通；解决设计阶段的多方沟通、协调问题，把握设计的质量，防范工程风险，并对设计成果进行优化，设计 BIM 成果要满足造价控制和后期施工应用的模型与数据传递要求，以及进一步应用于运维阶段的要求。BIM 设计要求对设计成果完成管线综合、碰撞检查和净空优化工作，对穿过墙体、楼板的管线有预留预埋定位设计。

（3）BIM 模型包括但不限于以下内容：

a. BIM 工作计划报告；

b. 总平面三维体量模型，包括道路、出入口、市政交通接驳、绿化带、已有建筑、待建建筑；必要的标识信息、标识空间用途、表达交通流向；

c. BIM 相关模型文件（含模型信息），包括建筑、结构、机电专业模型，各专业的综合模型，以及相关文档、数据，模型深度应符合各阶段设计深度要求；

d. BIM 可视化汇报资料，包括但不限于效果图、漫游动画、浏览模型等，漫游路线、效果图数量按发包人要求执行；

e. 管线综合 BIM 模型成果；

f. BIM 工程量清单，包括但不限于建筑构件工程量；

g. BIM 模型"冲突检测"报告；

h. 管线综合分析和优化调整，提供基于 BIM 的管线综合系统解决方案；

i. 待建大楼的日照分析、采光分析、室内通风分析模型和绿建分析报告；

j. 应用 BIM 技术进行全程可视化交流服务，重点难点、节点展示及深化设计复核等工作。

4.2.7 项目的建筑节能设计。

4.2.8 编制项目绿色建筑设计报告，并取得相应的绿色建筑设计标识。

4.2.9 专项设计配合

（1）对发包人委托第三方承担的本项目总规划设计、专项设计（包括但不限于人防、景观、智能化、室内装饰、泛光照明、幕墙、钢结构、生产系统设计）等，协助发包人进行评审并提出合理化的意见。

（2）负责做好相关技术接口的协调工作，并结合分项设计配合提供设计修改服务。

（3）配合各专业设备厂商及二次深化设计单位进行专项设计接口确认，并提出书面意见，包括但不限于铝门窗、幕墙等。

（4）完成与主体结构连接的部位的（不包括钢结构、玻璃雨棚、异形结构、大型景观构筑物）施工图设计。

（5）完成从方案至施工图各阶段不同结构体系、不同机电设备系统比对工作，并提出专业及成本意见供发包人决策。

4.2.10 施工报建

（1）配合提供建筑类、规划类的报审、报批需要的所有文件、图纸及电子文件，文件及图纸的数量建议在当地相关部门需要的基础上多准备三份。

（2）因设计人自身原因造成建筑类、规划类、消防类、人防类（如有）相应的报审、报批的内容深度无法达到当地政府要求的，所产生的额外费用由设计人自行承担（包括资质）。

4.2.11 施工配合

（1）参加施工交底，提供施工单位技术指导；

（2）答复施工单位在施工过程中有关设计的问题；

（3）负责完成施工阶段所有相关设计配合服务；

（4）协助发包人进行招标工作，参加招标答疑，提供技术标的评标意见；

（5）按需要提供补充资料给施工单位制作深化施工图及安排施工之用；

（6）审核材料报批文本；

（7）审核承包商所提供的深化施工图，并对承包商送审的材料进行审批，以确保其符合设计意图，提供施工单位技术指导；

（8）审查施工单位的施工替代做法及建议；

（9）参加各阶段中间验收及竣工验收；

（10）审核景观园林、幕墙等与结构配合的相关图纸。

4.2.12 完成从方案阶段开始的建筑面积及各项指标的统计与核对。

4.2.13 完成主要设备材料规格、数量统计与核对。

4.2.14 根据需要，配合发包人完成对新技术新材料应用的研究。

4.2.15 其他 _____

4.3 各专业详细服务范围及设计成果

详见附件 1（条款说明：结合项目需求删减补充）

第五条：发包人向设计人提交的有关资料及文件

5.1 发包人提交资料及文件

发包人提交资料及文件

序号	资料及文件名称	份数	提交日期	有关事宜
1	《建设用地规划许可证》	1		
2	规划设计要点	1		
3	设计任务书	1		
4	地形图（含现状、电子文档）1：500	各1		
5	项目用地红线图（含控制点坐标）	1		
6	项目周边道路及市政管线资料、供电资料	各1		
7	地质勘查报告、水文气象资料	各1		
8	当地审批部门各阶段批文或发包人确认通知书	各1		
9	……			

5.2 除上述发包人需提交的文件外，设计人不得以发包人提交文件不足等为由拖延设计或提交不符合约定的设计成果。

5.3 设计人收到发包人提供的工程设计依据文件及设计的基础资料后，应仔细阅读，如发现任何不明晰、失误或缺陷，应在3日内向发包人提出书面意见，设计人对发包人提供资料的理解的准确性自行负责，未提出或逾期未提出的，设计人不得以发包人提供资料错误为由主张返工费用或对设计错误、设计不周免责。

第六条：设计人应向发包人交付的设计资料及文件、服务周期

6.1 设计阶段：规划、方案设计、初步设计、施工图设计（包括各阶段报建所需的图纸配合）

6.2 设计周期（如有特殊要求，另行商议）

6.2.1 概念规划方案设计：合同签署后【 】天。

6.2.2 可行性研究报告：合同签署后【 】天。

6.2.3 环境预评价报告：合同签署后【 】天。

6.2.4 方案设计：合同签署后【 】天。

6.2.5 初步设计：方案设计报建通过（政府批复为准）后【 】天。

6.2.6 施工图设计：初步设计报建通过（以政府批复之日为准）后【 】天。

具体的设计周期及成果文件如下：

设计周期及成果文件

工作内容	设计人提交设计成果的时间	备注
一、概念性规划方案　提交图纸份数:【　】份		
二、可行性研究报告		
三、环境预先评价报告		
四、方案设计【　】天　提交图纸份数:【　】份		
1. 提交方案设计全部成果文件	发包人通知后【　】天	
2. 协助发包人准备方案报建所需设计院提交的所有资料	发包人通知后【　】天	
3. 结合发包人以及政府主管部门审查意见修改后提交最终版方案设计全部成果文件	发包人通知后【　】天	
4. 各专业与发包人进行结构合理选型、机电设备选型等优化设计的深化工作		等候报建过程中
五、初步设计阶段【　】天　提交图纸份数:【　】份（含报建图）		
1. 各专业进行初步设计全部成果文件	发包人通知后【　】天	
2. 根据发包人的意见,对初步设计图纸微调,最终提交正式的报建初步设计图纸		
3. 根据政府报建批文的意见,各专业对初步设计成果进行调整		
六、施工图设计阶段【　】天　提交图纸份数:【　】份（含报建图）		
1. 提交全部施工图设计成果并报施工图审查	发包人通知后【　】天内	
2. 审图工作完成后,根据审图意见对施工图的图纸进行调整	一周	
3. 提交报建施工图,等候审批		时间视政府审批情况而定（二至四周）
4. 施工图报建通过后,根据政府报建批文的意见,各专业对施工图成果进行调整		
5. 最后提交正式施工的施工图成果		
6. 提交施工图预算文件		
七、BIM 设计文件		
1. 提交 BIM 成果文件		

6.2.7 设计文件编制内容和深度符合中华人民共和国住房和城乡建设部《建筑工程设计文件编制深度规定（2016 版）》规定。

（条款说明：根据公司需求确定设计文件编制内容及深度要求）

6.2.8 成果制作约定

（条款说明：根据项目需求约定）

为保证图纸成果的规范性，并能达到政府报建要求及发包人对图纸的理解与后期图纸管理，现约定如下：

（1）CAD 文件一律用 AUTOCAD2006 软件以下版本绘制，图形名称及层名应用中文分类设定。

（2）总图绘制须在发包人提供之电子版"红线母图"上进行，不得移动、旋转、涂改母图的坐标及母图其他有利建筑、道路定位的基础内容，总图绘图比例为"1 个绘图单位 =1mm"。

（3）对不按此约定而造成的成果表达不清、不准确，发包人有权要求设计人返工，设计人无正当理由拒绝修改完善而造成发包人直接损失的，双方协商确定赔偿金额。

第七条：设计费收费标准及支付进度

7.1 本合同总设计费暂定为人民币：_____（大写_____元）[其中不含税总价为人民币：_____（大写_____元）；增值税金为人民币：_____（大写_____元）]，最后按照政府主管部门审查通过的施工图所涉的实际建筑面积结算，税金按照国家政策调整。费用组成如下：

费用组成

序号	设计内容	单位	建筑面积	设计单价（元 /m²）	合价（元）	备注
一	概念性总规划方案					
二	可行性研究报告					
三	环境预评价报告					
四	方案设计					
1	厂房	m²				
2	宿舍	m²				

续表

序号	设计内容	单位	建筑面积	设计单价（元/m²）	合价（元）	备注
3	生活馆	m²				
五	扩大初步设计					
1	厂房	m²				
2	宿舍	m²				
3	生活馆	m²				
六	施工图设计					
1	厂房	m²				
2	宿舍	m²				
3	生活馆	m²				
七	施工图预算					
八	BIM 设计服务					
九	装配式设计					
十	现场施工配合及专项设计配合					
十一	合计					

特别说明：本设计合同已提及的服务范围未单列费用的视为设计人已经综合考虑到设计费组价中，设计人不再向发包人主张其他费用

7.2 设计费支付进度

设计费支付进度

序号	支付比例	金额（万）	付款时间
一	概念性总规划方案阶段		
1.1	定金，该阶段费用的【　】%		本合同生效后【　】天
1.2	该阶段费用的【　】%		出具【　】个以上必选方案，并向发包人作正式汇报后【　】个工作日
1.3	该阶段费用的【　】%		出具正式方案，并发包人及发包人委托的第三方审核确认后【　】个工作日
二	可行性研究报告		
2.1	定金，该阶段费用的【　】%		本合同生效后【　】天

续表

序号	支付比例	金额（万）	付款时间
2.2	该阶段费用的【 】%		设计人出具的第一版报告，并通过评审及取得政府主管部门批复文件后【 】个工作日
2.3	该阶段费用的【 】%		设计人出具的最终版报告，并通过评审及取得政府主管部门批复文件后【 】个工作日
三		环境预评价报告	
3.1	定金，该阶段费用的【 】%		本合同生效后【 】天
3.2	该阶段费用的【 】%		设计人出具的第一版报告，并通过评审及取得政府主管部门批复文件后【 】个工作日
3.3	该阶段费用的【 】%		设计人出具的最终版报告，并通过评审及取得政府主管部门批复文件后【 】个工作日
四		方案设计阶段	
4.1	定金，该阶段费用的【 】%		本合同生效后【 】天
4.2	该阶段费用的【 】%		提交全部方案设计文件成果
4.3	该阶段费用的【 】%		方案设计文件经地方审批主管部门成果审查合格或发包人出具确认函确认后【 】个工作日
4.4	该阶段费用的【 】%		工程竣工验收合格后【 】个工作日
五		初步设计阶段	
5.1	该阶段费用的【 】%		方案设计文件经主管部门审查通过后【 】个工作日
5.2	该阶段费用的【 】%		设计人提交初步设计阶段全部成果文件后【 】个工作日
5.3	该阶段费用的【 】%		设计人提交初步设计阶段全部成果文件，经发包人及发包人委托的第三方以及政府主管部门审查通过后【 】个工作日
5.4	该阶段费用的【 】%		工程竣工验收合格后【 】个工作日
六		施工图设计阶段	
6.1	该阶段费用的【 】%		初步设计文件经主管部门审查通过后【 】个工作日
6.2	该阶段费用的【 】%		设计人提交施工设计阶段全部成果文件后【 】个工作日
6.3	该阶段费用的【 】%		设计人提交施工图设计阶段全部成果文件，经发包人及发包人委托的第三方以及政府主管部门审查通过后【 】个工作日
6.4	该阶段费用的【 】%		工程竣工验收合格后【 】个工作日

续表

序号	支付比例	金额（万）	付款时间
七		施工图预算阶段	
7.1	该阶段费用的【　】%		设计人提交全部施工图预算成果文件后【　】个工作日
7.2	该阶段费用的【　】%		设计人提交的最终版的施工图预算文件，并经发包人及发包人委托的第三方审查合格后【　】个工作日
7.3	该阶段费用的【　】%		工程竣工结算后【　】个工作日
八		BIM 设计服务阶段	
8.1	该阶段费用的【　】%		
8.2	该阶段费用的【　】%		
九	施工配合		
9.1	该阶段费用的【　】%		工程开工后【　】个工作日
9.2	该阶段费用的【　】%		工程竣工验收合格后【　】个工作日

7.3 最终设计费面积以通过施工图审查核准为准；实际增减设计面积部分按照费用构成的对应单价调整合同总价款，增加或减少设计面积均需事先获得发包人的书面认可。

7.4 发包人每次付款前，设计人需提供相应数额的合法有效增值税专用发票给发包人，设计人提供发票时必须在发票的备注栏注明建筑服务发生地县（市、区）名称及项目名称。因设计人未提供发票或者提供的发票不符合发包人要求，设计人有权拒绝付款而不承担由此所产生的任何违约责任，且设计人不得据此拒绝履行本合同项下之约定义务。

7.5 以上设计费用包含设计人差旅费、文本制作费、设计制图费、税金以及设计人与其他相关合作单位正常配合的相关费用。

第八条：双方责任

8.1 发包人责任

8.1.1 发包人按本合同规定的时间向设计人提交资料及文件，并对其完整性、正确性及时限负责，发包人不得要求设计人违反国家有关标准进行设计。

8.1.2 发包人变更委托设计项目规模、条件或因提交的资料重大错误，或所提交资料作重大修改，以致造成设计人设计需返工时，双方另行协商费用。

8.1.3 发包人要求设计人比本合同规定时间提前交付设计资料及文件时，设计人应当配合，设计人不再收取赶工费。

8.1.4 在设计人提交的设计成果经确认前，发包人有权在设计人负责的设计及服务范围内对设计人的设计成果提出修订需求，设计人不得以此为由主张增加费用，设计人未按发包人要求的时间进行修订的，每逾期一天应按合同总金额【　】% 承担违约责任。

8.1.5 设计人提交的设计成果经确认后及施工过程中，发包人如有较小修改设计（每次不超过 2 个人 5 天的工作量的变更设计），设计人将不另行收费；发包人如有重大变更设计，以更换超过【　】% 以上设计图纸为标准，甲、乙双方协商另行计费。

8.2 设计人责任

8.2.1 设计人应严格按照《建设用地规划许可证》或《土地使用权出让合同书》的有关规定，有关工程强制性标准，国家和地方技术规范、标准、规程及发包人提出的设计要求，进行工程设计，技术经济指标符合《＿＿＿建筑技术经济指标计算规定》，按合同规定的进度要求提交质量合格的设计资料，并对其负责。发包人或政府部门及委托的相关单位组织对设计人工作或工作成果的任何形式的审查，均不免除或减轻设计人的责任。

8.2.2 设计合理使用年限按国家相关规定执行。设计人不得对已批准或认可的设计擅自做出任何重大增减或修改，如必须修改时，应取得发包人认可。

8.2.3 设计人交付设计资料及文件后，按规定参加有关的设计审查，并根据审查结论负责对不超出设计范围的内容做必要调整补充。协助发包人使方案设计及施工图设计等获得批准。

8.2.4 设计人不得向第三人泄露、转让发包人提交的产品图纸等技术经济资料。如发生以上情况，设计人应向发包人支付合同金额【　】% 的违约金，给发包人造成直接及间接经济损失，发包人有权向设计人索赔。

8.2.5 设计人应高质量完成各阶段设计工作，并对设计文件中由于设计人自身原因出现的遗漏或错误及时修改或补充。并对未按照设计过程中沟通的会议纪要及时进行设计调整，设计人有责任在不增加设计费的条件下进行设计修改和补充，并承担迟延提交设计成果的违约责任。

8.2.6 对于发包人提出的修改设计的需求，设计人在任何阶段均不能以任何理由（包括设计费未协商一致）予以拒绝，并应按发包人提出的时间提交修改后的成果，否则，每逾期一天提交设计成果，承包人应按照合同总金额的【　】%向发包人支付违约金，因此造成发包人工程进度迟延等损失的应另行赔偿发包人损失。

8.2.7 设计人应派专人负责与发包人的所有业务往来。设计人所有要求，均以书面形式通知发包人。

8.2.8 设计人对发包人选择的其他设计单位提供各专业的技术支持。

8.2.9 设计人应按照发包人需求提供用于现场施工的电子版图纸。

8.2.10 设计人提供的施工图中不允许采用索引图集做法的方式。

8.2.11 设计成果应满足的成本控制要求

（1）设计人应做到所有设计方案经济合理，并做到认真计算，如发包人认为设计人在设计过程中存在经济上的不合理现象，有权向设计人提出质疑，设计人应予合理解释并积极配合。

（2）本工程采取限额设计，设计人应有成本控制意识。结构含钢量和混凝土含量、强度等级，应控制在经济、合理的范围之内。下表为限额设计指标：含钢量及混凝土量指标及奖罚约定。

限额设计指标：含钢量及混凝土量指标及奖罚约定

序号	名称或部位	限额设计指标		
1		含钢量		kg/m²
		混凝土用量		m³/m²
2				
备注	1. 以上面积按设计费结算范围内的建筑面积计算。 2. 材料用量指标不包括建筑构造钢筋和施工损耗，含钢量暂不包含型钢结构用量，待方案确定后再重新确定限额设计指标，在设计任务书中明确。 3. 人防地下室的材料指标包括本层顶板、本层竖向构件、本层地面和基础（天然基础、桩基础的承台、地梁等）等的材料用量（此表不包括桩）；上部各层的材料指标包括本层顶板和本层竖向构件的材料用量。 4. 奖罚约定：上下限指标合理的浮动值为整体综合约定指标的【　】% 以内，超出浮动范围的按照本合同约定奖罚			

（3）以现行国家设计规范为基础，PKPM结构计算程序计算出来的结构计算结果为标准。结构施工图的含钢量和混凝土含量应尽量控制在约定指标范围内，计算含量不得超过上表约定指标。若计算含量已超过上表约定指标，设计人应主动采取措施修改设计。

（4）发包人有权自行或委托专业结构咨询公司，按现行国家规范对设计人的施工图进行同模型、同条件的计算复核。咨询结果如不满足上表的约定指标，设计人应无条件对施工图进行优化修改。

（5）设计人对发包人或咨询公司的计算复核有异议，应与发包人一起对设计计算有关的原始数据、重要参数、计算书进行认真研究复核。共同找出问题的原因，设计人并对相应设计进行修改优化。

（6）经过修改优化，确因设计人原因，结构钢筋含量和混凝土含量超过上表约定的指标值范围，并给发包人造成不可挽回的经济损失和成本增加，设计人应承担由此给发包人造成的直接损失，赔偿金额为成本增加总额的20%；赔偿金从设计费中直接扣除。

（7）经过修改优化，结构钢筋含量和混凝土含量低于上表约定的整体综合指标值范围，若含量低于约定指标，并给发包人带来实际成本节约的，发包人根据节约成本总额给予设计人一定金额的奖励。

（8）发包人在编制施工图前初步选定的机电设备只作暂时考虑，待正式签订订货合同后设计人有义务调整设计。设计人应协助参加技术谈判，提供选型和鉴定意见。

8.2.12 关于设计错误等奖罚

设计人对设计文件出现的遗漏或错误负责修改或补充，由于设计人设计错误造成发包人损失的，设计人应采取补救措施并对发包人产生的损失承担赔偿责任 [包括但不限于施工单位停工费用、返工费用、造成第三方损失的赔偿责任以及发包人为此支出的诉讼、律师费、发包人管理成本（按照损失金额的20%计算）等]，还应免收设计错误部分的设计费；如设计错误仅造成进度迟延但未造成其他损失的，设计人应按造成迟延天数承担违约责任，每造成施工进度迟延一天支付【2】万元的违约金。设计人应购买包括本项目在内的《建设工程设计责任保险》，并将保险单复印件交发包人备案。

8.2.13 设计时效性

（1）设计人应按合同约定的进度提交各阶段的设计成果文件，逾期未提交的，每迟延一天，发包人有权以合同总金额的万分之【四】收取违约金并从当期设计费中直接扣除。

（2）为保证设计文件的时效性，应发包人要求或设计本身违反规范或错误或不周，设计人以设计变更通知单形式的局部变更，设计人应在三个工作日内完成在整图中的相应部位修改，并将相应的电子文件报发包人备案；以蓝图形式的变更，设计人应在三个工作日内将相应的电子文件报发包人备案，逾期提交修改意见的，发包人有权按照合同总金额的万分之【四】收取违约金并从当期设计费中直接扣除。

（3）为保证设计人现场服务的有效性，设计人应按发包人工程现场实际需要指派现场代表，若设计人员未能按本合同要求进行现场服务（包括但不限于及时配合发包人进行现场交底的，未按时配合发包人进行招标澄清工作的，未按发包人要求时间配合解答施工单位关于设计问题咨询、协助解决施工过程中技术问题的，材料、施工样板设计效果确认的等），发包人有权按次收取 5000~10000 元违约金；设计人在收到发包人通知、技术核定单、设计联系函后一般变更和修改成果提交时间为 24~48 小时，超过 48 小时的需要和发包人协商。设计人提交设计成果推迟超过【 】天，发包人有权利认定为设计人能力或服务配合不符合发包人要求，每次收取违约金【2】万元。

（4）设计人须配合发包人进行施工验收，并协助发包人取得竣工证明等文件。因设计人无故不予以协助，对发包人造成影响及损失的，设计人承担由此产生的发包人的直接损失和责任，并扣除设计费的【10】% 作为赔偿金。

8.2.14 知识产权及保密责任

（1）设计人了解并确认在与发包人接洽和履行本合同过程中，设计人所知悉或取得发包人经济资料为发包人的商业秘密，设计人承诺严守其保密性，不得向第三方扩散、转让发包人提交的产品图纸等技术经济资料。设计人承诺发包人之商业秘密仅用作本合同约定之目的，不得用作他用。如设计人违反本条规定，设计人应赔偿发包人直接经济损失。

（2）设计人应保证提交给发包人的设计成果不侵犯任何第三方知识产权，包括但不限于专利权、商标、著作权等。若有上述事由发生，设计人应依发包人选择：a. 修改设计成果至不侵权；b. 终止设计且设计人应赔偿发包人因此受到的直接及间接损失。

（3）发包人在付清设计人各设计阶段的设计费【 】% 之后，即拥有相应阶段的工程设计图纸的全部版权及所有权、使用权；设计人有责任保护本项目设计（含发包人提供的其他相关专项设计资料）的知识产权，未经发包人书面同意，设计人不得擅自使用相关成果或者提供给其他任何第三方使用。否则，发包人有权向设计人追索由此而引起的直接或间接的经济损失，并由设计人承担违约金，即合同总金额的 20%。

8.2.15 设计管理要求

（1）项目设计团队成员一览表详见附件2，设计人在进行本项目设计时，若未事先征得发包人同意，不得单方面更换或减少项目组设计成员，设计人擅自更换负责人的，设计人向发包人支付合同总金额【　】%的违约金，设计人未经发包人同意擅自更换其他设计人员的，每发现一人次，设计人向发包人支付合同总价0.1%的违约金，并把人员安排及时调整回来，否则，发包人有权利追加罚款，设计人按每天每人次向发包人支付合同总价0.1%的罚款。如确有必要，须提前知会发包人并得到发包人书面认可（员工死亡、离职、生病除外）。

（2）设计人在任一阶段的设计成果必须得到发包人书面认可，才能进入下一阶段设计，否则设计人的成果将有可能不被发包人认可，造成的损失及迟延交付等违约责任均由设计人自行承担。

（3）设计人有责任配合发包人进行规划报建，建筑、人防、消防、节能、燃气等各专项的方案报建，扩初及施工图等报建文本的制作及出图；设计人应协助发包人向当地政府和有关主管部门进行解释或传达设计意图。如因设计人原因未通过审批，设计人应无偿进行修改和调整设计，直到获得审批。

（4）设计人在施工配合阶段所发出的所有设计变更均需各专业进行会签，并由项目经理签发，加盖相应出图章及注册章，发包人才予以认可，否则视为无效，由此产生的一切责任及费用由设计人承担。

（5）设计人有责任对发包人委托的其他专业设计公司（如景观、室内设计、幕墙等公司）的设计中间成果进行审核和确认。设计人应对其他专业设计公司与建筑相关部分的可实施性进行复核并承担相应责任。

8.12.16 设计人应按照本合同约定完成相应的设计任务及服务内容，设计人不得将本合同项下的设计任务或服务内容转委托由第三方承担，一经发包人发现，设计人应将合同总金额的【　】%向发包人承担违约责任，同时发包人有权选择解除合同。

第九条：合同生效、终止与结束

9.1 本合同需经双方加盖单位印章，并且要有双方单位法人代表或由法人代表授权的委托代理人的签字方为有效；本合同生效日期以双方中最后一方签字（并盖章）的日期为准。

9.2 若设计人发生下述情形之一，发包人有权解除本合同，而不承担任何违约责任，同时发包人有权依照本合同相关规定和法律规定采取相应救济措施。

9.2.1 设计人进行破产或破产和解的程序（提供担保除外）。

9.2.2 设计人有转移资产、抽逃资金或其他丧失声誉及履约能力之情形（提供担保除外）。

9.2.3 设计人将本合同项下的设计任务或服务内容转委托由第三方承担。

9.2.4 设计人任一阶段迟延提交设计成果达【 】天的。

9.2.5 设计人不配合发包人要求进行设计变更或修订设计成果的，经发包人催告后仍拒不改正的。

9.2.6 设计人严重违反本合同规定义务，经过发包人限期改正，无正当理由而未改正者。

9.3 合同终止后果

本合同终止后，设计人应当于发包人指定期间内返还发包人所有商业秘密资料、信息，不能返还的应予以销毁。

第十条：违约责任

10.1 在合同履行期间，发包人要求终止或解除合同，设计人未开始设计工作的，不退还发包人已付的定金；已开始设计工作的，发包人应根据设计人已进行的实际工作量支付设计费。

10.2 设计人因自身原因无法履行合同或因设计人原因导致发包人解除合同的，设计人应退还全部设计费。发包人享有设计人已交付的设计文件及图纸的使用权。并且，设计人应向发包人支付合同总金额【 】% 的违约金。

10.3 合同生效后，设计人无故要求终止或解除合同，设计人应按合同金额的【 】%承担违约金。

第十一条：廉洁条款

11.1 一方保证不向另一方及其相关人员及与本合作有关的任何第三方的雇员或管理、工作人员（包括政府机构职员，以下同），以任何直接或间接的形式，在账外暗中支付任何佣金、报酬或给予回扣，或者提供任何礼品或款待，亦不得邀请一方人员参加带有娱乐性质的宴席，不得以任何形式赠送实物、现金或礼券。

11.2 若一方违反了本条规定，则视为严重违约。违约方应向守约方支付上述全部佣金、报酬、回扣款项或违反本条规定的礼品或招待费用款项（以下统称"回扣"）作为惩罚性违约金，且守约方有权以书面形式通知违约方单方终止本合同，同时保留依法采取进一步法律措施的权利，违约方应承担由此给守约方造成的一切损失。

11.3 发包人监督举报电话：＿＿＿＿＿＿＿；举报邮箱：＿＿＿＿＿＿＿。

第十二条：其他条款

12.1 设计人为本合同项目所采用的国家或地方标准图，由发包人自费向有关出版部门购买。本合同规定设计人交付的资料及文件份数超过《工程设计收费标准》规定的份数，加晒图纸收费标准可参考附件3，每季度结算支付一次。

12.2 本工程设计资料及文件中，建筑材料、建筑构配件和设备应当注明其规格、型号、性能等技术指标，设计人不得指定品牌及生产厂、供应商。发包人需要设计人员配合加工订货时，设计人应当配合。

12.3 发包人委托设计人配合引进项目的设计任务，从询价、对外谈判、国内外技术考察直至建成投产的各个阶段，可以吸收承担有关设计任务的设计人参加，设计人应承担自身费用。

12.4 本合同发生争议，双方当事人应及时协商解决。若协商未果，双方当事人应同意由发包人所在地法院管辖审理。

12.5 本合同一式＿份，发包人执＿份，设计人执＿份，均具有同等法律效力，本合同附件与本合同具有同等法律效力。

12.6 本合同未尽事宜，双方可签订补充协议，有关协议及双方认可的来往电报、传真、会议纪要等，均为本合同组成部分，与本合同具有同等法律效力。

12.7 不可抗力导致的终止合同：如果不可抗力发生，如行政命令、政策法规、罢工、故意破坏、资方停工、禁运、战争、自然灾害（如洪水或地震）或其他超出协议双方控制的事件，因一方无法履行合同，受到不可抗力影响的一方可以提前十五天书面通知对方终止合同。

12.8 不可抗力时的设计费用支付：不可抗力事件发生时，发包人决定终止合同，设计人在合同终止日为止所提供的经发包人确定的设计成果及服务都应得到报酬。

12.9 除本合同另有规定的外，任何发包人依本合同之通知得以电话、传真、邮件、快递等方式为之，并自通话日或送达日起生效，设计人拒绝接收或按照本合同约定的送达地址无法送达的，自发包人发出快递之日起第 3 日视为送达成功。

12.10 当事人一方变更通知地址，并应事先以书面通知他方当事人。

以下无正文

发包人名称（盖章）：　　　　　　　设计人名称（盖章）：

委托代理人（签字）：　　　　　　　委托代理人（签字）：

送达地址：　　　　　　　　　　　　送达地址：

指定联系人：　　　　　　　　　　　指定联系人：

联系电话：　　　　　　　　　　　　联系电话：

　　　　　　　　　　　　　　　　　开户银行：

　　　　　　　　　　　　　　　　　银行账号：

　　年　月　日　　　　　　　　　　年　月　日

附件1：各专业详细服务范围及设计成果

一、建筑设计专业

（一）方案设计阶段

1.与发包人共同审视的设计指标等条件，以尽可能多地争取开发利益（项目总图及指标）。

2.提供不少于三种以上草案，供发包人选择。

3.协助发包人优化工程时间表和造价控制。

4.协助发包人明确项目的重点问题及目标（包括项目区位、现状、周边配套、项目重要分析图等）。

5.准备相关的建筑平面与建筑外立面初步构想（提出概念设计要点并解析）。

6.准备概念设计文件，包括基地与建筑物效果图（鸟瞰图、重要单体透视图）、平面图、建筑外墙立面图、建筑剖面图。

7.准备供批准与监管机构审查的方案设计文本等文件。

8.具体设计内容如下：

（1）总体规划设计

1）区域分析及场地现状；

2）总平面设计说明；

3）总平面图（CAD图及彩色表现图）；

4）经济技术指标；

5）交通、消防分析图；

6）景观概念设计图；

7）日照分析图以及其他必要的分析图；

8）地下室平、剖面布置图；

9）总体规划表现图及模型（1 ：500）等。

（2）单体建筑设计

1）设计说明；

2）标有主要控制尺寸的单体建筑平面；

3）立面及剖面图；

4）工程投资估算；

5）单体建筑表现图等。

（3）效果图

1）总体鸟瞰图【 】张（日景、夜景）。

2）单体透视图【 】张（重要道路节点3张，夜景1张）。

（二）初步设计及施工图设计阶段

1.准备初步设计的文件：初步设计总说明、总平面图、建筑平面图、建筑外墙立面、建筑剖面、建筑设计用料表、主要设计空间放大平面图以及主要设计元素。以上设计文件供发包人审查和批准。

2.准备施工图文件，包括施工图纸和技术说明。

3.协调各专业设计工作。

4.具体设计内容如下：

（1）项目红线范围内场区竖向设计和管网综合扩初施工图设计；

（2）本工程整体地下室扩初施工图设计；

（3）按要求完成室内管线综合图设计；

（4）按国家规范要求的场区无障碍设计；

（5）本工程人防设计内容；

（6）以下各单项设计由发包人另行单独委托，不在本设计范围内。但设计人应在扩初施工图设计中为此部分内容考虑预留、预埋及配套设计，并配合各单项设计单位进行施工图二次设计。这些专项设计包括：

a.幕墙施工图设计；

b.夜景照明设计；

c.室内装饰设计（含钢结构采光顶设计）；

d.环境景观设计；

e.弱电智能化设计；

f.导向标识系统设计；

g.燃气工程设计；

h.地基处理及基坑支护设计；

i.其他＿＿＿＿＿＿＿＿＿＿；

（7）提供各专业设计计算书；

（8）技术经济指标、各业态面积统计表、面积对比表；

（9）电梯参数统计表；

（10）其他过程中要求提供的指标及数据的统计。

二、结构设计专业

（一）方案设计阶段

1. 复核现场、邻近道路、建筑物基础、工程地质的现有资料，并对本项目所需资料提出建议；

2. 针对建筑方案，提出结构设计方案及基础选型方案；

3. 提交工程地质勘察的技术要求，审查工程地质勘察资料和报告；

4. 参与建筑、结构及机电等的协调会议，完善设计；

5. 制备方案审批所需之结构报告。

（二）初步设计及施工图设计阶段

1. 审阅岩土勘察工程报告并提供意见；

2. 制备结构初步设计 / 扩大初步设计审批所需图纸及资料；

3. 综合各部门审核意见在初步设计基础上进行设计深化并完成施工图；

4. 对需要部分进行适当设计修改及补充，并推荐基础类型；

5. 完成结构设计计算书；

6. 出席重要的项目协调会议；

7. 结构设计服务含专业负责人、主设计师等在结构施工期间提供的设计配合。在整个设计过程中设计人会进行方案比较，选择最经济又适用于本项目建筑设计及当地状况的结构方案。

三、机电设计专业

（一）方案设计阶段

1. 研讨发包人提供的设计任务书，明确设计范围和设计概要；

2. 收集当地市政资料及机电系统相关的规定、规程；

3. 进行设计方案比较及优化；

4. 为建筑、结构专业提供方案设计阶段所需的技术条件。

（二）初步设计及施工图设计阶段

1. 根据方案审查意见及相关审批文件，调整设计方案；

2. 为建筑、结构专业提供初步设计阶段所需的技术条件；

3. 在满足国家相关初步设计及扩初设计深度要求条件下提供最优化方案的图纸及说明，并配合发包人完成相关部门报批程序；

4. 配合发包人完成正式报审手续；

5. 派遣相关机电专业人员出席初步设计技术交流会，听取各相关职能部门的意见，进一步完善设计成果；

6. 根据初步设计审查意见及相关审批文件，在初步设计基础上深化并完成施工图；

7. 根据相关专业的要求进行适当的修改及补充；

8. 保持与相关专业设计同步进行；

9. 保持与发包人的协商、沟通，将发包人的要求始终贯彻到设计中；

10. 保持与各配合单位协调；

11. 机电设计服务含专业负责人、主设计师等在机电施工期间进行的必要设计调整配合，与其他设计师及发包人代表、施工代表等共同协调解决施工中出现的问题；

12. 在整个设计过程中，设计人提供不同的空调/水电等设计方案进行比较，以选择最经济又适合于本项目建筑设计及现有市政管网设施的方案。

四、主要设计成果

1. 方案设计成果

（1）设计说明及经济技术指标；（2）总体鸟瞰图及相关效果图，（3）彩色总平面图；（4）总平面图；（5）分析图（包括绿化分析示意图、建筑形态分析图、景观视线分析图、日照、通风分析图、交通流线分析图、道路及竖向设计图、停车示意图、消防示意图、分期建设示意图、总体剖面图、电脑体量研究、其他必要的分析图）；（6）所有单体平、立、剖面图，包括立面材质与说明；（7）项目综合技术经济指标表；（8）其他表达特殊设计意图的图纸；（9）工作模型（比例视需要而定）。

2. 初步设计及施工图设计成果

初步设计、施工图设计成果文件应符合《建筑工程设计文件编制深度规定（2016

版）》中关于初步设计及施工图设计深度要求。

（1）建筑专业

1）设计说明、面积计算；

2）扩初及施工图设计（包括平、立、剖面及相关所有图纸）；

3）必要效果图、典型外立面详图及材料样板。

（2）结构专业

1）设计说明；

2）结构梁、板、柱、墙设计；

3）基础设计；

4）结构设计考虑幕墙荷载；

5）园林钢结构设计；

6）结构设计计算书。

（3）人防工程设计

人防工程设计。

（4）给水排水专业

1）给水、污水、雨水系统；

2）消火栓系统；

3）自动喷淋灭火系统；

4）灭火器配置；

5）外线管网设计；

6）设计计算书。

（5）暖通专业

1）图纸目录；

2）设计说明和施工说明；

3）设备表；

4）设计图纸；

5）计算书（施工图阶段）。

（6）强电专业

1）10kV 配电系统；

2）低压 0.4kV/0.23kV 配电系统；

3）相关的设备房布置；

4）消防应急电源系统；

5）普通照明（不包括二次装修部分）、应急照明系统；

6）防雷及接地系统。

（7）弱电专业

1）火灾自动报警及联动控制系统；

2）卫星天线与有线电视配线系统；

3）安保系统（门禁、巡更、报警、监控等）；

4）背景音乐兼紧急广播、公共广播系统；

5）弱电机房设计（弱电承包商完成此工作）；

6）弱电防雷接地系统设计。

注：

1.除火灾自动报警及联动控制系统、消防广播系统外，对弱电承包方提供的深化设计图纸进行审查，配合弱电承包商了解相应系统的情况及要求。

2.设计人对发包人聘请的承包商的二次机电设计的图纸进行审核，并盖技术审核章。

3.设计人对室内装修设计方的二次机电的设计图纸进行审核，并盖技术审核章。

4.设计人对发包人聘请的弱电智能化深化设计的图纸进行审核，并盖技术审核章。

5.设计人的弱电及机电设计需满足施工图设计的深度。

6.发包方聘请专业顾问公司及酒店管理方配合设计人完善其设计施工图招标任务，设计人范围内的各专业最终设计须达到管理方要求。

五、现场施工配合服务

1.施工期间设计人将负责图纸的技术交底、图纸会审、现场修改出变更单、材料确认及配合参与竣工验收及备案等工作。施工期间设计人应及时进行设计答疑和协调设计工作；设计人在施工过程中就涉及设计意图的问题及时做出解答、补充直至达到符合约定的质量为准。

（1）参加施工交底，提供施工单位技术指导；

（2）答复施工单位在施工过程中有关设计的问题；

（3）负责完成施工阶段所有相关设计配合服务；

（4）协助发包人进行招标工作，参加招标答疑，提供技术标的评标意见；

（5）按需要提供补充资料给施工单位制作深化施工图及安排施工之用；

（6）审核材料报批文本；

（7）审核承包商所提供的深化施工图，并对承包商送审的材料进行审批，以确保其符合设计意图；

（8）审查施工单位的施工替代做法及建议；

（9）参加各阶段中间验收及竣工验收；

（10）审核景观园林、幕墙等与结构或有相关配合的图纸。

2.除作特别说明外，上述各阶段设计成果设计人需按中国建设部《建筑工程设计文件编制深度规定》及设计任务书的要求编制，并须符合各设计阶段政府相关部门或机构审批要求及发包人建设使用要求。

六、对分项设计的配合工作

1.设计人负责配合景观设计的总图、结构、水、电等专业的施工图设计工作及在景观方案设计、初步设计阶段及施工图阶段的技术咨询工作。

2.景观及室内二次装修设计的审核及配合

（1）设计人应按发包人规定时间提交景观设计条件图，对于景观设计方案阶段设计成果和所有设计变更文件，设计人应提出意见并对可实施性进行复核；对于综合管网总图、水、电、结构等专业，设计人应根据景观设计方案阶段的设计成果预留可实施条件。

（2）设计人负责本项目景观及室内二次装修的配合事宜；在设计过程中加强与发包人、景观及内装设计方的沟通和协调；设计人负责发包人和景观及室内二次装修设计方关于建筑设计和景观及室内二次装修设计的技术咨询，对于发包人和景观及室内二次装修设计方提出的相关问题作出及时答复。当景观及室内二次装修设计方与设计人在意见上不能达成共识时，设计人可要求发包人作设计人与景观及内装设计方的协调工作，并由发包人明确最终意见。

3.钢结构设计配合

设计人负责园林小品、建筑入口雨棚、建筑屋顶等建筑设计范围内的钢结构设计及对室内等空间对主体结构有影响的相关设计图进行复核。

4.泛光照明设计配合

设计人应按发包人规定时间提交泛光照明设计条件图，由专业公司负责细化设计。

5. 设计人及施工图设计方特殊智能化设计的配合工作。

6. 门窗幕墙设计配合：设计人全面负责门窗幕墙设计的配合及咨询工作，应按发包人规定时间提交门窗幕墙设计条件图，在门窗幕墙设计过程中对方案提出意见，对门窗幕墙设计成果的合理性和可实施性进行审核，出具审核意见书。

7. 设计人应积极主动与燃气设计公司协调配合，及时向燃气设计公司提供相应的条件图，并对燃气公司设计图纸进行审核，出具书面的审核意见。

8. 设计人应积极主动与电梯公司协调配合，及时向电梯公司提供相应的条件图，并对电扶梯的设计图纸进行审核，出具书面的审核意见。

9. 节能设计由设计人进行设计，同时设计人应积极配合发包人聘请的专业顾问公司对节能设计成果进行审核优化。根据优化结果，无偿对节能设计进行修改和调整。

以上未提及但类似的设计配合工作的参与方式参照上述条款。

附件2：项目设计团队成员一览表

序号	姓名	专业	技术职称	在本项目中拟任职务	联系方式	备注

附件3：加晒图纸收费标准

加晒图纸收费标准

序号	规格	单位	单价（人民币：元）	备注
1	A4	张		
2	A3	张		
3	A2	张		
4	A2+	张		
5	A1	张		
6	A1+	张		
7	A0	张		
8	A0+	张		
9	装订费	册		

文本三　建设工程监理合同

_____项目

建设工程监理合同

工程名称：_____

工程地点：_____

委托人：_____

监理人：_____

合同编号：_____

合同签署地点：_____

合同签署时间：_____

目　录

建设工程监理合同

委托人（甲方）：_____

监理人（乙方）：_____

为了明确责任，保障双方的利益，保证工程顺利进行，经双方友好协商，在双方自愿的基础上，按照《中华人民共和国民法典》《中华人民共和国建筑法》及其他有关法律、法规规定，签订本委托监理合同，以资共同遵守。

第一条：工程概况

委托人委托监理人监理的工程（以下简称"本工程"）概况如下：

1. 工程名称：_____

2. 工程地点：_____

3. 工程规模：_____

4. 工程总投资：_____

第二条：工程监理范围

本合同监理工程范围：本工程全部工程施工阶段所涉及的监理服务。

2.1 按照过程区分：（包含但不限于以下施工阶段）

2.1.1 施工准备阶段；

2.1.2 施工阶段（含公共部分精装修）；

2.1.3 竣工验收阶段（含竣工验收备案阶段）；

2.1.4 工程结算阶段。

2.2 按照工程项目分类：（包括但不限于以下工程）

2.2.1 土方及边坡（基坑）支护工程；

2.2.2 基础工程（含桩基工程）；

2.2.3 建筑工程（结构、装饰、铝合金门窗、幕墙、栏杆、防火卷帘门、钢质防火门、白蚁防治工程、绿色建筑、海绵城市、园林景观、配套工程等）；

2.2.4 安装工程：给水排水、电气（强、弱电）、燃气、泛光照明、节能（含光伏）、空调通风、消防、智能化、防雷、人防及设备安装、配套市政工程、电梯安装工程、配电房安装工程、委托人分包工程、甲供材料设备验收、园林景观、配套工程等；

2.2.5 室外工程：代建道路、道路及室外管网工程、园建绿化工程、环保、VI系统、室外配套工程等；

2.2.6 本工程红线范围内的所有其他单项、分部、分项和零星工程。

2.3 其他委托人需要监理服务的内容。

第三条：工程监理服务期限

本监理服务期限自本合同生效之日起至本工程竣工验收合格、竣工验收备案完成及竣工结算完成之日止，监理人具体的进场服务时间以委托人书面通知之日为准。

第四条：监理计费方式

4.1 监理计费模式

本合同项下的监理付费费用按如下【 】的模式执行：

（1）费率模式

按照监理人提供监理服务的工程对应的建筑工程安装费用的【 】%计算监理费用，建筑工程安装费用按照最终签署的建筑安装工程合同的总金额确定。暂定监理服务费总价为人民币【 】元，无论因任何原因导致发生了附加工作或者延长了持续时间，监理人不得再对此要求增加监理费。

（2）月单价包干计费

本工程监理费用采用每月不含税固定单价包干的形式，每月不含税固定监理费总价为人民币【 】（小写:【 】元），增值税税额为人民币【 】（小写:【 】元），每月含税监理费总额为人民币【 】（小写:【 】元），暂定监理服务费总价为人民币【 】元。工程暂停或停工期间不计付服务费。

（3）服务时长计费

暂定合同总价人民币【 】元（小写:【 】元）。按工程实际开工至工程竣工备案的监理服务期计取。结算时按委托人每月核对的实际监理人数乘以相应综合单价进行结算，具体单价详见下表。

服务费明细

序号	人员分类	监理服务 人员职称	综合单价 （元／月）	在岗累计月数	暂定监理费 （元）	备注
1	总监					
2	土建专业工程师					
3	土建监理员					
4	电气专业工程师					
5	助理电气工程师					
6	给水排水专业 工程师					
7	园林工程师／市 政工程师					
8	资料员					
9	总计					
备注	1. 综合单价已综合考虑人员工资、保险、利润、员工加班费、个人及企业税金、管理费用等全部费用。 2. 监理人承诺如若工期延长，监理人将提供 3 个月 免费服务期，如超过免费服务期，人工综合单价按前述报价 90 ％计。如工程暂停，在停工工期内，不予支付监理费用					

（4）总价包干计费

本工程监理费用采用总价包干的模式，本工程对应的监理服务费含税总价为人民币【　】（小写：【　】元），增值税税额为人民币【　】（小写：【　】元）。本工程施工阶段（自监理人进场至工程竣工验收合格阶段，不含结算阶段）监理服务时长上下变动幅度在【　】个月内的，本工程包干总价不予调整，如服务时长增加超过【　】个月的部分的监理费，根据本合同约定的人工费标准据实计算增加；服务时长减少超过【　】个月的，超过【　】个月的部分，按照总价包干费用的比例扣减监理费。

4.2 监理费变更调整

本工程监理费计费标准不因工程施工工期的延长、物价上涨、人工工资上涨及其他因素的影响而增加。

第五条：监理费的支付方式

5.1 监理服务费支付时间及比例

5.1.1 本合同签订之日起【 】天内支付合同总额的【 】% 作为预付款；

5.1.2 自本工程正式开工之日起每个月支付一次监理服务费进度款（若工程停工的，停工期间监理服务费进度款停止支付），每次监理进度款支付的数额按如下公式计算：_____；

5.1.3 监理服务费累计付至暂定监理服务费总额的 85% 时，停止支付监理服务费进度款；

5.1.4 工程竣工验收、备案完成后 30 日内，支付至暂定监理服务费总额的 90%；

5.1.5 工程竣工资料归档且工程结算完成，双方签署本合同结算协议后，支付至监理服务费结算总额的 95%（监理人需提供结算金额全额发票），余下 5% 在本工程竣工备案完成两年后 28 天内一次性支付。

5.2 月度监理费支付前，监理人需提供监理考勤汇总表单作为支付依据。

5.3 每一次付款前，监理人需向委托人提供同等金额的增值税专用发票，结算完成后，监理人申请付款至结算金额的 97% 前应提供等同于结算金额并且可用于抵扣增值税进项的增值税专用发票，承包人未提供发票的发包人有权顺延支付款项且不承担任何违约责任。

第六条：监理工作详细内容

监理人委派的总监理工程师【 】，电话【 】。

本合同项下的监理服务各阶段内的具体监理工作，应按照《建设工程监理规范》GB/T 50319—2013 及《中华人民共和国安全生产法》《建设工程质量管理条例》《建设工程安全生产管理条例》等规定的监理内容，并结合本工程具体情况对工程施工期和保修期内的工程质量、进度、安全、环保等进行监理，及负责信息和合同管理、协调工程对内和对外沟通，主要包括施工准备阶段、施工阶段的以下七个方面监理工作：质量控制、进度控制、投资控制、安全控制、合同管理、信息管理以及项目组织协调。各阶段的具体工作内容如下：

6.1 施工准备阶段监理工作内容

（1）编制监理规划、监理细则；（2）编写开工准备工作计划；（3）协助委托人办理《建设工程施工许可证》等手续；（4）参与审核设计文件，熟悉并审核设计图纸（包括竣工图），并向委托人提出书面审图意见及合理化建议；（5）协助委托人统一施工和验收标准、规范；（6）组织、参与施工图会审，向委托人提交会审记录；应严格按照现行国家规范和标准、《强制性标准条文》会审图纸并整理审核结果；（7）审查承包人的施工组织设计；（8）审查承包人的材料来源，以及施工人员、施工装备进场情况等，控制进场材料、设备的质量，严格把关；（9）审核及检查施工承包人拟采用的施工机械及检测、计量器具的技术性能以及是否年检；（10）对承包人（包括分包商）的进场队伍的施工技术水准进行评估；（11）组织召开第一次工程例会，明确委托人、监理、承包各方的权利和义务，说明监理工作流程及有关要求；（12）其他施工准备阶段需要进行的监理工作。

6.2 施工阶段监理工作内容

6.2.1 项目质量控制

（1）审核物料、成品、半成品及设备质量；（2）按照施工规范以及各施工合同约定的质量标准进行施工质量检查，必须按委托人要求进行关键工序（包括规范规定的所有隐蔽验收项目、外墙门窗和幕墙塞缝打胶、结构改造加固、所有防水堵漏工程、铁件除锈和底漆、找平层施工之前的清理、堵洞、覆水试验、室外管网等）验收、竣工移交验收等；（3）协助委托人处理工程质量、安全事项的有关事宜；（4）协助委托人对承包人选择的分包单位进行资格审查，并审核承包人的质量保证体系；（5）分析设计变更对质量的影响；（6）对装修设计方案提出优化建议，确保采用既能保证方案效果，又能实现使用功能，同时经济合理的实施方案；（7）审核汇总整理施工过程中的设计变更图纸和文件；（8）其他需要进行的监理工作。

6.2.2 项目进度控制

（1）编制项目总进度计划，并在实施过程中控制其执行，若有必要应对其进行调整；（2）编制本工程项目各阶段、季、月进度安排计划，并控制其执行；（3）审核承包人施工进度计划和物料、设备供货商提出的进度计划，并检查、督促其执行；（4）在项目实施过程中，每月进行进度计划值与实际值的比较，并提交比较结果、报表和进度控制表；（5）详细记录承包人每日各工种作业劳动力数量、机械设备、周转材料、原材料状况；（6）核查进度滞后原因并提出改进建议；（7）督促承包人在有关各方面进行改进并赶回延滞工期；（8）协调各有关单位之间的工作关系及问题，避免对工程进度造成不良影响；（9）其他需要进行的监理工作。

6.2.3 项目投资控制

（1）确认并记录工程变更、现场签证及隐蔽工程的实际发生情况，审核工程实施中的变更、现场签证及隐蔽工程的实际工程量；（2）对施工、工艺、物料和设备进行多方面的技术经济比较论证，以挖掘节约投资、提高项目经济效益的潜力；（3）配合委托人及相关单位完成对承包人申报的工程竣工结算的审查；（4）参与评估设计变更对投资的影响等；（5）其他需要进行的监理工作。

6.2.4 项目安全控制

（1）贯彻执行"安全第一，预防为主"的方针，国家现行的安全生产的法律、法规，建设行政主管部门的安全生产的规章和标准；（2）督促承包人落实安全生产的组织保证体系，建立健全安全生产责任制；（3）督促承包人对工人进行安全生产教育及分部分项工程的安全技术交底；（4）审查施工方案及安全技术措施；（5）检查并督促承包人，按照建筑施工安全技术标准和规范要求，落实分部分项工程或各工序、关键部位的安全防护措施；（6）监督检查施工现场的消防工作、冬季防寒、夏季防暑、文明施工、卫生防疫等工作；（7）不定期地组织安全综合检查，对发现的问题提出处理意见并限期整改；（8）其他需要进行的监理工作。

6.2.5 项目合同管理

（1）进行与本工程项目有关的各类合同的跟踪管理，包括合同各方执行情况的检查，并提交合同管理的各类报告或处理意见；（2）协助委托人处理与本工程有关的索赔事宜及合同纠纷事宜；（3）其他需要进行的监理工作。

6.2.6 项目信息管理

（1）建立本工程项目的信息编码体系；（2）运用电子计算机进行本工程项目的投资控制、进度控制、质量控制和合同管理，随时提供委托人有关工程项目管理的信息服务，并定期提供监理报表；（3）建立会议制度，做好会议记录，并整理发放会议纪要；（4）督促承包人及时整理工程技术经济资料；（5）其他需要进行的监理工作。

6.2.7 项目组织协调

（1）组织协调委托人和各参与本工程项目建设的单位之间的关系，协助委托人处理有关问题；（2）协助委托人向各建设主管部门办理项目报建等各类审批手续；（3）协助委托人处理各种与本工程项目建设有关的纠纷事宜；（4）其他需要进行的监理工作。

6.3 竣工验收阶段

（1）在分部分项工程以及隐蔽工程验收的基础上，负责对承包人报送竣工验收的资料进行初步审核，并对工程进行初步验收，对于初步验收合格的工程再报请委托人组织相关单位进行最终验收，对于初步验收不合格的提出整改意见，要求承包人限期整改；

（2）在初步验收合格的基础上提请委托人组织相关单位进行验收并提出验收意见；

（3）审查承包人提交的竣工资料是否齐全，是否符合政府要求；

（4）协助委托人及承包人办理竣工验收备案手续，未能及时协助委托人办理备案手续的，委托人有权扣除本尾款，同时向监理索赔由此造成的全部损失；

（5）其他根据工程需要提供监理服务的内容。

6.4 结算阶段

（1）协助审查承包人提供的报结算资料是否齐全和真实；

（2）应委托人要求核查承包人提交的工程量审核资料、签证变更资料以及扣罚资料是否真实准确；

（3）其他应委托人要求在结算过程中配合审查相关资料、现场测量、现场核对工程量及签证变更等工作。

第七条：派驻监理机构人员

7.1 监理机构人员

经监理人报送以及委托人确认，监理人拟派驻并为本工程提供监理服务的人员（含职称、岗位、身份信息等）及进场计划等详见附件 1 拟派监理人员各阶段进场计划表。监理人应在本合同签署后【10】天内向委托人提供本工程所涉监理人人员的资格证书复印件、身份证复印件、职称证书复印件等资料，并提供原件核查。经委托人资格审查不合格的，监理人应立即更换相应人员并报委托人审核后确定。

7.2 对派驻监理人员的具体要求

（1）总监理工程师与监理工程师均必须有监理工程师资格证，不得同时在其他项目任职，并且监理机构成员专业配备齐全，总监理工程师、土建监理工程师及资料员必须常驻现场，直至委托人取得工程竣工验收备案证书为止。其他专业监理工程师应按附件 1 拟派监理人员各阶段进场计划表或经双方确认的监理人员进场计划修改表规定的阶段进驻现场。

（2）监理人应根据施工现场的实际情况合理安排好各监理人员的作息时间和调休时间，监理人员每周在场不少于 6 天，各监理人员上班时间（含加班时间）必须与承包人同步，并满足现场施工监理需要。总监理工程师和监理工程师离岗超过半天的，应口头通知委托人代表，超过 2 天以上的，须书面上报委托人批准。委托人批准后，方可离开现场。

（3）监理人应在整个合同期限内为其派驻本项目的监理人员购买人身及财产安全有关保险，保险时间随服务时间的延长而顺延，如果监理人未能办理此项保险，由此造成的损失和赔偿责任由监理人自行负责，因此造成委托人被索赔的，委托人因被索赔支出的赔偿、补偿及律师费、诉讼费等均由监理人承担。

（4）监理人应组织人员及时做好现场监理资料的整理和归档。

（5）派驻本工程监理机构的人员，须有良好的职业操守，有较高的技术水平、较强的责任心、较好的职业道德，否则为不称职（不称职的认定归委托人，监理人没有异议）。委托人有权要求监理人更换不称职的总监理工程师或监理工程师或其他监理人员，监理人必须在一周内执行更换指令，且更换的监理人员必须同样通过委托人的考核批准。

（6）工程建设过程中，监理人如需要调换监理机构的人员，须至少提前一周书面向委托人申请，经过委托人同意，且调换的监理人员必须符合本合同有关对监理人员的要求并得到委托人的认可。

第八条：监理工作要求及质量目标

8.1 监理质量目标要求

（1）工程中不能出现任何重大的工程质量、安全事故，不能有任何工程结构安全隐患，工程验收合格率100%；

（2）完工之前，对每一项非隐蔽分部工程进行100%检查；

（3）保证委托人向承包人提出的工程技术与管理要求得到落实。

8.2 监理人的工程质量管理要求

（1）要求监理机构督促承包人建立完善的质量控制、质量检查、质量缺陷处理等具有可追溯性的质量保证体系；

（2）监理机构本身要建立完善的质量检查体系，监理细则要具有可操作性，检查记录表格化，质量记录具有可追溯性。

8.3 对监理规划的要求

（1）制定完整的监理规程及计划，应包括附件1拟派监理人员各阶段进场计划表在内的监理服务的人力、物力、时间方面的计划；

（2）在监理过程中根据委托人要求及实际情况需要不断细化、详化及调整其规划及细则，并向委托人申报、审批；

（3）对于检查、核验工作，根据实际情况调整并制定详尽的工作要点；

（4）对于旁站工作须制定明确的工作要求，且必须全过程旁站跟进；

（5）针对巡查工作设计详细的巡查路线及巡查项目方案，并根据工程进展适时调整，且须报委托人备案；

（6）对于质量、进度及协调方案的督促须有明确的方案、工作要求及记录。

8.4 对监理细则的要求

（1）在每一个分部工程开工一个月之前，报送委托人审核；

（2）监理细则要具有可操作性，按监理细则流程运作，保证每一个分部工程都有完整的质量检查记录，以使每一个分部工程的质量问题都有可追溯性；

（3）监理细则应该包含的内容：对于分部工程的监理流程，绘制出详细监理流程框图；分部工程施工质量检查记录表格化，检查内容至少应该包括：承包人质保资料情况、分部工程主要施工工序的质量情况、容易出现质量通病部位的质量情况。对检查出来的质量问题要进行封闭，封闭情况体现在表格中；表格签字要求：表格必须有检查人、封闭人、主管监理工程师、总监理工程师的签字；有些分部工程，如政府职能部门没有制定标准的质量检查表格，监理机构需要自行编制。

8.5 旁站监理要求

严格按住房和城乡建设部最新的房屋建筑工程施工旁站监理管理办法执行。监理人在编制监理规划时，应当制定旁站监理方案，明确旁站监理的范围、内容、程序和旁站员职责等。旁站监理方案通过委托人的审核后，同时报送一份给承包人。旁站监理记录表中，施工情况和监理情况栏，要详细填写房屋建筑工程施工旁站监理管理办法规定的内容。

8.6 记录要求

监理人要规范监理日记、旁站记录的写法，确保详实记录现场的施工状况。

第九条：委托人权利义务

9.1 委托人权利

9.1.1 委托人有权单方修改监理人的职权，并书面通知承包人，修改监理人的职权自通知到达承包人之日起生效。委托人有选定工程承包人，以及与其订立合同的权利。委托人有对承包人提交的期中付款申请书的审批权。

9.1.2 委托人有对工程规模、设计标准、规划设计、生产工艺设计和设计使用功能要求的认定权，以及对工程设计变更的审批权。

9.1.3 监理人调换总监理工程师须事先经委托人同意。

9.1.4 委托人有权要求监理人提交监理工作周报告、月度报告及监理业务范围内的专项报告。周报告及月度报告，须包括但不限于以下内容：

（1）简要进度状况；

（2）未完成计划项目清单；

（3）未完成或滞后项目原因分析；

（4）简要检查／巡查／旁站记录；

（5）主要质量问题及原因；

（6）整改处理情况；

（7）其他主要问题及处理记录。

9.1.5 委托人有权不接受监理人向本项目派驻与附件文件内拟派驻监理机构人员名单不符之人员。除此之外，委托人还享有如下权利：

（1）根据施工承包合同所规定的委托人的一切权利；

（2）委托人有权调阅与工程项目有关的监理资料；

（3）委托人代表配合监理人监督工程质量安全及进度，重要的质量安全及进度文件除监理人签署外，尚须经过委托人代表的审核；

（4）委托人有权拒绝接受监理人的意见。

9.1.6 当委托人发现监理人员不按监理合同履行监理职责，或与承包人串通给委托人或工程造成损失的，委托人有权要求监理人更换监理人员，直到终止合同并要求监理人承担相应的赔偿责任或连带赔偿责任。

9.2 委托人义务

9.2.1 委托人应按合同约定向监理人支付监理服务费。

9.2.2 委托人应当根据施工进度一次性或分批免费向监理人提供与工程有关的为监理工作所需要的工程资料：

（1）政府批文：建设工程规划许可证、施工许可证、质量监督受理书等；

（2）施工设计图纸及地质勘察报告；

（3）与工程有关的各施工合同复印件。

9.2.3 委托人应在不影响监理人开展监理工作的时间内提供如下资料：

（1）与本工程合作的原材料、构配件、机械设备等生产厂家名录；

（2）提供与本工程有关的协作单位、配合单位及承包人的名录。

9.2.4 委托人应免费向监理人提供办公用房【 】间、通信设施、监理人员工地住房【 】间。

第十条：监理人权利义务

10.1 监理人权利

监理人在委托人委托的工程范围内，享有以下权利：

10.1.1 对工程建设有关事项包括工程规模、设计标准、规划设计、生产工艺设计和使用功能要求，向委托人的建议权。

10.1.2 对工程设计中的技术问题，按照安全和优化的原则，向设计人提出建议；如果拟提出的建议可能会提高工程造价，或延长工期，应当事先征得委托人的同意。当发现工程设计不符合国家颁布的建设工程质量标准或设计合同约定的质量标准时，监理人应当书面报告委托人并在委托人审查确认后要求设计人更正并提供改正意见。

10.1.3 审批工程施工组织设计和技术方案，按照保证质量、工期、安全和降低成本的原则，向承包人提出建议，并向委托人提出书面报告。

10.1.4 工程上使用的材料和施工质量的检验权。对于不符合设计要求和合同约定及国家质量标准的材料、构配件、设备，有权通知承包人停止使用；对于不符合规范和质量标准的工序、分部分项工程和不安全施工作业，有权通知承包人停工整改、返工。承包人得到监理人复工令后才能复工。

10.1.5 工程施工进度的检查、监督权，以及工程实际竣工日期提前或超过工程施工合同规定的竣工期限的责任划定的建议权。

10.1.6 工程承包合同约定的工程价格范围内，对承包人中期付款申请书中的完成量进行真实性、准确性审核，并将审核意见书面提交委托人审批，经委托人审批后转发给承包人。

10.1.7 监理人有权及时向委托人获取工程建设过程中有关信息和资料，如：施工承包合同、供货合同、材料设备采购及工程进度款支付等重要信息、资料，委托人应当给予支持。

10.1.8 未经委托人另行书面确认，发包人不得行使以下权利：

（1）批准承包人的书面开工请求或延期开工申请，发布暂停施工指示、复工令或批准复工申请；

（2）批准合同进度计划及合同进度计划的修订；

（3）批准承包人或其分包人提出更换项目经理、技术负责人等主要管理人员；

（4）批准主要材料设备或替换材料设备的使用；

（5）向承包人提出建议且提出的建议可能会提高工程造价或延误工期；

（6）对合同工程任何形式、数量、质量和内容上的变更；

（7）批准总承包人拆除垂直运输设备、外墙脚手架及其他重要施工设备；

（8）签发竣工验收证明书、单位工程验收证明书；

（9）颁发接收证书；

（10）发出可能导致延长工期的任何指示。

10.1.9 监理人无权行使下列权力：

（1）批准承包人的深化设计；

（2）提出或批准承包人索赔（含工期、费用）；

（3）批准承包人报送的设计变更及签证发生的工程量及费用；

（4）批准暂列金额的使用；

（5）可能导致增加合同价款或费用的任何指示。

10.1.10 监理人未经委托人书面授权，不得减轻或免除委托人与第三方签订的任何合同中规定的第三方义务。在紧急情况下未能事先报委托人书面批准时，监理人所做的变更也应尽快通知委托人。在监理过程中如发现工程承包人人员工作不力，监理人可向委托人提出要求承包人调换有关人员直至更换承包人的建议。

10.1.11 当委托人和承包人发生争议时，监理人应根据自己的职能进行调解。当双方的争议由政府建设行政主管部门调解或仲裁机关仲裁时，监理人应当按委托人的要求提供作证的事实材料。

10.1.12 监理人越权，未经委托人同意，对承包人、分包人等报送的索赔、签证变更、进度工程量、结算工程量越权出具确认性的审核意见，对工期顺延、停工窝工费用等承包人申报事项越权予以确认审核的，因此发生的费用由监理人承担，并且监理人须按照审核意见对应费用的 30% 向委托人支付违约金。

10.2 监理人义务

10.2.1 监理的服务期即委托监理合同有效期：自监理人进场之日开始至本合同约定服务期终止之日。监理责任期按照国家相关法律法规规定确定。

10.2.2 监理人在服务期内，应当履行监理合同中约定的义务，如因监理人原因（包括监理人未监督到位、监理人错误指示等原因，下同）而发生质量事故，造成委托人经济损失，应当向委托人赔偿。如因监理人的原因使工期延误，造成委托人经济损失，监理人应当向委托人赔偿，赔偿额为委托人直接损失金额，包括但不限于工程损失，以及委托人为此支出的费用（包括律师费、鉴定费、诉讼费等）。

10.2.3 对于施工过程中出现的质量问题及时向委托人汇报，并提供整改意见。

10.2.4 对承包人违反合同规定的质量、安全要求和竣工（交图、交工）时限等行为，若是因监理人过错引起的，监理人应向委托人承担赔偿责任。对委托人违反国家法律、法规、强制性标准规范和建设程序的行为，监理人应当以书面形式提出异议，说明详细的理由及依据，否则，监理人仍应承担责任。因不可抗力导致委托监理合同不能全部或部分履行，监理人不承担责任。

10.2.5 保密义务

在合同期内或合同终止后，监理人对在订立和履行合同过程中知悉的委托人的商业秘密、技术秘密负有保密责任，未经同意，不得对外泄露或用于本合同以外的目的。监理人泄露或者在本合同以外使用该商业秘密、技术秘密给委托人造成损失的，应承担损害赔偿责任。

除了根据合同履行义务或遵守适用法律所必需的以外，监理人应以保密的方式处理合同的细节。监理人获得的有关本项目的所有资料和文件（不论是财务、技术或其他方面），未经委托人事先书面同意，不得向第三方透露或公开。

没有委托人事先同意，监理人不得在任何商业、技术论文或其他场合透露、出版或允许出版本项目的任何详情。

第十一条：违约责任

监理人在责任期内，应当履行约定的义务；如果监理人违反合同约定应承担的义务，同意按以下办法承担相应的违约责任：

11.1 监理人未按附件 1 拟派监理人员各阶段进场计划表规定阶段安排监理人员进

驻现场的，按未达到人数【5000】元/（人·天）承担违约金，若给委托人造成损失的，则还需承担委托人的全部损失。更换或未到位人员超过 5 人次（不包括委托人要求更换的人次），委托人有权解除合同。

11.2 监理人未按照本合同附件 2 监理人现场必备仪器设备及办公用品一览表的约定配备监理服务所需设备仪器的，每缺少一项或某一项不符合要求，罚款【3000】元，同时委托人有权按该设备的市场价值扣除部分监理费用，购买此设备并配备到项目监理部。

11.3 未经委托人同意，更换总监理工程师的，承担【20】万元/（人·天）的违约金；更换监理工程师的，承担【10】万元/（人·天）的违约金；更换监理员的，承担【2】万元/（人·天）的违约金。除处以上监理人应承担的违约金外，委托人有权单方解除合同。

11.4 监理人员的监理时间与施工时间不同步或缺岗，或监理人员离岗未书面报告或口头通知业主的，监理人应按【5000】元/（人·天）支付违约金。

11.5 监理人员未按监理规范对关键工序和主要工程的重要部位进行旁站的，每出现一次，监理人支付违约金【5000】元。

11.6 总监理工程师未按照监理规划、监理细则及委托人要求准时参加工程会议的，每缺席一次承担【2000】元的违约金，由此造成委托人损失的，监理人应承担赔偿责任，特殊情况经委托人事先同意的除外。

11.7 总监理工程师、监理工程师或监理员出现违反监理规范、监理大纲的情形，视情况监理人每次承担违约金【2000】元。

11.8 施工期间由于承包人违反安全操作规范，而监理人又没有及时指出整改，被政府有关部门处罚，如通报批评、警告和罚款等，监理人承担【5000】元/次的违约金，因此造成损失的监理人与承包人向发包人承担连带赔偿责任。

11.9 监理人违反本合同约定，与承包人、材料供应商等串通，为承包人等谋取非法利益的，一经发现，承担【10】万元/次的违约金，给委托人造成损失的，应当与承包人等承担连带赔偿责任，委托人有权向监理人主管部门递交情况反映、有权终止合同，并保留在业内及有关媒体上曝光并谴责的权利。

11.10 经监理人签字或盖章确认后的工程签证（含工期、费用、工程量签证），经事后查实，内容严重失实，其中工期签证每发生一次支付违约金【10】万元，给委托人造成经济损失的，监理人应按实赔偿；费用及工程量签证每发生一次按照签证费用总金额支付违约金。

11.11 因监理人的原因导致工期延误，监理人除免费提供工期延长期间的监理服务外，每延误一天还应赔偿委托人【2】万元。

11.12 施工过程中存在施工质量问题的，但监理人未发现或未在质量问题发生后当日向委托人汇报的，每发生一次，监理人除应向发包人支付【2】万元违约金外，因施工质量问题产生的返工、整改等费用及对发包人造成的损失由监理人与承包人承担连带赔偿责任。

11.13 本工程质量不合格，委托人将暂停支付全部监理服务费，并且监理人与承包人共同返工，直至合格，返工期监理费不增加，对于质量不合格的整改费用及因此对委托人造成的损失，监理人与承包人向委托人承担连带赔偿责任。

11.14 监理人员应有良好的监理工程师道德准则，保持廉洁公正，决不出现"吃、拿、卡、拖"等渎职行为，出现一次由监理人承担【5】万元的违约金，同时委托人有权要求监理人更换相关监理人员，出现第二次则由监理人承担【10】万元的违约金，委托人有权要求监理人更换相关监理人员并追究总监理工程师的相应责任，出现三次以上，视为监理人重大违约，委托人可以终止监理合同，对监理人已经付出的劳动不承担支付监理服务费的义务，并有权就委托人遭受的损失向监理人要求赔偿。

11.15 因监理工作原因直接或间接造成本项目发生工程质量不合格（包括但不限于施工过程中出现质量问题、竣工验收后发现工程存在质量问题等）、质量安全事故、工期滞后或投资失控等情况，给本项目造成损失的，监理人同意按以下办法承担责任，赔偿损失：

（1）如监理人对委托人的损失负有间接责任（例如在承包人施工质量不合格、未按施工工序规范施工等情况下监理人未履行监督义务的）时，监理人与承包人对委托人的损失承担连带赔偿责任，损失赔偿额包括但不限于工程损失，以及委托人为此支出的费用（包括律师费、鉴定费、诉讼费、保全费等）；

（2）如监理人对委托人的损失负有直接责任时（监理人原因而非其他第三方责任），监理人对委托人的损失赔偿额包括但不限于工程损失，以及委托人为此支出的费用（包括律师费、鉴定费、诉讼费、保全费等）。

11.16 其他违约责任

（1）监理人没有按委托方要求制定监理规划、细则、工作流程。监理人支付违约金【2000】元。

（2）对模板、钢筋、混凝土搅拌、混凝土浇筑、防水、露台及卫生间试水、铝合金窗（塞缝、防水、试水）、屋面试水等重要工序，监理工程师没有检查或没有旁站或没有真实、详细记录资料的，监理人应支付违约金【2000】元/次。

（3）委托方工程师发现工程有质量问题和质量缺陷而监理工程师未发现，监理人支付违约金【5000】元/次；如监理工程师发现问题而无任何记录或书面整改要求的，监理人支付违约金【5000】元/次，因此造成委托人损失的与承包人承担连带赔偿责任。

（4）委托人工程师可以不定期对现场监理工程师进行图纸、施工及验收规范的考核，70分为及格，要求监理考核中不及格的监理人员支付违约金【1000】元/人（三次考核不及格者予以清退）。

（5）委托人现场工程师检查发现承包人未按合同规定使用建筑材料而监理人未发现或未及时制止造成施工方已在现场使用，监理人支付违约金【1】万元/次；承包人对现场的委托人材料管理不到位，造成遗失浪费而监理公司没有限期整改到位的，监理人支付违约金【1】万元/次。

（6）委托方按月检查监理资料，监理人未按合同规定、监理细则及国家相关规范规定建立质量档案，监理人支付违约金【2000】元/月。监理公司在收到符合要求的报审资料后，必须在委托方规定的时限内，完成相关资料的审核。《现场签证审批单》监理审核时间为3天，《计量及支付审批单》监理审核时间为2天，《各分项分部质量报验单》和《各类验收单》监理审核时间为2天，《现场检验批》应现场签字确认。其他各类表单，监理公司最长的审核时间不能超过5天，委托方发现监理人无故拖延审批时间的，监理人支付违约金【2000】元/次，前述与造价有关的审批意见仅供发包人参考，在发包人出具审核意见前，监理人不得将审核意见出具给承包人，否则监理人应按10.1.12条承担责任。

（7）监理人按国家相关规范、合同、委托人要求督促、检查施工方的安全文明施工，因监理人对现场的文明施工督促、检查不力，导致承包人违章作业或发生安全事故或被媒体曝光对委托人带来负面影响，监理人支付【5】万元/次的违约金，并将相应监理工程师清理出场，因此造成的损失由监理人与承包人承担连带赔偿责任。

（8）本工程坚持工序、材料、设备、样板报验程序，每道工序、每种材料、每种设备、每块样板必须报验，未通过或未经过报验，施工方擅自在现场使用或者施工的，作为监理人监管不力，监理人支付【5000】元/次的违约金。

（9）对于 8 小时以外的施工未停的，监理部必须派监理人员巡视或旁站，每发现一人次不随施工巡检，监理人支付【1000】元 / 人次的违约金，不随施工旁站，监理人支付【1000】元 / 人次的违约金。

（10）对工程质量通病（缺陷）、安全隐患不能有效控制，委托方在月检或专项检查中重复出现或者施工方整改不能达到规范要求的，监理人支付【3000】元 / 次的违约金。

（11）工程各道工序完成或工程具备隐蔽条件或达到中间验收部位，施工方进行自检，自检合格后申报至监理部，监理工程师应及时进行初验，初验合格后通知委托人工程师进行复验，如逾期不验收或者不及时督促施工方整改，导致不合格品的产生由监理人负责，委托方工程师复验时，如发现一些明显的质量问题或施工方整改尚未完成，则监理人支付【5000】元 / 次违约金。

（12）总监若不在现场（工作时间内，两小时以上），要及时知会委托人工程部主管以上人员（即请假）。

本合同提及的违约金，赔偿、罚款等扣罚费用，委托人有权在施工过程中应付监理费中扣除，也可以选择在结算过程中扣除或结算后另行追索，监理人提供等额发票。

第十二条：合同解除

12.1 下列任一情形下，委托人有权解除合同

（1）监理服务期内发生安全事故的；

（2）监理人未按合同约定及法律规定进行隐蔽工程查验的，或将不合格的工程查验合格的；

（3）总监理工程师同时在其他工程项目兼职的；

（4）未经委托人确认向承包人出具确认签证变更计量计价或工期顺延或承包人索赔的文件的；

（5）未经委托人书面同意更换总监理工程师（总监理工程师离职、因病治疗必须更换的除外）的；

（6）监理服务期间出现质量问题造成委托人直接经济损失在【50】万元或以上的；

（7）施工期间承包人违反安全操作规范而监理人未发现或未要求整改的，累计发

生【3】次或以上的；

（8）委托方工程师发现工程有质量问题和质量缺陷而监理工程师未发现或发现后未汇报的，累计发生【3】次或以上的；

（9）监理人在本合同履行期间累计出现5次或以上的违约行为的；

（10）监理人出现违约行为后，经委托人通知纠正但监理人未在委托人通知的时限内纠正违约行为的；

（11）监理人承诺：因委托人自身战略或计划调整而终止本合同，委托人有权提前7天书面通知承包人解决本协议，已完成工作据实结算，其余责任及风险监理人自行承担，不予索赔。

12.2 在解除条件成就的情况下，委托人有权选择解除合同或选择继续履行，委托人选择解除合同的，监理人除应按约定撤退施工现场并移交全部的施工及监理资料外，还应一次性向委托人支付合同暂定总金额【30%】的违约金；委托人选择继续履行的，则监理人应一次性向委托人支付合同暂定总金额【20%】的违约金。

12.3 合同解除或终止后【3】天内，监理人应当将与本工程监理有关的施工资料、监理资料等全部移交给委托人，按照委托人要求办理好交接手续，并将全部人员撤离出施工现场，每逾期一天，应向委托人支付【2】万元的违约金。

第十三条：不可抗力

13.1 不可抗力的确认

不可抗力可包括（但不限于）自然灾害和社会性突发事件，如地震、海啸、瘟疫、骚乱、戒严、暴动、战争等。

13.2 不可抗力导致的责任承担

不可抗力导致委托人及监理人的损失各自承担，不可抗力导致工程停工、停建的，期间的监理费用不再计算。

第十四条：定义

下列名词和用语，除上下文另有规定外，有如下含义：

1."工程"是指委托人委托实施建设工程监理与相关服务的工程。

2."委托人"是指承担直接投资责任、委托建设工程监理与相关服务的一方以及其合法继承人。

3."监理人"是指提供建设工程监理与相关服务，并承担建设工程监理与服务责任的一方，以及其合法继承人。

4."相关服务"是指监理人提供施工阶段与保修阶段的监理服务。

5."监理机构"是指监理人派驻本建设工程现场实施监理业务的组织。

6."总监理工程师"是指经委托人同意，监理人派到监理机构全面履行本合同的全权负责人。

7."承包人"是指除监理人以外，委托人就本项目的工程建设有关事宜签订合同的当事人。

8."工程监理的正常工作"是指双方在专用条款中约定，委托人委托的监理工作范围和内容。

9."工程监理的附加工作"是指：①委托人委托监理范围以外，通过双方书面协议另外增加的工作内容；②由于委托人或承包人原因使监理工作受到阻碍或延误而增加的工作内容。但监理须提出阻碍或延误的实据，且得到委托人的书面认可。

10."日"是指日历日，即任何一天零时至第二天零时的时间段。

11."月"是指根据公历从一个月份中任何一天开始到下一个月相应日期的前一天的时间段。

12."第三方"是指除委托人、监理人以外与工程建设有关的当事人。

第十五条：送达

15.1 发包人送达地址

接收人：【　】

联系电话：

送达地址：【　】

电子邮箱：【　】

15.2 承包人送达地址

接收人 1：【　】　　　　联系电话：【　】　　　　电子邮箱：【　】

接收人 2：【　】　　　　联系电话：【　】　　　　电子邮箱：【　】

送达地址 1（项目所在地）:【 】

送达地址 2（监理人经营所在地）:【 】

15.3 送达

15.3.1 与合同有关的通知、批准、证明、证书、指示、指令、要求、请求、同意、意见、确定和决定等，均应送达指定联系人。

15.3.2 任何一方合同当事人指定的接收人或送达地点发生变动的，应提前 3 天以书面形式通知对方，未按时履行告知责任造成损失的，由此增加的费用和（或）延误的工期由责任方承担。

15.3.3 电子送达的以送达指定邮箱之日为准，书面送达的以签收之日为准，拒不签收的以信函发出后第 3 日为签收日，由此增加的费用和（或）延误的工期由拒绝接收一方承担。

第十六条：合同生效及其他

16.1 本合同自双方签署并加盖公章之日起生效，本合同一式【 】份，双方各执【 】份，均具有同等法律效力。

16.2 因本合同产生争议，由双方协商解决，协商不成的交由工程所在地法院诉讼解决。

第十七条：合同的优先顺序

本合同及其附件均为本合同的重要组成部分，彼此应能相互解释，互为说明。当出现矛盾时，其效力高低按以下顺序确定：

（1）本合同附件；

（2）本合同；

（3）本合同的变更合同。

合同附件：

附件 1：拟派监理人员各阶段进场计划表

附件 2：监理人现场必备仪器设备及办公用品一览表

附件 3：监理月报标准格式

以下无正文

发包人：

法定代表人（授权代表）：

签署时间：

监理人：

法定代表人（授权代表）：

签署时间：

附件1：拟派监理人员各阶段进场计划表

序号	施工阶段	日历年																小计
	日历月	11月	12月	1月	2月	3月	4月	5月	6月	7月	8月	9月	10月	11月	12月	1月	2月	
	自然月	1	2	3	4	5	6	7	8	9	10	11	12	13	14	15	16	
1	总监理工程师																	
2	土建专业工程师																	
3	土建监理员																	
4	电气专业工程师																	
5	助理电气工程师																	
6	给水排水专业工程师																	
7	园林工程师/市政工程师																	
8	资料员																	
9	安全员																	

附件2：监理人现场必备仪器设备及办公用品一览表

序号	名称	型号、规格	数量	进场时间	备注
1	全站仪				
2	水准仪				
3	混凝土回弹仪				
4	工程检测仪				
5	接地电阻表				
6	兆欧表				
7	电脑				
8	打印机				
9	数码相机				
10	游标卡尺				
11	30m 钢尺				
12	2m 靠尺				
13	焊接检验尺				
14	皮卷尺				

附件 3：监理月报标准格式

编号：

_____ 工程

监

理

月

报

编制人：_____

总监理工程师：_____

编制时间：___年__月__日

××××监理公司

_____ 项目部

内容提要

一、本月工程概况

二、本月工程形象进度

三、工程进度

●本月实际完成情况与进度计划比较

●进度完成情况及采取措施效果的分析

四、工程质量

●本月工程质量情况分析

●本月采取的工程质量措施及效果

五、材料／构配件及设备

●材料／构配件及设备供应与到场质量情况

●对供应厂家资质的考察情况

六、工程计量与工程款支付

●工程量审核情况

●工程款审批情况及月支付情况

七、合同其他事项处理情况

●监理通知单

●工程变更

●工程签证

●例会及专题会议纪要

八、风险跟踪情况

九、本月监理工作总结

●月进度、质量、工程款支付等方面情况的综合分析及存在问题

●本月监理工作小结

●有关本工程的意见和建议

●下月监理工作重点

十、影像资料

附：监理通知单及销项报告

监理月报（模板）

工程名称		设计单位	
建设单位		施工单位	
监理单位		勘察单位	
日期	年　月　日— 年　月　日		
本月工程概况	1. 2. 3. 4.		
本月工程形象进度	1. 2. 3. 4.		
工程进度	1.本月实际完成情况与进度计划比较 1） 2） 3） 4） 2.进度完成情况及采取措施效果的分析 1） 2） 3） 4）		
工程质量	1.本月工程质量情况分析 1） 2） 3） 4） 2.本月采取的工程质量措施及效果 1） 2） 3） 4）		
材料／构配件及设备	1.材料／构配件及设备供应与到场质量情况 2.对供应厂家资质的考察情况		
工程计量与工程款支付	1.工程量审核情况：　　份 2.工程款审批情况及月支付情况：		

合同其他事项处理情况	1. 监理通知单：（说明未闭合原因及具体闭合时间，并附当月监理通知单及销项报告） 1）本月开具监理通知单_____份，销项_____份，未闭合_____份。 2）本月开具安全监理通知单_____份，销项_____份，未闭合_____份 2. 工程变更：　　份 3. 工程签证：　　份 4. 例会及专题会议纪要：　　份
风险跟踪情况	1. 项目部机构风险： 2. 工程技术风险： 3. 工程管理风险： 4. 经济风险：
本月监理工作小结	1. 月进度、质量、工程款支付等方面情况的综合分析及存在问题 1） 2） 2. 本月监理工作小结 1） 2） 3. 有关本工程的意见和建议 1） 2） 4. 下月监理工作重点 1） 2）

1. 本月安全工作 1） 2） 3）	照片：	影像编号： 内容描述： 摄影时间： 摄影地点：
2. 当月危险性较大分部分项实施情况 1） 2） 3）		
3. 本月存在主要安全问题、隐患及处理情况 1） 2）		

	照片：	
4. 安全监理状况 1）专职安全 2）监理员姓名 3）本月开具安全监理通知单 4）本月危险性较大工程巡视 检查　　次， 记录　　份		
5. 总包及各分包管理状况 1）总包： 2）分包：		影像编号： 内容描述： 摄影时间： 摄影地点：
6. 上月《月报》中提出问题在本月销项情况		
7. 下月工作计划与打算 1）加强施工现场安全监理巡视检查，及时督促施工单位整改 2）加强基坑、塔式起重机及临时用电日常巡视工作 3）督促施工单位及时对新进场人员进行安全教育		
其他说明：		
影像（附件） 资料（附件）		

安全监理工作月报表（模板）

（___年__月__日至___年__月__日）

项目名称：　　　　　总　监：　　　　　　第__期

施工监理资料交接单

施工监理公司：

项目名称：

工程名称：

施工监理资料

序号	项目	单位	数量
1			
2			
3			
4			
5			
6			

资料签收

【　】公司	施工监理公司

审价结束，资料退回签收

【　】公司	施工监理公司

注：本表一式两份，双方各执一份。

文本四　设备采购合同

（采购项目名称）

招标编号：

合同编号：

买方：_____（以下简称甲方）

卖方：_____（以下简称乙方）

签订地点：

签订时间：

目　　录

甲乙双方依照《中华人民共和国民法典》及其他有关法律、行政法规，遵循平等、自愿、公平和诚实信用的原则，就_____的设备采购协商一致，订立本合同。

1 定义

本合同下列术语应解释为：

（1）"合同"系指买卖双方自愿签署并达成的、载明双方权利义务的协议，包括所有的附件、附录、补充协议、通知书、确认书等以及上述文件所提到的构成合同的所有文件。

（2）"合同价"系指根据合同规定，卖方在正确地完全履行合同义务后买方应支付给卖方的价款。

（3）"货物"系指卖方根据合同规定须向买方提供的保证正常运行的一切设备、机械、图纸、装箱资料及其他材料。

（4）"服务"系指根据合同规定卖方承担与供货有关的辅助服务，如包装、运输、保险以及其他的伴随服务，例如安装、调试、提供技术援助、培训和合同中规定卖方应承担的其他义务。

（5）"项目现场"系指本合同项下买方指定的货物送达、安装、运行的场所。

（6）"验收机构"系指双方依据合同规定或国家相关规定的程序和条件组成验收小组，确认合同项下的货物符合技术规范的要求。

2 合同范围及价款

买方同意从卖方购买_____设备，包括：

设备详表　　　　　　　　　　　　单位：元（人民币）

序号	货物名称	规格、型号	产地	数量	单价	合计	备注
1							
2							
3							

与交货有关的费用：（不限于）运输费、包装费、保险费以及安装、调试、软件费、检验费（含设备安装验收取证费）及培训所需费用等伴随服务的费用，已包含在合同价中。

3 价款支付

3.1 买方应在合同生效后支付给卖方合同总价的＿＿＿%，即＿＿＿＿＿元，作为合同预付款。

3.2 卖方按买方要求的＿＿＿＿＿年＿＿＿月＿＿＿日送货到＿＿＿＿＿（指定位置），并经买卖双方组成的验收机构验收无误签字确认后付合同总价的＿＿＿%，即＿＿＿＿＿元。

3.3 设备安装调试完毕，经验收机构验收合格后付合同总额的＿＿＿%，即＿＿＿＿＿元。

3.4 质保金为合同金额的＿＿＿%，即＿＿＿＿＿元，待设备调试完毕验收合格后＿＿＿年期满后付清。

买方以＿＿＿＿＿＿＿形式预付货款，同时卖方银行开具以买方为受益人的与预付货款相同金额，即＿＿＿＿＿元的银行履约保函一份正本和一份副本，保函于卖方收到预付款时生效。

4 技术规范及标准

4.1 本合同下交付的货物应与招标文件规定的技术规范和技术规范附件及其投标文件的规格偏差表相一致。如果没有提及适用标准，或技术规范说明不明确，则应符合中华人民共和国现行国家标准、行业标准或地方标准。这些标准必须是有关机构发布的最新版本的标准。

卖方提供的设备一定要有＿＿＿＿＿＿颁发的＿＿＿＿＿＿许可证，如果提供设备与许可证不符或超范围生产制造，或由于其他原因卖方提供的设备不能通过当地＿＿＿＿＿机构验收，买方有权向买方所在地的人民法院提起诉讼。

4.2 除非技术规格中另有规定，计量单位均采用中华人民共和国法定计量单位。

5 使用合同文件和资料

5.1 没有买方事先书面同意，卖方不得将由买方或代表买方提供的有关合同或任何合同条文、规格、计划、图纸、模型、样品或资料提供给与履行本合同无关的任何其他人。即使向与履行本合同有关的人员提供，也应注意保密并限于履行合同必需的范围。

5.2 没有买方事先书面同意，除了履行本合同之外，卖方不应使用合同条款第4.1条所列举的任何文件和资料。

5.3 除了合同标的物本身以外，合同条款4.1条列举的任何文件是买方的财产。卖方在完成合同后应将这些文件（原件及复制件）还给买方。

6 知识产权

6.1 卖方应保证，买方在中华人民共和国使用该货物或货物的任何一部分时，免受第三方提出的侵犯其专利权、商标权、工业设计权或其他知识产权的起诉。

6.2 因卖方提供的货物存在前条知识产权瑕疵或纠纷的，卖方须与第三方交流并承担可能发生的一切法律责任和费用。如果设备或设备的任何部分，因最终裁决构成侵权，其使用被予以限制，卖方应自担费用并主动做出相应的安排，或为买方获取继续使用受指控侵权的货物或货物的某一部分的权利，或用不会造成侵权的同等技术水平的货物更换。

7 交货验收

在交货前，卖方或制造商对货物的质量、规格、性能、数量和重量等进行详细而全面的检验，并交与买方出厂检验合格证和交货检验记录，但不能作为有关质量、规格、性能、数量或重量的最终检验。

7.1 买方应在货到后____日内，确定验收日期，并提前____日通知卖方，如果卖方接到买方通知后未按照通知确定的时间参加验收，视为已同意买方单方进行验收并接受验收结果。如果买方逾期未进行验收，视为已完成验收。

7.1.1 验收应依据本合同约定的相关要求和标准，如合同未明确约定的，按照《中华人民共和国合同法》的有关规定办理。验收结果应经双方签字确认。

7.1.2 验收结果与合同约定不符，卖方应负责_____。

7.2 验收注意事项：卖方必须在买方在场的情况下当场拆封合同项下的所有货物的包装，并将发票原件、质保卡、使用说明书、设备总装配图、出场检验报告、质量合格证、随机配件等交甲方签收。验收后买卖双方在验收报告上签字盖章，该证书作为买方向卖方因短少、缺陷，或其他与合同不符合情形索赔的有效证据。如果发现质量、规格或数量或三者与合同不符，在质保期前买方有权向卖方提出索赔。

7.3 验收过程中如产生争议，买卖双方应采取有效措施保护现场，并通过协商解决，协商不成的按本合同相关规定执行。

8 包装

卖方应提供货物运至合同规定的最终目的地所需要的包装，以防止货物在转运中损坏或变质。这类包装应采取国家或专业标准，包括防潮、防晒、防锈、防腐蚀、防震动及防止其他损坏的必要措施，从而保证货物能够经受多次搬运、装卸及长途运输。包装不符合标准或约定，造成货物毁损灭失或其他后果的，由卖方承担相应的责任。

9 检验、安装、调试

9.1 买方有权派遣检验人员到卖方（或制造商处）会同卖方检验人员对设备的制

造过程和质量进行监督检验，但并不代替或解除卖方对产品质量的责任。

9.1.1 卖方应在验收后____日内完成对设备的安装与调试，达到合同约定的要求和标准，并保证设备的正常运转。买方在安装与调试过程中应提供必要的协助和配合。

9.1.2 安装工作完全符合合同要求和标准，并且单机试车成功，双方代表可在____日内现场签署安装竣工书。但不免除卖方在安装调试过程中和质量保证期内所应承担的责任。

9.1.3 设备整机经联运测试完全符合约定的技术指标，经双方代表签字确认后，即完成了对全部设备的最后验收。

9.1.4 在安装调试期间，如果卖方提供设备、材料有缺陷或由于卖方技术人员的指导错误或卖方提供的技术资料、图纸、说明书的错误造成买方设备、材料损坏，卖方应采取必要的补救措施，并赔偿买方的损失。

9.2 如果任何被检验的货物不能满足规格的要求，买方可以拒绝接受该货物，卖方应按买方要求及时更换被拒绝的货物，或者免费进行必要的修改以满足规格的要求，对此买方具有选择权。

9.3 买方验收机构在货物到达现场后对货物进行验收，必要时拒绝接收货物的权力不会因为货物启运前通过了买方或其代表的检验、测试认可而受到限制或放弃。

9.4 如果在合同条款规定的保证期内，根据检验结果发现货物的质量或规格与合同要求不符，或货物被证实有缺陷，包括潜在的缺陷或使用不合适的材料，买方应及时向卖方提出索赔。

9.5 卖方在调试过程中保证由买方投入试车的原材料不超过____，即能达到调试产品合格，由于卖方原因导致试车投料超过约定部分，由卖方承担买方的购买成本。

10 运输

卖方负责合同项下的货物运输到双方约定的指定地点，并承担运费。

11 保险

本合同下提供的设备，在制造、购置、运输及交货过程中的丢失或损坏，卖方应负责进行全面保险并承担保费。

12 伴随服务

12.1 卖方被要求提供下列服务：

（1）实施所供货物的现场组装、调试和启动指导，直至设备运作正常；

（2）提供货物组装和／或维修所需的工具；

（3）为所供货物的每一适当的单台设备提供详细的操作和维护手册；

（4）在双方商定的一定期限内对所供货物实施运行或监督或维护或修理，但前提条件是该服务并不能免除卖方在合同保证期内所承担的义务；

（5）在项目现场就所供货物的组装、试运行、运行、维护／修理对买方人员进行培训，直至全面掌握为止；

（6）低价（与市场价格比较）提供终身维护服务所需的零部件；

（7）设备出现故障，接通知后 24 小时内到现场之后在 72 小时内解除故障。

12.2 如果卖方提供的伴随服务的费用未含在货物的合同价中，双方应事先就其达成协议，但其费用单价不应超过卖方向其他人提供类似服务所收取的现行单价。无事先约定的，上述卖方应提供伴随服务的费用已包含在合同价中。

12.3 为履行要求的伴随服务的报价或双方商定的费用已包括在合同价中。

13 备件

13.1 正如合同条款所规定，卖方应提供下列与备件有关的材料、通知和资料：

（1）买方从卖方选购备件，但前提条件是该选择并不能免除卖方在合同保证期内所承担的义务；

（2）在备件停止生产的情况下，卖方应事先将要停止生产的计划通知买方，使买方有足够的时间采购所需的备件；

（3）在备件停止生产后，如果买方要求，卖方应免费向买方提供备件的蓝图、图纸和规格。

13.2 卖方应按_____的规定提供所需的备件。

14 保证

14.1 卖方应保证合同项下所供货物是全新的、未使用过的，是最新或目前的型号，并完全符合合同规定的质量、规格和性能的要求。除非合同另有规定，货物应含有设计上和材料的全部最新改进。卖方应保证所提供的货物经正确安装、正常运转和保养，在其使用寿命期内具有满意的性能。在质量保证期内，卖方应对由于设计、工艺或材料的缺陷而发生的任何不足或故障负责。

14.2 买方应尽快以书面形式通知卖方在质量保证期内所发现的缺陷。

14.3 质保期内卖方收到通知后应在 24 小时内及时免费维修或更换有缺陷的货物或部件，卖方承担由此发生的所有相关费用。

14.4 如果卖方收到通知后在合同规定的时间内没有及时维修、重作、更换以弥补缺陷，买方可采取必要的补救措施，但其风险和费用将由卖方承担，买方根据合同规定对卖方行使的其他权利不受影响。

15 索赔

15.1 如果卖方对偏差负有责任，而买方在合同条款规定的检验、安装、调试、验收和质量保证期内提出了索赔，卖方应按照买方要求或同意的下列一种或几种方式结合起来解决索赔事宜：

（1）卖方同意退货并用合同规定的货币将货款退还给买方，并承担由此发生的一切损失和费用，包括利息、银行手续费、运费、保险费、检验费、仓储费、装卸费以及为看管和保护退回货物所需的其他必要费用。

（2）根据货物的偏差情况、损坏程度以及买方所遭受损失的金额，经买卖双方商定降低货物的价格。

（3）用符合合同规定的规格、质量和性能要求的新零件、部件/设备来更换有缺陷的部分/修补缺陷部分，卖方应承担一切费用和风险并负担买方蒙受的全部损失费用。同时，卖方应按合同条款规定，相应延长所更换货物的质量保证期。

15.2 如果在买方发出索赔通知后＿＿天内，卖方未作答复，上述索赔应视为已被卖方接受。如卖方未能在买方发出索赔通知后＿＿天内或买方同意的延长期限内，按照买方要求或同意的上述规定的任何一种方法解决索赔事宜，买方将从卖方开具的履约保证金中扣回索赔金额。不足以赔偿买方损失的，买方有权向卖方追偿。

16 通知

16.1 买方可以在任何时候以书面形式向卖方发出通知，在合同范围内变更下述一项或几项，卖方以书面形式确认发送到买方指定地址，此通知与合同具有同等效力：

（1）本合同项下提供的货物是专为买方制造时，变更图纸、设计或规格；

（2）运输或包装的方法；

（3）交货地点或交货时间；

（4）卖方提供的服务。

16.2 如果上述变更使卖方履行合同义务的费用或时间增加或减少，将对合同价或交货时间或两者进行公平的调整，同时相应修改合同。卖方根据本条进行调整的要求必须在收到买方的通知后【30】天内提出并须征得买方同意。

本合同一方给对方的通知应用书面形式或电报、电传或传真送到合同中规定的对方的地址。电报、电传或传真要经书面确认。

17 合同修改

除了合同第 16 条的情况，不应对合同条款进行任何变更或修改，除非双方同意并签订书面的合同修改书。

18 分包和转让

18.1 未经买方事先书面同意，卖方不得将合同全部或部分分包或转让。

18.2 卖方应书面通知买方其在本合同中所分包的部分，但此分包通知并不能解除卖方履行本合同的责任和义务，卖方与其分包人对本合同承担连带保证责任。

18.3 分包人仍应承担本合同条款中对卖方义务的约束。

19 卖方履约延误

19.1 卖方应按照合同或通知规定的时间表交货和提供服务。

19.2 在履行合同过程中，如果卖方遇到妨碍按时交货和提供服务的情况时，应及时以书面形式将拖延的事实、可能拖延的时间和原因通知买方。买方在收到卖方通知后，应尽快对情况进行评价，并确定是否同意延长交货时间以及是否收取误期赔偿费。延期应通过签订补充协议的方式由双方认可。

19.3 除了合同条款第 16 条的情况外，除非拖延是根据合同条款第 19.2 条的规定取得同意而不收取误期赔偿费之外，卖方拖延交货，将按合同条款第 20 条的规定被收取误期赔偿费。

20 误期赔偿费

除合同条款第 23 条规定的情况外，如果卖方没有按照合同规定的时间交货，买方应在不影响合同项下的其他补救措施的情况下，每延误一周，买方扣除卖方设备总价的____%，直至交货或提供服务为止。误期赔偿费的最高限额为合同价格的____%。一旦达到误期赔偿费的最高限额，买方有权根据合同条款第 22 条的规定终止合同。

21 卖方其他违约责任

21.1 卖方出现除第 20 条之外的违约情形时，违约责任如下：

（1）自违约行为或事件发生之日，每日支付违约金，其金额为合同总价的____%；

（2）违约天数为违约行为发生之日至违约行为纠正或违约情形消除之日；

（3）违约金 = 日违约金 × 违约天数。

21.2 实际损失大于违约金的，违约方还应支付差额部分。

22 违约终止合同

22.1 在买方对卖方违约而采取的任何补救措施不受影响的情况下，买方可向卖方发出书面违约通知书，提出终止部分或全部合同：

（1）如果卖方未能在合同规定的限期或买方根据合同条款第19.2条的规定同意延长的期限内提供部分或全部货物；

（2）如果卖方未能履行合同规定的其他任何义务。

（3）如果买方认为卖方在本合同的竞争和实施过程中有腐败和欺诈行为。为此目的，定义下述条件：

a."腐败行为"是指提供、给予、接受或索取任何有价值的物品来影响买方在采购过程或合同实施过程中的行为。

b."欺诈行为"是指为了影响采购过程或合同实施过程而谎报或隐瞒事实，损害买方利益的行为。

22.2 如果买方根据上述第22.1条的规定，终止了全部或部分合同，买方可以依其认为适当的条件和方法购买与未交货物类似的货物，卖方应承担买方因购买类似货物或服务而产生的额外支出。

23 不可抗力

23.1 签约双方任何一方由于不可抗力事件的影响而不能执行合同时，履行合同的期限应予以延长，其延长的期限应相当于事件所影响的时间。不可抗力事件系指买卖双方在缔结合同时所不能预见的，并且它的发生及其后果是无法避免和无法克服的事件，诸如战争、严重火灾、洪水、台风、地震等。

23.2 受阻一方应在不可抗力事件发生后＿＿＿小时内用电话、书面、邮件、微信或短信通知对方，并于事件发生后＿＿＿日内将有关当局出具的证明用快递方式邮寄给对方审阅确认。一旦发生不可抗力事件的影响持续＿＿＿天以上，双方应通过友好协商在合理的时间内达成进一步履行合同的协议。

24 因破产而终止合同

如果卖方破产或无清偿能力，买方可在任何时候以书面形式通知卖方，提出终止合同而不给卖方补偿。该终止合同将不损害或影响买方已经采取或将要采取的任何行动或补救措施的权力。

25 争端的解决

25.1 合同实施或与合同有关的一切争端应通过双方友好协商解决。如果友好协商开始后60天还未能妥善解决，应通过诉讼的方式进行裁定。

25.2 如双方不能协商解决，则依法向＿＿＿＿＿＿人民法院提起诉讼。

25.3 在诉讼期间，除正在进行诉讼的部分外，本合同其他部分应继续执行。

26 适用法律

本合同应按照中华人民共和国现行有效的法律法规、规章进行解释。

27 有关税费

中国政府根据现行税法对买方征收的与本合同有关的一切税费均应由买方负担，对卖方征收的税费由卖方承担。

28 合同生效

28.1 本合同条款应在双方签字、盖章及合同正文规定的其他条件成立后生效。

28.2 本合同正文、附件、通知及补充协议为合同不可分割的部分，具有同等效力。

28.3 本合同一式四份，甲方贰份，乙方贰份，具有同等法律效力。

买方：	卖方：
地址：	地址：
邮政编码：	邮政编码：
甲方法定代表人：	乙方法定代表人：
授权代表（签字）：	授权代表（签字）：
联系人：	联系人：
电话：	电话：
传真：	传真：
开户银行：	开户银行：
账号：	账号：
税号：	税号：
甲方：	乙方：
（盖章）	（盖章）
代表：	代表：
日期：	日期：
开户银行：	开户银行：
账号：	账号：
邮政编码：	邮政编码：

图书在版编目（CIP）数据

业主自建房法务实操：工程专业律师教您盖楼不踩
坑 / 王志强主编 . -- 北京：中国建筑工业出版社，
2025.7. --（"工程与法"系列丛书）. -- ISBN 978-7-
112-31435-5

Ⅰ . D922.297.4

中国国家版本馆 CIP 数据核字第 2025ZL7062 号

责任编辑：朱晓瑜
责任校对：芦欣甜

"工程与法"系列丛书

业主自建房法务实操
——工程专业律师教您盖楼不踩坑

王志强　主编

＊

中国建筑工业出版社出版、发行（北京海淀三里河路 9 号）

各地新华书店、建筑书店经销

北京海视强森文化传媒有限公司制版

北京云浩印刷有限责任公司印刷

＊

开本：787 毫米 ×960 毫米　1/16　印张：17$\frac{1}{2}$　字数：317 千字

2025 年 9 月第一版　2025 年 9 月第一次印刷

定价：**69.00** 元

ISBN 978-7-112-31435-5

　　（45454）